序

筚路蓝缕　以启山林
PREFACE

今天，是我们管理学院创业大楼奠基的日子。这座新设计的大楼将会有着全球顶级的头脑风暴教室、最开放的自由讨论空间、最先进的辅助学生"浸泡"在创业中的环境。在这次全球经济危机刚刚开始复苏之际，全美各大学都在降低预算、减少开支的情况下，我们堪萨斯城密苏里大学却能大兴土木，全源自于堪萨斯城的创业家能够乐施好善。著名的创业家亨利·布劳克一直支持管理学院的发展，去年再度捐助3 200万美元，让我们管理学院能建立在一个新发展的历史里程碑上。

事实上，美国能走出历次经济危机，仰仗于创业与创新活动。正如本书的研究所佐证的，在经济危机中创业的企业，有着更强的基因，在未来的发展中能创造更强的竞争优势。同样，即使在本轮经济危机中，我们也可以看到新一轮的创新与创业活动正如火如荼，从飞机、汽车的设计到三维印刷机，从油页岩到社交网络，从孟加拉的穷人银行到卢旺达的大幅脱贫，全球的创新与创业活动正极大地改变着社会、经济、环境与政治。

我很高兴我们学院的孙黎教授能就这一博大的主题出版这部著作，让更多的读者能认识创业与创新对社会的重大作用，尤其是在经济转型期的中国，创业与创新在改造产业结构、提升产品价值、改善公司治理甚至提升整个社会的道德观、价值观等各个方面，都有着积极的重要作用。希望本书的"复盘"研究与出版，能让整个社会对创业与创新有着重新的理解并使之振兴起来。

正如本书的主题——从更宽的社会视野、更长的历史角度看创业与创新，这不禁让我想起我的外祖父陈嘉庚先生。他在一百年前从福建来到新加坡，从"顺安号"米店开始创业，然后又生产菠萝罐头，大力发展橡胶园，之后又扩展到胶鞋、轮胎等产品。他的创业历史，与数千年前《左传·宣公十二年》中描写的一样，驾着简陋的车，穿着破烂的衣服开辟山林。但创业再艰苦，外祖父也捐出大部分经营利润，扶助建立新加坡南洋华侨中学、水产航海学校、厦门大学，等等。他在给集美学校的一封信中表明自己的理想："鄙人所以奔走海外，茹苦含辛数十年，身家性命之利害得失，举不足撄吾念，独于兴学一事，不惜牺牲金钱，竭殚心力而为之。"

从陈嘉庚到亨利·布劳克，从南洋到堪萨斯城，创业家精神一直是人类文明最持久忍耐的灯塔，永远彰显着伟大的复兴力量！

是为序。

堪萨斯城密苏里大学亨利·布劳克管理学院院长
2012年3月8日

图书在版编目(CIP)数据

复盘:反思创新与商业模式/孙黎著.—北京:北京大学出版社,2012.6
ISBN 978-7-301-20718-5

Ⅰ.①复… Ⅱ.①孙… Ⅲ.①企业管理-文集 Ⅳ.①F270-53

中国版本图书馆 CIP 数据核字(2012)第 111861 号

书　　　　名:	复盘:反思创新与商业模式
著作责任者:	孙　黎　著
策 划 编 辑:	贾米娜
责 任 编 辑:	贾米娜
标 准 书 号:	ISBN 978-7-301-20718-5/F·3200
出 版 发 行:	北京大学出版社
地　　　　址:	北京市海淀区成府路 205 号　100871
网　　　　址:	http://www.yandayuanzhao.com
电　　　　话:	邮购部 62752015　发行部 62750672　编辑部 62752926
	出版部 62754962
电 子 信 箱:	em@pup.cn
印　　刷　者:	北京鑫海金澳胶印有限公司
经　　销　者:	新华书店
	787 毫米×1092 毫米　16 开本　18.75 印张　257 千字
	2012 年 6 月第 1 版　2012 年 6 月第 1 次印刷
定　　　　价:	39.00 元

未经许可,不得以任何方式复制或抄袭本书之部分或全部内容。
版权所有,侵权必究
举报电话: 010-62752024　电子信箱: fd@pup.pku.edu.cn

复盘
反思创新与商业模式
Replaying Global Innovation Chess

孙黎 著

导言
复盘：寻找新的战略突破①
INTRODUCTION

基辛格在新书《论中国》中精要地论述了中西方战略的不同："如果说国际象棋是讲究一举定胜负的战斗，围棋则是一场旷日持久的战役。"国际象棋正如西方的传统战略，崇尚决斗，力图部署压倒性力量、硬碰硬谋求完胜；而围棋则反映中国文化的战略、思想、哲学和行动策略。中国的领导者从动荡更迭的历史中学到的不是破釜沉舟，而是耐心地积累相对优势，更长远地、间接地解决问题。同样，从中国企业众多国际化成败的案例看，联想提供了一个可以效仿的战略工具——复盘。

复盘来自于围棋，许多高手通过复盘，在每次博弈结束以后，重演之前刚刚结束的对局，找出双方攻守中的漏洞与新的可能性，从而加深对对手的理解，了解自己的弱点，达到新一境界的"知己知彼"，提高自己的技艺。同样，在管理中，将更多时间用在复盘上，可以将不同的思维相互不断碰撞，不断激发新的方案，新的构想、新的思维、新的方略可能就会脱颖而出。柳传志最近到欧洲访问，发现联想的两百多个欧洲管理人中，讨论问题时用得最多的一个中国词汇，就是"复盘"。联想的组织发展总监 Anjani Bhargavare 认为：复盘可以

---

① 孙黎、石维磊、李磊，"复盘：战略的中国流"，《中欧商业评论》，2012年第1期。

帮助管理者回顾过去。CFO黄伟明说:"企业最危险的是在成功之时,这时你会以为每一项决策都是正确的。这就是为什么你要检讨你所做的一切。"

那什么是复盘呢?复盘如何开启中国企业创新的突破呢?

1. 复盘是一种探索性的学习机制

组织管理大师马奇对组织学习一直拥有独特的观点,他认为学习是一个不可或缺的工具,但同时也可能是一个不可靠的工具。原因在于我们的经验往往来源于有限的样本。例如我们寻找一个餐厅吃饭,可能会先上网查大众点评网(dianping.com)上的评价,对于有100人以上的点评,估计能基本显示大众的基本评价,能帮助我们快速作出决策。但如果一家餐厅仅有10位、20位客人的评价,我们很难就这些有限的评价作出决策,因为只有多次服务的平均水平才能准确地衡量一家餐厅的真实服务水平。这种因为样本而产生的误判,加上评价本身的模糊性,例如每个人对大众点评网上的评价工具——"口味"、"环境"、"服务"有可能有不同的权重,这些评价标准与你所需要的可能并不相符。比如你可能要招待一位从非洲来的尊贵客人,其他人的评价就不能替代你自身对餐馆的学习与评价过程。这种大众智慧所积累的经验就有可能成为经验的陷阱(March, Sproull, and Tamuz, 1991)。

马奇指出,要突破过去的成功所积累的不可靠的经验,最有效的方法是探索(Exploration),也就是指尝试新事物,从各种新颖事物中找到更好的、可以替代旧事物的可能性。复盘就为组织提供了这种在有限的资源与实践下让员工不断尝试新事物的创新机制。例如在2000年,联想拆分成神州数码与联想集团,联想投资首席管理顾问王建庆就回忆道:柳传志就带领团队对联想历史上曾经做得好与不好的业务进行反复复盘,在这个过程中逐渐认识到做企业什么是最重要的,做不好的关键原因有哪些。在复盘中,参与方可以进行双向、多向的交流,对自己、对他人走的每一步的成败得失进行分析,同时提出假设,如果不这样走,还可以怎样走;怎样走,才是最佳方案。这样马奇所号召的

"狂野的想法"、"愚蠢的想法"就会出现，正是这些看似愚蠢、不合常规的尝试，却可能开拓新的发展方向，提高组织的适应能力和生命力（March，1991）。

2. 复盘强调了对"盘"的设计、布置与控制

复盘并非是事后诸葛亮，而是强调对整体盘面的控制与设计。例如，中国棋手陈祖德九段首创了中国流的布局，这是一种在对弈中抢占实地、获得先机的开局法，是在多次复盘中挖掘出来的。为了更好地复盘，博弈者事先要对盘面进行有意识的控制与引导，大胆假设、小心求证，从而才有利于盘后的评价与学习。

例如，华为和赛门铁克在2008年成立了一家合资公司，华为为新公司提供其电信存储、安全业务，而赛门铁克为新公司提供一定的存储和安全软件许可，并投资1.5亿美元。这一合资模式明显是对当年华为与3Com的成功合资模式的复盘与模仿，使华为进入相对陌生的企业市场，为企业客户提供创新的安全存储与系统管理解决方案。三年后，这一中国流布局成为华为建立云计算战略、形成更为整体的IT和云能力的重要基础。经过复盘与谈判，华为以5.3亿美元收购赛门铁克持有的合资企业49%的股权。

同样，在2005年收购IBM的PC部门前，联想就设定了三年预期，包括营业额、利润率、现金流、股东回报。2007—2008财年，联想全年销售额上升17%，达到164亿美元，这些良好业绩成为2008年国际金融危机的缓冲，通过预设目标与布局，联想为复盘购并作好了准备，使与IBM国际购并的经验可以复制到后来与NEC的购并与合资中去。

3. 复盘可以成为实验性事件的总结，成为变阵的基础

另一种复盘发生在组织结构重大变革的前夜，通过实验性事件，测试变阵的可能性，并对这些实验性事件进行评估，为下一步的变革作好准备。通过这些实验，可以展现一些未来可能的情景，让管理者比较、质疑现行的认识模式，从而引导变革。推崇学习型组织的丹尼斯·舍伍德在《系统思考》一书中指

出:"虽然未来充满了不确定的因素,但现在对一系列可信的、可能出现的未来情景进行模拟决策,并反复检验,这样,一旦未来这些情景真的发生了,我们就可以采用已经验证过的决策,最大限度地避免因为突然面临意外而陷入慌乱的概率,增加把握住机会的几率。同时,通过预想未来,有助于塑造共同愿景。"

据王建庆介绍,在联想文化中,复盘有一套规范的流程。首先,在整个公司中成立了一个复盘的项目小组,根据公司里的项目前后梳理;复盘一开始,就有详细的文档,小组会根据所有项目的历史情况、现在的结果以及小组对事情的反思和总结,写出复盘报告。在10年时间里,联想已经总结出复盘文档达240多个。

在金融危机的2009年3月,联想宣布在全球范围内进行组织架构大调整,原本以地理划分的大区,被重新组合为"新兴市场"和"成熟市场"两大业务集团。这样变阵的基础,来源于一系列对新兴市场发展策略的复盘:自2005年10月起,陈绍鹏成为联想大中华区负责人,联想在中国的交易型客户与关系型客户的战略被成功应用;2007年10月,俄罗斯及五个独联体国家划归大中华区管理,而在2009年的变阵中,这些战略被推广到整个新兴市场集团,覆盖中国内地和中国香港、中国澳门、中国台湾以及韩国、东盟、印度、土耳其、东欧、中东、巴基斯坦、埃及、非洲(包括南非)、俄罗斯及中亚。而另一成熟市场集团则覆盖澳大利亚/新西兰、加拿大、以色列、日本、美国、西欧等地以及全球大客户。在复盘的基础上,联想成功地实现了变革,新架构取代公司现有的地理大区,使之和公司战略方向以及市场特性更匹配。

4. 在实际管理中,中盘也可以实行复盘

围棋对局可以分为布局、序战、中盘、终局站、官子五个阶段,中盘可以说决定了七分胜负。在实际对垒中,博弈者可能没有时间去复盘,但还是可以冷静地反思自己的策略与对手的反击,重新制定新的战略。而在实际管理中,由于没有时间的限制,中盘也可以实现复盘。例如,"建班子,定好战略,带好队伍"这管理三要素是联想的制胜法宝。贯穿这三要素的,是联想最擅长的确定规划、统一思想与集中执行。联想在购并IBM PC部门前有着强大的企划部,在购并整合后,这个部分在西方机构中找不到相应的部门,也就消失了,但引进了IBM运营(Operation)的组织思路。在中盘复盘中,运营部门经常向决策机构汇报阶段性的工作成果,将成果与目标进行对比分析,作为人员考核的依据,而在期末的复盘中,运营部门则提供情报信息、反馈专业意见、协助业务部门制订计划。① 在高管层面,2009年2月,柳传志重任董事长、杨元庆任CEO之后,建立了联想的核心管理层——联想执行委员会(LEC)。LEC的8位成员每两周开一次会,复盘成为重要的工作议题。它不仅要决定下一步的策略,而且还要讨论具体怎么执行、分成几个步骤、用什么样的组织架构、怎样检查执行的进度,同时,相关的负责人在过程中还要对进度进行不断的观察和调整。

  中盘中对复盘工具的运用,可以借鉴项目管理中的里程碑式管理:通过建立一系列的里程碑,不断在中盘检验各个里程碑的到达情况,从而实现对项目工作进展的控制和总目标的保证。里程碑式管理被广泛地运营于软件开发项目的管理、风险投资对新创企业的监控等。例如,香港地铁在深圳投资建设地铁4号线时,就采用了里程碑式管理。通过对里程碑的设定和执行,香港地铁以分段检测的方式,降低了项目整体风险,提前检测和释放了项目风险。同样,联想在投资复盘时的工作包括:第一,要不断检验和校正目标是否正确;第二,在每一个小的里程碑节点中,检验当初的决定的正确与否和执行情况;第三,在过程中总结规律。王建庆总结道:"从2001年开始,我们对任何一个项目做完投资,或者是做了投资决策后,就开始复盘,主要是检查方法有什么问题,有什么地方没有考虑到,跟项目走一段时间再复盘,比较项目进入之前和之后

---

① 参见李国刚、许明华:《联想并购以后》,北京大学出版社2010年版,第103—107页。

的情况，这样会有更多启示。"

5. 复盘成为重新发现问题、认识问题的基础

通过复盘，当某种熟悉的类似的局面出现在管理者面前时，管理者不仅能知道自己将如何去应对，还能在脑海中形成多种应对方法，这是因为管理者通过复盘，对产生问题的各种假设、价值系统或理念都有了深入的认识，对当前所处的状态产生了敏锐的感觉，从而更好地对下一步的走向作出判断。复盘的这种优势在于管理者采用了双环回路的学习路径（Argyris，1977，2002）。

这一学习理论由哈佛商学院教授克里斯·阿吉里斯提出：如果把学习界定为检测和纠正各种错误，传统的学习是单环回路式学习，在出现错误时，其解决问题的方法不改变基本的控制基础。一个典型的例子是恒温器的设计，其单环控制程序是这样的：如果房间温度太低，恒温器就会打开；如果房间变得太热，恒温器就会关闭。在这种模式下，管理者只要记住各种理论的适用条件，然后根据环境变化具体应用即可。而双环回路式学习则要求对恒温器本身的编码提出质疑：为什么它要设计成能够测量温度？其测量机制是什么？在此基础上，再考虑调整温度这一环。因此发生错误时的纠错机制不是采取单环的对应，而是采取改变控制基础的机制，在此基础上再采取行动。例如对安然公司倒闭的案例进行复盘，管理者不仅要认识到安然背后缺失的公司治理机制，还要考虑社会伦理对 CEO 操纵财务报告的影响、美国资本市场制度对公司治理的影响等。通过这样的复盘分析，管理者遇到新的案例情境，例如三鹿集团在婴儿奶粉中添加三聚氰胺、阿里巴巴未通过董事会决议就转让支付宝股权等案例，就会在决策背后发现各种制度的制约。

复盘就是通过这种双环回路的描述、呈现与分析，让管理者认识到"第二度空间"。一般人只看到第一度空间，但是社会中常存在某些不为人所知的意识控制或"潜规则"，例如复盘三聚氰胺案例，可以看到牛奶全行业快速成长中的恶性竞争、添加物质潜规则背后的企业家道德伦理的缺失等。因此，复盘不仅是试图去回答问题，而且是重新"发现"问题、重新"认识"问题，参见图 0-1。

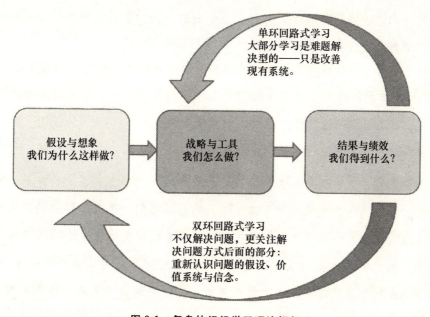

图 0-1 复盘的组织学习理论框架
资料来源：Argyris，1977，2002。

在联想并购 IBM 的 PC 部门后，联想的付军华被外派到美国三年，负责新公司的整合。她牵头对中国和海外两边的财务政策、财务科目的说明、财务预算的流程等方面进行对比分析。复盘之后，她很欣喜地发现，其实 IBM 和联想的做法大体相同，不同的地方则各有利弊。IBM 的做法有很多值得学习的地方。联想的做法也有很多适应 PC 行业的地方，比如说联想的精细化管理、"拧毛巾"理论——在 PC 行业是需要非常精细化的管理来取得利润最大化的。理解了财务决策背后的假设，付军华之后还负责了新公司成立之后第一年的全球预算管理。她结合双方的优势，将重新梳理的全球预算流程，应用到了整合后公司新财年的预算制定过程中。

由此可见，复盘不是充当占卜和预言的角色，而是基于对一连串事件的逻辑和经验进行推演，对影响决策的各种因素作出周密的全盘深入剖析。复盘最重要的作用，是可以揭示出事件背后的各种因素，预测各种功能和行动的后果。对应各种可能性不仅加深了管理者对经营环境的深层理解，而且对引发组织变化的各种偏好、价值观与理念都会有更全面的认识，也对竞争环境中各种利益相关者的各种反应有了更深的理解。

 复盘窗口 •••••••••••••••••••••••••••••••••••

复盘工具箱

情景规划 这种规划要求公司通过对未来发展的一系列动力、事件、结果的分析，想象可能发生的几种未来情形，然后对类似"黑天鹅"式的出人意料事件采取对应战略。荷兰皇家壳牌石油运用情景规划成功地预测到1973年的石油危机，通过事前的良好准备，成为唯一一家安然度过那次危机的石油公司。复盘虽然是对过去的追溯，但同样可以对过去事件进行多重的、不确定的、适时调整的假设，从而更充分地开展讨论，找到更好的战略，也可以对过去的绩效进行更好的评估。

战略模拟 战略模拟与游戏也可以成为复盘的辅助工具。在伊拉克、阿富汗战场上，美军利用游戏模拟恐怖分子混杂在平民中的游击战，从而提高了对复杂战争环境下的决策、反应能力。同样，游戏也可以显著地促进学习与经验的积累。管理者可以通过游戏认识组织中的一些最困难、最复杂的问题。游戏可以压缩时间与空间，让游戏参与者在模拟型复盘中，快速了解环境变化、竞争对手反击等各种情景，从而培训决策能力。例如，著名的蓝海战略就被软件公司开发出模拟游戏。

平衡计分卡 它是由哈佛商学院会计学教授罗伯特·卡普兰与企业顾问戴维·诺顿共同开发的一种绩效评价体系。与复盘一样，该体系侧重于战略应用，使得传统的绩效管理从人员考核和评估转变为对战略实施的整体评估，使那些所谓"务虚的战略"落实为一步一步可操作监控的、具有明确时间节点、责任归属、资源安排的行动计划。领导者可以应用平衡计分卡，从战略、人员、流程和执行四个关键因素进行全面复盘，在企业的战略地图上，平衡长期和短期、内部和外部关系,为各类利益相关者,包括顾客、员工、股东等创造价值。

里程碑管理 来源于项目管理与风险投资。在软件开发项目中,里程碑一般是项目进程中阶段性工作的标志。在到达里程碑时,一般要对项目进行检查与复盘,比较实际进度与预计计划的差异,并根据差异进行调整计划。不同类型的项目,里程碑也不同。其管理优势首先在于将大项目划分成若干个子项目或若干个子阶段;其次是通过每一阶段对各人员角色职责的考核和监管,以保证开发过程的进度和质量。在风险投资中,投资者也往往对新创企业设定各种里程碑(例如新技术取得专利或医药证书、新产品成功上市、实现盈亏平衡等),通过复盘,实现对企业的多轮投资、价值评估和对创业者的期权激励等。

Why not 问题 丰田公司是世界上最精益求精的公司,其在做每件事的时候,都会问五个"Why",从而深入挖掘事件的前因后果。对复盘来说,最重要的问题是 Why not(为什么不呢)。如果你连续问 5 个 Why not 问题,其结果一定会出人意料。因为每一个 Why not,都是对原有惯性思维方式的质疑和颠覆。彭加勒最先提出狭义相对论,大卫·希尔伯特也通过等式得出了广义相对论,但是他们都没有跟爱因斯坦一样通过提问来实现理论的创造性跳跃。爱因斯坦沿着一缕光束思考:我们为什么不能摒弃牛顿所确立的绝对空间和绝对时间的概念呢?在核定理论时,他也不断问自己:为什么这不是上帝绘制宇宙的方式呢?为什么概率不能在宇宙中起到作用呢?同样,在管理中,《快速公司》杂志创始人艾伦·韦伯认为,好问题永远比好答案重要。这正是为何与善于提出好问题的人在一起工作,会更让人兴奋。

其背后的原因有:(1)问题是针对狂妄自大的良药。组织里天然地会有遵从权威的倾向,真正的问题可以释放谦卑、求知欲甚至脆弱的力量。在复杂性日增、充满变革的今天,领导者正需要保持谦卑、求知欲,认识到自己的脆弱点。你不可能掌握所有的答案,但是保持谦卑、求知欲就能吸引更多的观点、更多的机会、更多的帮助。(2)好问题是所有变革和创意的基石。"为什么"、"为什么不"、"如果……会怎样"带来的更多的是可能性而不是疑惑,这些问号带有颠覆性,能够把人们引入创造新事物的思考模式当中。(3)好问题产生凝聚力和感召力。由一个团队共同提出的问题将会产生更多的团结、投入和上进意识。这就是Zappos的CEO谢家华说的"我们问自己的问题"。

当然,没有唯一正确的问题,只有最有力量的问题:我们为之奋斗的理念是什么?我们赞成和反对的分别是什么?我们现在做的事情为什么重要?在复盘中,管理者要将爱因斯坦的标签"想象力比智慧更重要"贴在头脑风暴会议室中。

在复盘中成长

复盘不仅应用于国际化复杂的经营环境与重大购并、合资等战略性决策,同样也适用于公共管理与创业管理等其他应用。

在西方民选政府体制下,重大灾难或者决策失败都会引起公众的强烈关注,民选代表往往会组成独立调查委员会,对事故进行复盘。例如获得5亿多美元政府贷款担保的美国光伏企业Solyndra数月前突然破产,美国国会组成专门的调查小组委员会,就倒闭案举行听证会,复盘公司财务状况是否涉嫌政治操作。在中国,造成30人以上死亡,或者100人以上重伤,或者1亿元以上直接经济损失的事故为特别重大事故,应直接启动重大事故调查程序。温州动车事故后,国务院设立了事故调查组,下设技术组、管理组、综合组,同时聘请了国内权威专家组成专家组。调查组对事故车辆残骸等有关物证、数据资料进行了封存和保护,同时调取、解读、分析了事故前后的录音资料以及机车综合无线通信设备等装置、仪器、设备的全部信息。为了能够更详尽、更客观地掌握事发时的数据,调查组还通过搭建数据平台再现了7月23日甬温线设备发生故障时的状况,还在甬温线永嘉站至温州南站间进行了事故现场实车模拟再现试验。这些复盘结果不仅揭示了信号技术存在缺陷导致事故,并提出在技术缺陷背后,组织和管理不善才是动车事故形成的主因。对事故的复盘将对国有铁路的管理体制、治理模式产生深远的影响。如果此类事故能像美国一样举行公开的听证会，那么各个行业都能从这类公开的复盘中汲取教训。

同样，复盘也可应用于中小企业的创业管理。在拙作《站在美国阳台看中国》一书中，我们提出奏效思考是创业家成功的基础。这些奏效创业家更善于复盘，经常在"我是谁"、"我知道什么"、"我知道谁"等社会资源、人力资源的盘面上，在可承担的损失下，组合各种资源，并通过各种社会性交互，组建管理团队，筹集风险投资，在这个一对多的过程中扩展自己的资源，减少资源的限制，从而组建出一个内生增强的奏效网络，为未来开拓出无限的可能性。

例如，芝加哥大学的研究生梅森打造了一个名为 Point 的网站，这个网站旨在将大家共同遭遇的问题转化为行动，让大家一起来行动并迅速解决问题。这个网站的口号是："用行动解决问题，这比请愿要好，比募款要强。"例如要求百事可乐使用可以生物降解的塑料瓶来灌装其知名的 Aquafina 矿泉水。但这些希望引起社会共识的努力并没有吸引到足够多的用户注册，到了 2008 年 10 月，Point 已经处在了关闭的边缘。为此，风险投资家与创业者重新对网站进行复盘，发现在 Point 网站上最热门的活动便是利用社交网络的优势进行团购，那为什么不将理想主义的技术转化为商业呢？——Groupon，即 group（团体）和 coupon（优惠券）的组合——就这样在复盘中浴火重生。

创业家往往通过复盘，不断在实践中检验自己原来的各种假设，把偶然事件的发生看做是机会的出现，想方设法地加以利用，而不是规避，把偶然事件转化为盘面上对自己有利的资源扩展。从这个意义上说，对经验老道的创业家而言，从没有一成不变的商业计划书，也没有比人强的形势。商业模型更是一个大胆假设、小心求证的不断复盘的结果。

复盘，正成为战略反思的第一步。在下一个十年，中国的创新力将在哪里？

在前瞻时，最开始的一步是对过去进行回复与总结，在反思中探索新的道路。在中国加入 WTO 十年后，对全球化的新格局进行复盘，我们可以预期：新一轮的竞争将在土狼（本土企业）与狮子（跨国公司）中展开。在这场全球化的竞争中，中国不仅更多的企业会攀登到"《财富》500强"的高峰，更重要的是，创新不仅在科技层面展开，更在组织结构、公司治理、社会价值等各个层面，塑造一群新的企业丛林，骄傲地立于世界之巅。

在这场全球展开的创新竞争中，本书将反思与前瞻以下波澜壮阔的话题：

创新无疆。创新正冲破传统国家的界线与疆域，全球化的人力资本流动，使土狼与狮子在一个全新的平台上竞争。

创新无间。全球产业价值链上的互通、协作，使中国山寨企业崛起、进化，孵化出新一代的英特尔、波音与西门子。

创新无穷。智力资本是知识经济的重要推手，如何通过公司治理"给力"智力资本，发挥智力资本不可穷尽的潜能？如何重塑政商关系，使腐败不会侵蚀创新？

创新无极。地理上智力资本的聚集、网络化改变了全球化的新世界，如何管理狮子与土狼间的战略联盟？

创新无限。创新正改写资源配置与各种商业模式，如何突破战略思维的禁锢，思考企业的社会责任？

目录 CONTENTS

第一篇　创新无疆
土狼与狮子的竞技场

第一章　生于忧患 ………………………………………… 3
　　第一节　强壮公司的基因 ………………………………… 4
　　第二节　Y一代的创业心 ………………………………… 9
　　第三节　创新未来的十大机遇 …………………………… 20

第二章　微笑枷锁 ………………………………………… 37
　　第一节　全球价值产业链由谁控制？ …………………… 38
　　第二节　土狼与狮子的新竞争 …………………………… 65
　　第三节　到广阔天地去 …………………………………… 71

第二篇　创新无间
复盘商业模式

第三章　简单法则 ………………………………………… 79
　　第一节　大道至简 ………………………………………… 79

第二节	创始人磨炼的法则	85
第三节	伟大的遗产	93
第四节	自恋、自负与自大	98

第四章　商业模式 …… 102

第一节	递增回报	102
第二节	IPO 蝶变	108
第三节	C 时代的个性体验	113

第三篇　创新无穷
复盘公司治理与政商关系

第五章　敬畏星空 …… 121

第一节	从人治到法治的董事会	121
第二节	公众公司的优势	126
第三节	游走于"道德雷区"	134
第四节	21世纪的两性战争	137

第六章　政商关系 …… 142

第一节	"刺猬距离"	143
第二节	制度悬崖上的伦理决策	152
第三节	创新如何不被腐败扼杀	156

第四篇　创新无极
复盘全球化下的新世界

第七章　全球视野 …… 163

第一节	是谁拖累了全球经济？	163
第二节	如何打倒"新帝国主义"？	174

第三节　决胜于半全球化时代 …………………… 178
　　第四节　中外合资：终结与新生 …………………… 183
　　第五节　向风险投资家学习跨国购并 ……………… 192

第八章　大学新篇 ……………………………………… 208
　　第一节　一流大学是如何炼成的？ ………………… 208
　　第二节　美国商学院课程的新趋势 ………………… 213
　　第三节　亚洲商学院的崛起 ………………………… 218

第五篇　创新无限
复盘企业社会责任

第九章　商业本质 ……………………………………… 225
　　第一节　管理有信仰吗？ …………………………… 226
　　第二节　股东利益与社会责任相冲突吗？ ………… 231
　　第三节　工会的角色 ………………………………… 238
　　第四节　构筑企业的"软实力" ……………………… 243

第十章　放宽视野 ……………………………………… 248
　　第一节　百亿企业的下一个十年 …………………… 248
　　第二节　C时代的"热催化"与"冷动员" …………… 255
　　第三节　天下公器的理想 …………………………… 260

参考文献 ………………………………………………… 266

结语　持之以饥，怀之以愚 …………………………… 276

第一篇

创新无疆

土狼与狮子的竞技场

十年前,《IT经理世界》的记者冀勇庆将中国草原上活跃竞争的动物分成以下三类:狮子——跨国公司;豹子——跨国公司在中国的合资企业;土狼——地道的中国本土企业。

目前,竞争格局正在改变。

土狼正在演化,一些杂交的海骏(海归创办的企业)利用国际风险投资、国外教育所带来的丰富经验也加入战团,在民退国进的背景下,一些国有企业蜕变而来的大象也在竞争之下开始新的舞步。

财新传媒主编胡舒立提出:世界已经作为逻辑深深地嵌入了中国的发展进程,而中国也越来越深地融入了世界的潮流;伴随着全球化的不断深化,中国对世界的影响越来越明显。我们需要在世界的向度上思考中国的问题,同时也要以中国应有的高度审视世界。这不仅是思考国家层面的经济、社会、政治的视角,也是企业思考竞争力的源泉。

要对这一新的创新竞技场进行复盘,我们在第一章先看看全球创新的策源地美国可以给我们什么样的经验,全球创新又有什么样的趋势。在第二章,我们探讨中国企业在全球化背景下的创新,如何突破"微笑曲线"的枷锁。

第一章　生于忧患

> 我们的船已安全抛锚碇泊，航行已完成，已告终，
> 胜利的船从险恶的旅途归来，我们寻求的已赢得手中。
> 欢呼，哦，海岸！轰鸣，哦，洪钟！
> 可是，我却轻移悲伤的步履，
> 在甲板上，那里躺着我的船长……
>
> ——瓦尔特·惠特曼，《啊，船长，我的船长哟！》

在这次金融危机中，如果按照吉姆·柯林斯在其流行作品《从优秀到卓越》中列出的11家公司进行投资组合，估计要倾家荡产：电器城惨淡破产，房利美（Fannie Mae）与富国银行（Wells Fargo）成为次贷的替罪羔羊（虽然巴菲特2009年趁富国银行股票跌到10元以下增持了3.2亿股），美洲银行收购美林后，高管薪酬则成千夫所指，逼得CEO挂冠而去。

但美国并不因此就缺少了伟大的公司，谷歌、苹果的盈利在2010年到2011年更为耀眼，亚马逊秉持云计算正成为数字时代的沃尔玛，而Linkin、潘多拉、Groupon、Zynga等互联网公司的高调上市，正说明科技业正从经济衰退中加速复苏，这个拉动半个多世纪来美国繁荣与革新的动力机车，在改变着。为什么美国的这些公司有着强壮的创新基因？

第一节　强壮公司的基因①

生于忧患，死于安乐

据说，柯林斯是将1965年以来《财富》杂志历年评选出的500强企业进行了规模巨大的调查研究，从1 435家公司中筛选出11家取得巨大成功的卓越企业，并与未能实现跨越的公司对照分析。有趣的是，另一项由考夫曼基金会Dane Stangler对"《财富》500强"中可以找到公司历史的488家进行研究，发现其中的256家创业于经济衰退期或市场熊市时期，或者说51%的美国最强大的公司是生于忧患（Stangler, 2009）。

从图1-1可见，从1929年年底到1933年年初经济大萧条，以及1937年至1938年的经济衰退，似乎都不适合开办公司。然而，20世纪30年代创业成功的"《财富》500强"公司高达29家，远高于其他年代（平均水平是十年创业22家）。如果我们再仔细看十年分布图，"《财富》500强"公司在经济创业衰退年份创业成功的明显高于经济复苏的年份。

第二次世界大战后的20世纪50年代，是美国创业最沉闷的时代，罗斯福新政后的管制使官僚资本主义达到顶峰，但到了60年代和80年代，经济开始复苏，美国的创业在里根放松管理的经济政策下开始重生。我们可以列出一系列熟悉的公司及其创业的年代：英特尔（1968），AMD（1969），嘉信理财（1971），微软（1975），家得宝（1978），美光科技（1978），戴尔（1980），思科（1984），以及重建的Verizon（1983），第一资本（Capital One, 1988）。

事实上，公司进出"《财富》500强"是非常动态的，这反映了美国经济的演变特征：这个巨大的生态系统不断通过购并、整合与创新，推动整体经济

---

① 孙黎，"生于忧患"，《中欧管理评论》，2010年第6期。

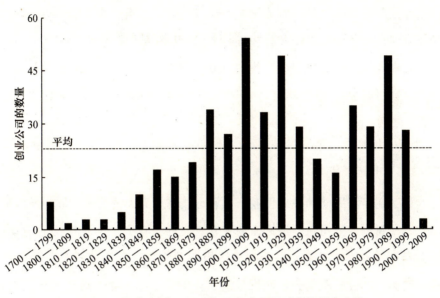

图 1-1 "《财富》500 强"公司在不同时代的创业家数

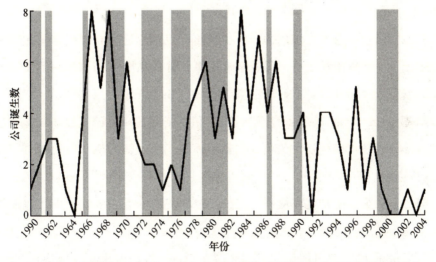

图 1-2 "《财富》500 强"公司每年诞生家数（阴影部分为衰退与熊市年份）

的增长和进步。同样，Stangler 对《公司》杂志的样本进行分析，发现《公司》杂志 500 家高速成长的企业大部分创业于 2000—2002 年间，这正是互联网泡沫破灭的熊市时期。

由此推断，下一代的"《财富》500强"有可能诞生在2008年开始的这一轮经济衰退。和其他年份一样，2008年和2009年美国估计将有40万—70万新公司开始创业。这些新手中，有些会失败，有些会跛行，但很多会生存和发展，其中的少数可能会鲤鱼跃过龙门——极可能在2020年或2030年荣登"《财富》500强"之列。

美国企业的反弹力

为什么在经济周期的底部创业，更有可能成长为大公司？可能的原因有：

第一，新创业公司在经济衰退期有着更强的生存力。由于美国的劳动法比欧洲国家更加宽松，美国公司会在经济周期的下降区间迅速裁员，降低产能，而裁减的富有经验的职员会迅速投入到创业中，这些创业人员比经济周期其他区间脱离公司创业的人员更有压力与激情，从而使新创业公司有着更佳生存的DNA。

第二，新创业公司在随后的经济扩张期可以更容易地获得资本。虽然在经济衰退期创业，风险投资自己的资金也捉襟见肘（见图1-3），但一旦走出经济衰退，新创业公司正好打造好新的商业模式，或者开发出新的产品，就很容易吸收风险投资，开始新一轮的扩张。而对私募资本的一项研究也表明，在经济周期底部或经济扩展期投资的项目收益率远高于在经济周期顶部的投资（Kaplan & Schoar, 2005）。

第三，从更广的制度环境看，美国在经济衰退中更好地利用市场机制调整经济结构中的过剩与失衡，尤其是破产法实施高效，且保护企业家精神。例如，通用汽车仅用40天的时间就脱离了破产保护，比任何人想象的都要快。然后，美国财政部投入500亿美元的援助，根据相关条款，通用同意以67亿美元现金及60%股权的方式作清偿。经过破产后重组，通用的全球产能从2008年的810万辆下降到2009年的650万，雇员人数从21.7万降到14.3万。但将在美国过剩的产能转移到经济高速增长的亚洲，尤其是中国，海外的汽车销售额从2008

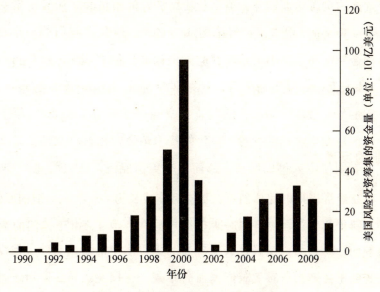

图 1-3　美国风险投资每年筹集的资金

资料来源：汤姆森-路透。

年的 58% 提高到 67%。尽管通用在 2009 年下半年亏损 43 亿美元，但负担大幅减轻。对员工的 540 亿美元养老金负担降低到 360 亿美元，破产重组后每辆车可以减少 6 000 美元的成本。通用 CEO Whitacre 已逐渐提前原来的清偿计划，公司在 2009 年 12 月和 2010 年 3 月时，分别已偿还政府 10 亿美元，最近则提前向美国政府偿还剩余的 47 亿美元贷款。

第四，美国企业通过淘汰落后产能实现高效率的提升。从 2008 年的第四季度到 2009 年的第四季度，劳动生产率提高了 5.8%。2010 年第一季度更比前一年同期提升 6.3%，这是自 1962 年以来从来没有的高速提升。对比之下，在 2007 年和 2008 年，劳动生产率的增长分别为 1.7% 和 2.1%。在 2008 年和 2009 年，美国只用了 18 个月的时间就采取了大刀阔斧的银行改革。自从 2009 年 5 月宣布对银行进行压力测试以来，这些银行新筹集了超过 1 400 亿美元的资金。2009 年 8 月，就连最盲目乐观的人士也没有预料到，短短 4 个月后，美洲银行、花旗银行、富国银行就开始复兴，将 1 000 亿美元的借款归还给了政府。

第五，人力资源重新调整。奥巴马的经济顾问委员会主席克里斯蒂娜·罗默（Christina Romer）曾指出：泡沫的成本之一，就是"我们的一些最出色的人才，喜欢金融交易，而不是追求创造更多社会价值的职业，例如科学、医学和教育"。事实上，在金融泡沫后，根据《哈佛红》（Harvard Crimson）报告，哈佛商学院的毕业生在2007年有47%投身金融或咨询，而2009年下降到了20%。更多的毕业生选择了投身下一代的技术革命。创新将驱动劳动生产率的提升，而后者则使收入得以增长，从而减少美国经济"去杠杆化"、减除债务的痛苦。

美国的复苏故事与德国、日本截然不同。德国为了保护工人的权益，尽量减少裁员与破产，这可以减轻社会资本在经济重组中的崩离破碎，但没有结构性的调整，新的生产力很难生长起来。日本则一味回避改革，政府一路借债增加支出，但不断失去变革的机遇。一个有趣的比喻至今适用：美国卖"大白菜"（银行资产）是将快烂掉的放在最上面，好的放在下面，烂掉的卖的即使是跳楼价，投资者至少放心买卖；日本则是将快烂掉的藏在最底下，好的则放在上面，让投资者不好出价，在犹豫间烂得更多。

有趣的是，在经济衰退使克林顿上台的1992年，大选后在小石城举行的一个经济峰会上，在成千上万页的简报和政策报告中，有一个词始终没有出现，那就是：互联网。现在的美国也在重新建造一个全新的生态系统，例如，思科的新一代路由器可以上百倍地加速互联网的流量，苹果的iPad改变传统的印刷业。而新一代的系统性变革则还在孕育中，我们不知道是什么样的新一代社交网络或是微博。但有一点可以预料，那就是创新精神正引领着变革的方向。

经济周期的"冬天"是企业家之友

美国企业的反弹对中国企业有什么样的启示？中国未来的500强企业是否也遵循同样的规律？"国进民退"是否会抹杀中小企业的绿芽？经济周期可以压垮一些企业，但也可以使另一些企业在走出衰退时更坚强。华为"冬天"的故事已经广为人知。再举一例：业务集中于深圳的昂纳光通信集团，是一家高速通信及数据通信网络中的无源光网络子元器件、元器件、模块的生产商，它就成长于光通信市场的低谷。2001年，全球网络泡沫破灭，整个光通信行业陷入了灾难性的危机中，就在这时，昂纳从深圳长城公司中剥离出来。在最低谷的2001年到2002年，昂纳几乎无法按时给员工发工资，为了渡过难关，公司采取一切可能的手段压缩支出，节约成本，从800多人最低降到160多人。在市场的寒冬时期，几乎没有什么订单，但昂纳的技术人员却异常忙碌，积极开发新产品，给客户做样品。这一时期，虽然整个行业缓步前行，但昂纳的技术却在不断的更新，并成功赢得电信系统供应商阿尔卡特-朗讯与华为的订单。到了2004年，市场开始回暖，昂纳立刻就进入了高增长期，2009年年度收入3.38亿元，主要是由于推出新产品及新客户数目增加，纯利达到7 920万元。截至2009年年底的三个年度，公司收入及纯利的复合年增长率分别为21.4%及97%。该公司成功地在2010年4月实现了在香港交易所上市。

忘掉柯林斯的"基业永恒"的几大原则吧，大自然最大的生存法则是：

寒冬中的蛰伏与创新坚持，迎来的将是春天崭新的故事。

第二节　Y一代的创业心①

这是最好的创业时代，也是最坏的创业时代。

2010年岁末，堪萨斯密苏里大学管理学院的一间大教室里热火朝天，70名从全校各个专业新晋入选的"创业学者"济济一堂，他们大都是有着商业计划与梦想、准备在下个学期毕业后创业的Y一代学生。堪萨斯密苏里大学专门设计了一个集中训练课程，帮助这些Y一代组建团队、开发产品、打开市场与筹

---

① 孙黎，"Y一代：一颗创业的心"，《中欧商业评论》，2011年第3期。

集资本等。校长李·莫顿（Leo Morton）特别在这个开课典礼中发言，他自豪地称自己的父亲是一位可敬的创业家，正是这些创业家将这个国家拖出了经济泥潭。

是的，创业于经济周期底部的企业往往有着更强的基因，最新的例证就来自于美国新一代的创业群体：Y一代（Y-Gen）。Y一代也称新千禧一代，他们是美国第二次世界大战后婴儿潮的后代，出生于20世纪70年代中期到20世纪末，跟随着X一代（迷茫的一代）。1982—1995年间，美国的出生率大幅回增，作为婴儿潮一代的下一代，Y一代的这代人又被称为回声潮。

目前，婴儿潮一代开始步入退休年龄，Y一代则走向社会舞台，开始崭露头角。可惜的是，他们刚走向社会，就面临全球金融危机的就业考验。《华尔街日报》最近的调查报告发现：在平均失业率为8.1%时，29岁以下的Y一代失业率最高，达到13.8%；19岁未上大学的年轻人失业率在20%以上（见图1-4）。

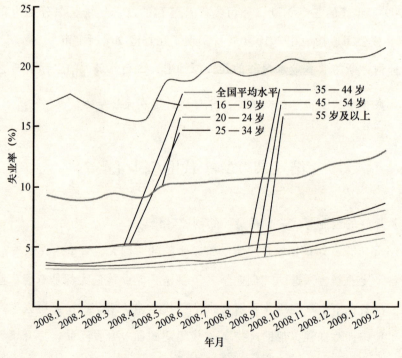

图1-4 美国不同年龄段的失业率

在这样严峻的就业形势下，Y一代并没有像前一代那样迷茫。与 X 一代站在中年的悬崖边上相比（见图 1-5），Y一代成长在更为富足的家庭里，有更高的欲望去赚钱、追求名望，对精神上的追求则有所下降；他们有着更强烈的自我意识与个性，对"自我利益"的追求比此前任何一代都要强烈；他们热衷于各种社交网络（Facebook、MySpace 和 Twitter 都是他们的家园），以及网络游戏，例如大型多人在线角色扮演游戏 MMORPGs 与虚拟世界是他们的最爱；他们也更懂得表达与接受，虽然初出茅庐、薪酬更低，但他们比 X 一代更通晓高新技术，因此也更能投入创业的热潮中去。同时，更多的公司采用短期合同工的模式，而非长期固定的工作合同，使工作流动加快，兼职成为主流，也使得创业更为流行。

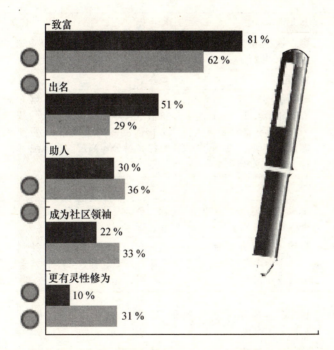

图 1-5　Y 一代（黑色块）与 X 一代（灰色块）的比较
资料来源：Pew Research Center for the People & the Press Survey, Sept.-Oct. 2006。

创建社交网站 Facebook 的扎克伯格（Zuckerberg）就是一个典型的 Y 一代。

电影《社交网络》展示了他桀骜不驯、聪明不安的一面，但对这个26岁的年轻人而言，美国创业史上还有谁能在这个年龄就使创办的企业市值达到500亿美元，身价达到100亿美元（未上市价值）呢？和他一样中途辍学的盖茨、乔布斯、戴尔等创业家或许在同样的年龄就开始创业，但多年以后他们企业的影响才能体现出来。当苹果公司在1980年上市时，25岁的硅谷神童乔布斯的身价也不过1亿美元。而在这个后金融时代，成熟的风险投资、千年不遇的互联网良机使Y一代能在前辈企业家尚未站稳脚跟的时候，或者不熟悉游戏规则的地方脱颖而出（见表1-1）。

表1-1 江山代有才人出

	美国		
年代	婴儿潮	X一代	Y一代
出生日期	第二次世界大战后到20世纪50年代	20世纪60年代到70年代初	20世纪70年代中期到世纪末
典型的创业英雄	盖茨	戴尔	扎克伯格
特征	经历了女权运动的兴起，心理年龄较小，对即将到来的暮年仍然持积极乐观态度，很多开始充当教练、战略家和顾问	有很强的家庭观念和价值观，尽心尽职地工作，慢慢向上爬，最终跻身公司高层	在富足环境成长，天生的优越感，专心和注重个人化，自我意识强
	中国		
典型的创业英雄	牛根生、冯仑、兰世立、李国庆、郭凡生	陈天桥、马化腾、丁磊、李彦宏、马云	高燃、戴志康
特征	经受"文化大革命"、上山下乡的艰苦经历，善于经营政商关系	在贫寒中成长，有些有海归背景，抓住了互联网兴起的机遇	在计划生育背景下成长，受过良好的教育，自主意识强

Facebook的1 200名员工平均年龄仅31岁，成为Y一代创业的典范，其成功的原因可以总结如下：

1. 打破旧有的游戏规则

扎克伯格创建的Facebook目前的用户数已经接近6亿人。每天都有数十亿的新消息发布，这一交互量大约占全球的十分之一。Facebook有超过4 500万个社区，每个社区的人，都是志同道合的，他们因此形成了关系。是个性化的，或者相对个性化的。Facebook 目前是全球第三大"国家"，比以往任何一个政府拥有的信息量都要大。但在创业初期，Facebook 其实是在众多社交网络中挣扎的，当时 MySpace、Friendster 等匿名交友网站大行其道，以真名注册的 Facebook 似乎逆向而行。但扎克伯格意识到，他所创建的网站并不是一个约会网站，而是朋友间保持联系的最有效率的方式。

2006 年，扎克伯格在 Facebook 推出动态新闻时，遭遇了同样的挣扎，很多用户感到很不自在，"让人觉得是个偷窥者"，他们纷纷组成小组进行抗议。对社交网络深有感觉的扎克伯格力排众议，认为动态小组可以强化用户间沟通公开、透明的精神，但需要在隐私的设定上给用户更多的控制与选择。于是，他组织攻关小组在 48 小时内重新开发了新的隐私设置功能，抗议这才慢慢减少，但这一很酷的功能却使 Facebook 上的小组与社区雨后春笋般冒出来，因为这种自动沟通的新形式使用户付出极少的努力就可以与最多的伙伴保持联系。

Facebook 上很多的创新是颠覆性的，例如广告的传播、沟通交流的开放平台。扎克伯格被《时代》周刊评为 2010 年年度人物，当选理由就是，他以一种创造性的方式建立了一个社交王国，并因此改变了数亿人的生活方式。

2. 创建新的管理风格

Facebook 最早的创业团队，从哈佛的学生宿舍走出，是一群典型的 Y 一代年轻人，他们热情似火、敢想敢干，但又特立独行，扎克伯格曾有一盒专门的名片，上面印着"我就是 CEO……贱人"，讥讽那些将这位经常穿着短袖 T 恤与运动鞋的 CEO 认错的人。当老一代的罗宾从外部猎头转为公司招聘部经理时，她预期很多应聘者和她当初一样，觉得为当时仅 21 岁的老板打工会有很多问题，但她后来慢慢发现，这些年轻人总是迟到，一些人只在深夜工作，但他们并不是没有责任感。扎克伯格的管理风格是"先干后道歉"，在错误中改进与学习，直到成长为一位有经验的 CEO。他十分谦卑地承认："你或许犯过许许多多的失误，我过去犯过，将来肯定还会失误，如果 Facebook 的故事真有什么不同寻常之处的话，那就是 Facebook 很好地彰显了一个道理：如果你正在构建一个大众喜爱的产品，你就可能犯许多错误。"

事实上，在 Glassdoor.com 刚发布的第三届年度员工选择奖上，Facebook 在美国最受员工爱戴的 50 家企业中位列榜首。虽然电影《社交网络》与反隐私泄漏的社会组织对扎克伯格有大量批评，但扎克伯格仍获得了 96% 的支持率。例如，某位 Facebook 业务分析人员对 Facebook 的工作环境、员工面貌和事业机会赞赏有加。这位员工写道："我真的很喜欢这里的工作环境。这里时刻都会发生新鲜事，而且员工从内心里相信自己正在做的事。在以前工作过的公司里，那些公司规定和繁文缛节令我有窒息的感觉，不知道自己能干些什么，能分享些什么。但 Facebook 有一种开放感，不仅在沟通交流方面是如此，在参与你所感兴趣的项目时亦是如此。"

3. 打造新的商业平台

谷歌公司以吸引最优秀的人才自豪，但现在却努力避免自己的员工投奔 Facebook，因为后者建立起一套交换信息的崭新系统，让全球数亿多人重新绘制社会关系，改变了人们的生活方式。扎克伯格不仅仅是将 Facebook 看做社交连接的网站，更是发挥社会效能（Social Utility）的平台。与国内 360 与 QQ 你死我活的缠斗不同，Facebook 不仅开放平台，让在其平台上的游戏开发商 Zynga 仅用三周时间就吸引了 6 170 万名活跃用户，其估值高达 55.1 亿美元，超过了老牌游戏公司艺电（Electronic Arts），从而让这一开放平台爆发出巨大的能量，超出了一个国家/政府的影响力，2008 年，奥巴马在总统竞选中能击败老练的候选人希拉里、麦肯，也是因为他更善于动员在 Facebook 上的粉丝群。

4. 建立新的商业理想

在巴菲特、盖茨的感召下，扎克伯格已签署"捐赠誓言"（Giving Pledge），同意把他的多数财富捐给慈善事业。包括他在内，一群富裕创业家在人生的较早阶段作出了慈善承诺。正如亚里士多德所言："年轻人热爱荣誉和胜利胜于金钱。很少完全是为了追求财富"，Y 一代更想证明自己、让自己出名和创造有价值的东西,他们有着新的商业理想。

当然,Facebook 最激进的理想,还是一个从 Y 一代看世界的眼光:现代社会的信息流动将越来越公开透明。为此,Facebook 也遭到反隐私社会团体的极力反对,老一代人也惧怕将个人信息与职场信息同时放在 Facebook 上,毕竟,各种社会关系还是需要不同的"面具"来维持的。但在扎克伯格或 Y 一代看来,双重面具是不诚实的体现,相反,"极端透明度"有助于创造一个更健康的社会,人们也更会为自己的行为负责。

经验对创业重要吗?

Y 一代没有多少创业经验,他们是否会遭遇更多的失败?风险投资公司合伙人卢克·约翰逊认为:"互联网让创新的成本比以往任何时候都低。你通过电脑就可以购买到各种商品,然后向全世界推销。对年轻企业家的各种支持也比以往更多——无论是正规训练,还是这样那样的指导。创业者可以通过无数的网站、俱乐部、书籍和其他途径获取信息。我遇到的年轻企业家常常给我留下深刻印象。他们比我们在他们那个年纪的时候更具合作精神,视野更全球化,在金融方面也更老练。"

以致力于为中小企业提供"云计算"的会计服务的 Indinero 为例,该公司的创始人杰西卡·马也不过 20 岁,但实际上她已经有丰富的创业经历,在大学期间,她曾与合伙人创办过一个帮助学生寻找暑假实习工作的站点 Internship-IN.com,引起硅谷媒体 TechCrunch 的关注(类似于扎克伯格创业前曾因创办 Facemesh 站点而在哈佛大学引起轩然大波)。她随后申请科技之星(Tech-Stars)、Y 合成(Y Combinator)等创业集中营的活动,最后得到了早期风险投资公司光速(Lightspeed)的青睐。光速给 10 个创业家各开 3.5 万美元的支票,不需任何股份,杰西卡·马幸运地拿到了开业资金。在随后的运营中,她又从天使投资中筹到了 120 万美元。创业网站 Mixergy.com 的 Andrew Warner 对其采访后总结道:我采访的许多企业家都表示,在创业中学习赚钱、学习销售、建立业务、管理基础设施是最快的学习,你只要做错了几次后,你就会知道什么是正确的,然后你学到一些东西,你就可以继续使用。

马云同样也总结道:"我不喜欢看成功学,我只看别人怎么失败,从别人失败里反思什么事情我不该做,从别人成功里也会反思,他为什么成功?我要学他的成功还是学他的精神?"

事实上,Facebook的创业经验已被迅速复制与学习,例如,Facebook的第七名员工马特·考勒在2008年加入基准投资公司(Benchmark Capital),凭其担任Facebook产品管理副总裁的经验,考勒负责投资许多新型社交网络的项目,例如Facebook前成员创建的Quora和Asana。协作工作区信息共享产品Asana的创始人达斯汀·莫斯科维茨是Facebook的共同创始人、第一任首席技术官,也是扎克伯格在哈佛大学的室友。YouTube的联合创始人陈士俊也曾在Facebook工作过。这些Y一代空白的经验反倒使他们没有旧思维的包袱,更易于开拓新领域。

当然,围绕着Y一代创业的,还有众多天使投资人与风险投资机构,这些成熟的商业环境也为Facebook这样年轻的公司灌输"九阳真经",使他们比微软、英特尔等前辈成长得更快,也更激烈地使各个产业的面貌产生变动(见复盘窗口)。

 复盘窗口

扶持Y一代创业的天使

全球金融危机使IPO市场干涸,也直接影响了风险投资机构筹集新的资本。与此同时,创业界却涌现出Y合成、科技之星等孵化新创业公司的天使投资,使Y一代在获得资本的同时,也能迅速获得天使们所灌注的多年的功力。

Y合成为创业公司举办为期三个月的集中训练营,每年在加州的山景城举办两次,每次吸引大约1 000个申请者,从中挑出40个入选者。Y合成向每一个入选项目平均提供 1.8 万美元的启动资金，外加每个项目成员 3 000 美元的津贴，交换条件是项目 5% 左右的股份。在集中营结束时，学员会摸索出商业模式，有了一定的客户和收入，并在最后的展示日上向各类投资者推销自己的公司。从 2005 年至今，Y 合成已经孵化了 208 家新创业公司筹集资本，成功的案例包括 Loopt、Reddit、Clustrix、Wufoo、Scribd、Xobni、Weebly、Songkick、Disqus、Dropbox、Justin.tv、Heroku、Posterous、Airbnb、Heyzap、DailyBooth、WePay, and Bump。其创业模式就是：搭建原型，上线运营（别管 bug），收集反馈，调整产品，成长壮大。

Y 合成的创始人 Paul Graham 自己也是个成功的创业家，曾创办了全球第一个帮助人们搭建网上商店的互联网应用软件，1998 年被雅虎以 5 000 万美元的价格收购。后来他将在哈佛大学的一次演讲《如何成立创业公司》发表在博客上，受到了广泛的欢迎。在帮助大学生暑假创业，而不是到大公司实习的一个暑期项目的启发下，他设计了 Y 合成的集中孵化模式。

申请参加 Y 合成不用提交商业计划书或幻灯片演示，有志的创业者只需填写一份申请表。Graham 会进行严格的挑选，邀请有希望的群体面试，中选者随即可以得到拨款。在三个月的集中营里，创业者将产品开发与办公室临时搬到硅谷，在 Y 合成的指导下进一步开发与完善。这期间，每周都会有一次聚餐，每次 Y 合成都会邀请创业方面的专家，例如创业者、风险资本家、律师、会计师、记者、投资银行家或者是大技术公司的高管（扎克伯格也常在邀请之列）。专家在发言后往往会为创业者提供咨询意见，甚至直接参与投资。

多次举办此类活动后，从 Y 合成出来的"校友"也参与到创业者的关系网络中。硅谷的风险投资家与风险投资人也纷纷对创业者的项目进行投资。例如 Indinero 的杰西卡·马在参加集中营前，已经有了初步的产品原型，Graham 建议她加入新功能、打磨网站、快速应变。在获得 8 000 多名用户后，杰西卡针对用户的各种批评，进行修改，很快获得了第一轮 120 万美元的天使投资。

Y 合成获得成功后，科罗拉多的科技之星等类似孵化器也纷纷出现。2009

年开始,英国的跳板课程(Springboard)由一群有经验的软件工程师创立,内容包括种子营、启动训练营、创始人研究院、Launch48、Hackfwd 启动程序等,专注于 B2B 业务。合作机构包括剑桥的 ideaSpace 和国家科技和艺术基金会,顾问/导师也来自欧洲的各个风险投资机构。跳板课程每年会选择 10 支团队,每队可以得到不低于 1.5 万英镑的初始资金(交换新创业公司 6% 的股份,办公场所则是免费的)。

Y 一代创业对社会的影响

不仅只有美国的 Y 一代热火朝天地创业,互联网、移动电话等通信技术的发展使全球各个角落的 Y 一代都可以大展身手。在中国,发明"苹果皮"的两兄弟、创办 MySee.Com 的高燃、康盛创想的创始人戴志康等互联网新生代也在改变着社会对 Y 一代的观感。戴志康在 2003 年大学毕业时,有技术公司给他开价年薪 30 万元,但他放弃了,他的理想与美国 Y 一代惊人的相似:"我自己的理想就是想做一些原来没有人做过的,能改变一部分人的生活习惯和生活方式。"

Y 一代的创业又如何影响这个星球的未来?

第一,越来越多的女性参与创业。目前,美国社会女性就业人数超过男性,而大学入学的女性也超过男性,这使女性的创业环境更加成熟,而 Y 一代的独立自主意识加强了她们创业的趋势,像 Indinero 的杰西卡·马这样充满朝气的女创业家也越来越多。

第二,Y 一代在社交网络的火热创业,表明他们想要关心别人,也想被别人关心,也使他们在新型的关系网络中创造与追求新的意义。网络突破了传统的等级管理体系,重新创造社会关系,包括角色、结构、政策、惯例、规范和价值观。例如,基于 Facebook 的网络游戏 FarmVille、CityVille 的广泛流行,重新定义了社交中的智力、情感与行为。Y一代鄙视"命令与控制型"的管理,他们希望建立多维合作的协调与沟通——对个人的尊重、聆听、争端解决、协商和理解成为新管理的基石。

第三,Y一代重塑社会的人力资本。社会的进步需要人力资本的不断积累与投资(Putnam,1995)。对创业中的Y一代而言,正直、理解、真诚、信任、创造力、对话与协作成为真实网络与虚拟网络交汇中的人力资本,他们必须不断发展自己的理解能力、交流技巧、自我意识、操作知识,才能推动社会的进步。

第四,Y一代要处理更复杂的社会关系,也要平衡许多相互矛盾的需求,他们必须承担自己所有行为的义务与责任。这主要通过网络信息流通的透明性来体现,在一个分散化控制的社会中,要让Y一代承担分散化的义务与责任,要求信息流动更高速、更透明,这样,责任与义务才能嵌入到每一次互动交流的反馈与总结中,成员、团队、创业公司和整个社会才能在不断的检验与评估中修正多重目标,实现不同个体与组织在复杂环境下的自我调整与自我承担。

Y一代更多的自我意识的追求是否会降格为腐败、傲慢与空虚?正相反,从美国新崛起的Y一代的创业追求看,这些创业正在重塑美国的精神,正如《时代》周刊让Y一代的英雄成为2010年的年度"风云人物"一样。亚当·斯密断言:"当下层人主要由资本雇佣维持时,他们通常是勤奋、朴素、生机勃勃的……当下层人主要是由收益挥霍维持时,他们通常是懒散、放荡、卑鄙的。"

长江后浪推前浪。发现更好的梦想之路,编制新型的网络,创造新的财富与新的机会,Y一代在创业中建造的是新人类的灯塔。

第三节　创新未来的十大机遇[①]

未来十年，在全球化的世界，有着哪些创新与创业的机遇？笔者按照未来学家纳斯比特的方法，从三类媒体中捕捉各种机遇：（1）报道创新与创业时髦话题的流行杂志，包括 Wired Inc.，*Fast company*，*Entrepreneur* 等媒体；（2）经理人、各界领导喜欢阅读的 *Economist*，*Harvard Business Review*，*MIT Management Review*，*McKinsey Quarterly*，*Strategy + Business*，*Business Week*，*Fortune*；（3）学术界创新与创业话题，例如 *Research Policy*，*Journal of Business Venture*。创新对社会的影响从来就是多维的、跨界的，这给予了各个领域敏感的创业家、投资家、官员无穷无尽的机会，为此我们在考虑话题的影响力时，更考虑其对不同领域，例如对科技、商业、政治、文化、环境、全球化等跨界、跨域的冲击。

在此基础上，笔者总结出十大机遇：

一、可持续发展

虽然在 2000 年大选中以极其微弱的劣势输给了布什，戈尔还是在 2007 年东山再起，以呼吁全球重视气候变暖问题的纪录片《不可忽视的真相》获得奥斯卡最佳纪录片奖，其后又获得诺贝尔和平奖。经戈尔等政治家的广泛推动，温室气体排放、全球气候变暖、生态环境破坏等可持续发展的问题终于进入世界性的议题，中共十七届五中全会也用"包容性增长"来规划下一个五年计划。可持续发展本身，也成为创新的动力源之一。

罗马俱乐部成员 Gunter A. Pauli 最近出版了《蓝色经济》一书，描述从自然的相生相息出发，可以引导 100 项创新，在未来 10 年创造 100 万个就业机会。例如，受爱点头的啄木鸟避免脑震荡的秘诀的启发，日本丰田汽车研制出最新的避震器；靠着观察白蚁窝得来的灵感，伦敦动物学会设计出有效降低室温

[①] 孙黎、陈炎、任兵，"10 大最前沿的创新话题"，《IT 经理世界》，2010 年 11 月 5 日。

的建筑；可再生的蚕丝可以取代逐渐稀少的钛，制作成刮胡刀刀片……各领域顶尖科学家们的创新研究，证明人类可以像生态系统那样，通过物理、化学、生物等方法，运用可再生材料，实现永续发展。

管理学者也注意到这一潮流，美国管理学会（Academy of Management）2009年年度大会的主题是"绿色管理很重要"（Green Management Matters），2010年则是"敢于关怀"（Dare to Care）。在这两次大会上，可持续发展都是管理学者讨论的中心议题。波特在2006年就指出，可持续发展所代表的企业社会责任可以成为公司战略的一部分。传统的理念认为企业社会责任增加了企业的成本、提高了限制，可能是反生产力的。但波特批评道，这是因为这些旧观念建立在旧产品的思维框架上，将企业与社会之间的关系视为零和游戏。事实上，如果公司能重现检视组织成长与社会福利的关系，它们就会发现不同的创新机遇，在造福社会的同时增强自己的竞争力。感知社会责任，不仅仅是为了减少损害或表面的公关活动，更需要不同的思维定式（Porter & Kramer, 2006）。一个积极采纳可持续发展战略的例子是沃尔玛。沃尔玛一贯是成本杀手，但自2005年起，沃尔玛开始了提高能源效率，增加有机食品的销售，减少废气和温室气体排放的环境行动计划。沃尔玛还宣布到2012年减少温室气体排放20%，并设定了100%再生能源和零废气排放的公司目标（Siegel, 2009）。

密歇根大学杰出的讲座教授普拉哈拉德在去世前，将最后的研究岁月留给了可持续发展的议题。结合对金字塔底部市场的研究，他认为对可持续发展的要求，可以驱动组织和技术创新，帮助公司重新设计产品、技术、流程和商业模式，不仅可以带来回报，更可以转变竞争格局。企业可以通过五个不同的阶段执行可持续发展：(1) 将服从社会责任的需要看做商业机会；(2) 关注价值链上的可持续性；(3) 设计可持续发展的产品和服务；(4) 开发新的商业模式；(5) 创造未来实践的平台（Nidumolu, Prahalad, & Rangaswami, 2009）。不仅是新产品/新商业模式，斯坦福大学的组织管理大师Pfeffer更呼吁将组织中人的可持续发展也作为管理的核心议题（Pfeffer, 2010）。

对中国企业而言，2008年，三鹿婴幼儿奶粉因添加过量三聚氰胺而导致婴儿死亡事件的发生,不仅使整个乳制品行业陷入危机,物欲横流的社会也开始警觉各种食品安全问题。但是食品加工行业价值链条上的各利益集团的逐利梦会让位于可持续发展吗?中国企业组织业务层如何与公司层的战略互补,推进可持续发展?政府又如何实现行业管制与引导?

最近倡导替代能源的新天绿色能源股份有限公司、风力发电设备提供商新疆金风科技提供商在香港上市,受到了投资者的追捧。中国以华锐(Sinovel)、金风等为代表的风电设备供应商仅花了四年时间就在全球市场前十大中占有其三,华锐更是赫然超过西门子,排在了第三(见图1-6)。这说明,在政策引导

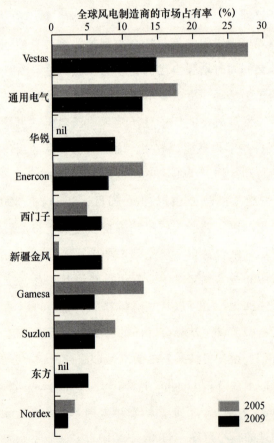

图1-6 全球十大风力发电设备供应商四年间的急剧变化
注:华锐、新疆金风、东方在2009年分别占据第三、第六、第九的位置。

与市场刺激下,中国企业开发可持续性创新产品的能力一样可以提升得很快。

《易经》启示道:生生相息,变化无穷。这正是创新之源。

二、商业模式

商业模式(或模型)一词的兴起,是在20世纪90年代互联网作为野蛮人开始侵入传统商业领域之时:1985年,在网景(Netscape)没有任何盈利就以28美元一股上市后,商业模式所催生的"市梦率"代替了传统的市盈率IPO指标。商业模式不仅成为风险投资家不断拷问的商业计划中的核心内容,更代表了创业家雄心勃勃改造世界的梦想。

既然称为"模式",首先代表着试错与修正的努力。许多商业模式现在看似没有盈利,但在创业家与风险投资家的共同努力下,模式会不断修正与进化,最终成为一部利润机器。在这个过程中,哈佛大学教授Bhide建议创业家不必过多地纠缠于收集与分析数据,而应迅速地甄选机会,淘汰没出息的模式;集中分析几个重要的议题;知行合一,不要坐等到所有的答案,而是到市场中去,到客户中去,到供应链中去行动,随时准备改变方向(Bhide,1994)。Mullins与Komisar则建议:除了计划A外,你经常要准备计划B(Mullins & Komisar,2009)。例如视频网站Hulu一直在探索收费视频服务,虽然其盈利模式还不确定。Hulu推出的Plus服务正在测试,希望最终使这项服务出现在所有可连接互联网的移动设备上,包括iPad所代表的平板电脑设备上。正是从这一点出发,商业模式塑造着新行业、新产品的爆发力。

模式的第二个特点是其建构性,也就是通过各种元素、材料、资源建设盈利机器的过程。创新大师克里斯滕森认为:一个优秀的商业模式必须包括这四个要素:客户价值主张(Customer Value Proposition)、利润方程、资源组织与流程(Johnson,Christensen & Kagermann,2008)。其中,客户价值主张是模式的基石,也是颠覆性创新的核心来源。其他三个要素,例如包括营收模式、成本结构、利润边际的利润方程都是根据这一基础展开的。资源与流程在模式中的组织则体现在笔者一再提倡的"轻资产"运营能力上。①

模式的第三个特点是对创新的传播性。两位法国教授 Doganova & Eyquem-Renault 通过一个新公司创建商业模式的案例研究,发现通过商业计划、简表、媒体等的传播,商业模式可以成为创业家的一个"叙事"装备,帮助他们催生新市场、唤醒客户需求、组织各种必要的资源,从而在一个广阔的技术—经济网络中更好地传播创新(Doganova & Eyquem-Renault, 2009)。从这些特点出发,商业计划要有一个很好的"故事",例如清楚的技术路线进化图,像苹果的手机操作系统一样有号召力,使手机公司如诺基亚在传统的商业模式中被淘汰;更要有出彩的情节,像硅谷特斯拉开发的新能源汽车,充满绿色、可持续发展的主题,这都为其在媒体上的广泛曝光传播、推陈出新铺平了道路。

在本书的第二篇,我们将专门对商业模式进行复盘。

1996 年,密克在她定期发表的《数位世界新讯》(*An Update from the Digital World*)报告中评论道:"我们尝试为这个新出现的市场建立起分析的框架,但其中有两件事是确定的,一是成长力道将会相当显著,二是从公司、策略到市场的架构都将面临巨大的变动。"今天用这个标准衡量商业模式,我们依然可以感受它的雄心与魅力,一如即将出炉的牛排在烧烤架上的"滋滋"声。

三、无尺度网络

加拿大小伙子麦克通过"以物换物"的方式,用一枚红色曲别针换来别墅的故事轰动了世界,也引发了中国版的复制。2006 年 7 月,麦克开始在 Craigslist. org 上展出自己的一枚红色曲别针,换到了一支鱼形笔,然后是一件手工艺陶器,然后是烤炉,经过一连串的物物交换,麦克的博客逐渐走红,交换的东西的价值越来越高,从雪地摩托车到录音棚的合同书、雪景球,再到演出机会,最后是加拿大吉普灵镇一栋面积为 99 平方米、有三间卧室的别墅,因为该镇急切希望寻求更多商机,吸引社会注意力,以解决区域人口锐减的难题。

---

① 参见拙作《轻资产运营——以价值为驱动的资本战略》,中国社会科学出版社 2003 年版。

这一传奇故事背后展现的正是无尺度网络所具有的无穷魅力。

无尺度网络是与随机网络相区别而存在的。在随机网络中，人与人之间互相认识，是一个随机的过程，每个人都和其他人有一样的概率建立连接。但在现实中，总有一类人特别擅长交往，他们认识很多人，成为许多圈子的中心节点。这也是二八定律的应用：正是这些擅长交往的20%的人，携带了80%的连接，使小小世界中，六度分隔成为可能：你只要通过你所有的朋友、朋友的朋友进行六次连接，你就可以通达地球上所有的人，甚至奥巴马。

物理学家艾伯特-拉斯洛·巴拉巴拉西（*Albert-László Barabási*）最早在2002年的《科学》杂志上提出无尺度网络的概念，认为：

（1）网络是动态增长的，不断有新的节点加入，随着麦克的故事逐渐在网络走红，连接他的节点越来越多，他可以交换的物品选择也越来越多。

（2）优先情结。新增的点并不是如随机网络中那样和其他点有相同的概率建立连接，它会有更大的概率和已有很多连接的节点建立连接。例如，音乐制作人、好莱坞导演加入麦克的网络，使麦克在网络中的地位越发重要，不是曲别针的价值，而是他的社会影响力足以使他交换到一栋别墅。

（3）无尺度网络不存在代表性的节点，但受少数集散节点的支配。美国的国家电网、高速公司的拓扑结构都体现了无尺度网络的特征：对意外事件具有惊人的承受力，但对协同式攻击很脆弱。

无尺度网络概念的提出，对防备黑客攻击、防治流行病乃至云计算的资源配置等都有深刻的影响，拉斯洛·巴拉巴拉西甚至联合两位经济学家将其理论应用到国际贸易、产业升级中去，解释穷国为什么会穷的问题：根据对进出口产品空间网络结构的研究，富国拥有规模更大且更为多元化的经济体，并生产许多种产品，尤其是那些与网络中心紧密相连的产品；而穷国往往生产一些相互间无较大相似性的产品，在网络中处于边缘的地位。这一前沿话题可以广泛应用到创新产品的扩散、产业集群的建设、地区竞争力的提升等政策中。

四、IT 战略应用

美国影像租赁连锁巨头百视达（Blockbuster）在 2010 年 9 月份宣布破产，当它在 1985 年创业的时候，却是应用 IT 的先锋。其创始人库克是个程序员，看到当时许多客户涌入录像租赁店，热门的录像往往被别人捷足先登，便开始应用 IT 来创新录像的存货管理。他的后继者继续用 IT 来管理"客户的不满意度"，公司在 1994 年被出售给维亚康姆时，市值高达 80 亿美元。然而，当新一代竞争对手 Netflix、苹果开始推出电影下载租赁服务，应用计算机算法更精确地给客户推荐更多的电影选择时，百视达败下阵来。

IT 是企业创造价值、创新商业模式的关键要素。相对于传统生产技术而言，信息技术能够应用于信息的生产、存储、传输和分析。如果企业的业务流程或者最终产品中包含大量的信息元素（例如影像租赁、下载中的推荐功能），IT 就成为企业战略的基础。

不过，随着 IT 的广泛运用，越来越多的企业应用同样的技术，IT 还能否为企业创造竞争优势呢？卡尔曾在《哈佛商业评论》上发表文章断言 IT 不再重要（Carr, 2003）。他的论断引发了激烈的争论。最有趣的是战略大师波特也参与论战，他认为当所有公司都拥抱网络科技时，科技本身就被中性化了，无法变成竞争优势的一个来源（Porter, 2001）。IT "不代表和过去一刀两断，而是信息科技演化的最新阶段，就像扫描、关系数据库，以及无线通信一样"。

《数字资本》（Digital Capital）的作者泰普斯卡（Don Tapscott）火力十足地对此提出反驳：IT 代表前所未有、强力的全球通信媒体，未来它还会继续以人们眼前无法想象的方式进行演化。有效运用网络，不是买个专线、安装个软件包就可以成功。运用网络有很多方法，从设置网站到推行新商业模式等，都可能造成企业蜕变。在百视达与 Netflix 竞争白热化的 2006 年，Netflix 宣布重赏美金 100 万元，只要有一个团队能开发出比 Netflix 自行研发的 DVD 推荐软件精准度高 10% 以上的软件。三年后，由七位工程师、统计学家、人工智慧专家等组成的团队才领走这笔巨款，而第二轮悬赏又开始了。这正表明了 IT 的价值。

田军等人发现，IT 对中国企业仍然至关重要（Tian, Wang, Chen & Johansson, 2010）。虽然任何能够从市场上获得的商品都不可能构成企业的核心竞争力，但是，如果商品化的 IT 能够支持独特的价值创造活动，那么这种有效组合将仍然能够成为企业的核心竞争力。

如何培养 IT 能力呢？第一，IT 必须能应需而变。如果我们希望 IT 能够为企业创造竞争优势，我们就不能再说："对不起，我们的系统无法支持该项功能。"IT 必须根据业务的流程需要进行改变，而不能是业务流程根据 IT 的要求进行再造。第二，企业要保持 IT 战略与业务战略的一致性。正如波特所说，如果没有明确的战略导向，IT 只能带领企业走向迷失。企业的 IT 战略必须反映企业的业务战略；企业的业务战略，必须包含战略性地应用 IT 的部分（Porter & Siggelkow, 2008）。第三，IT 部门与业务部门要建立良好的合作关系。只有充分合作，IT 人员才能充分理解业务需求，业务人员也才能充分了解 IT 的战略价值。

Netflix 创始人兼首席执行官里德·黑斯廷斯（Reed Hastings）说："我认为从别人的失败中吸取教训更有意义。一个可以让我们吸取教训的例子就是，美国在线（AOL）无法适应宽带世界，一直固守着窄带拨号。"

五、再造硅谷

创建一个硅谷这样的高科技战略高地可以说是各国政府的梦想，但哈佛商学院的乔希·勒纳在《梦碎大道》一书中指出：这种所谓的产业政策大多数以失败告终，马来西亚投入数亿元的"生物谷"正变成一个"鬼谷"，德国浪费了 200 亿美元，而新加坡创建的 Biopolis 生化科技中心也只有 50% 的成功机会。

硅谷为什么能成功？是由于气候、宽松的移民政策、斯坦福大学、85 号公路的地缘优势等得天独厚条件的综合，或者用 Isenberg 教授的话来说，正是一个有机的创业生态系统促成了硅谷的成功（Isenberg, 2010），使企业家精神能成功发芽、成长、壮大。最善于学习复制这一生态系统的，要数卢旺达，这个十年来一直以种族屠杀而闻名的国家，由于总统 Kagame 的重视，成立卢旺达国家创新与竞争力启动基金，大力削减公司注册的繁文缛节，推动了创业精神的增长。今天，卢旺达的核心产品——咖啡已经摆上了美国大型超市 Costco 的货架，星巴克也为卢旺达的咖啡颁了奖。

硅谷的成功还来自风险投资家独特的制度设计（Aoki & Takizawa, 2002）。斯坦福大学青木昌彦教授指出，新兴的信息技术和信息产业能在硅谷快速崛起，正在于应用模块化的设计机构，打破底特律汽车厂商垂直整合的产业结构，使不同的模块可以近乎完全独立地设计、制造，并让多个厂商在同一模块上彼此进行竞争，硅谷的风险投资家也为此设计出分段融资的模式，让不同的创业家在这场竞争的锦标赛中贡献最创新的产品。硅谷的电动汽车公司特斯拉在 2010 年 6 月的 IPO 中筹得 2.26 亿美元，成为半个世纪以来上市的首个美国汽车厂商，正代表着硅谷模块化的风险投资模式，正杀入传统垂直整合的封闭产业。很多国家开始学习硅谷企业家的融资模式，例如以色列在支撑风险投资行业早期发展方面，投了 1 亿美元基金用来鼓励外国投资者支持处在创业阶段的以色列企业，取得了一定的成功；2010 年 6 月以色列又出台一系列推进高科技行业发展的措施，例如对养老金风险投资进行担保。

复制硅谷模式还意味着政府对产业集群的发育必须采取少干预、让其有机成长的态度。自从波特在《哈佛商业评论》上发表那篇著名的集群战略竞争的文章以来，他的核心观点经常被曲解为政府可以干预产业集群的发展，事实上，波特认为："集群的种子必须经过市场的测试，政府应该增强现有的集群，而不是整个地重新打造。"（Porter, 1998）

中国地方政府在 GDP 数字的驱动下，有极强的诱因去拔苗助长，光谷、软件谷、科技谷的各种催化层出不穷，但在催高地价之外，成功的只有无锡"530 计划"等为数极少的特例，或许回到根本，如何制造政策，减少腐败，为更多的本土企业家、海归创建一个有机的创业生态系统才是通往再造硅谷的钥匙。

六、开放网络与封闭网络

网络应该开放还是封闭？《连线》杂志的主编克里斯·安德森总有惊人之语，这位"长尾理论"、"免费"等前卫概念的倡导者断言"万维网已死，互联网永生"。他认为：网络世界目前最大的转变在于：从全开放式的万维网到半封闭的平台转移。现在的人们几乎整天都在上网，但他们更多的是访问应用程序，例如苹果的 iTunes/iPad，Facebook，这是传统的万维网 HTML 无法统治的新世界。目前封闭网络上的流量已经超过开放的万维网。而摩根士丹利的研究更表明，5 年内，使用移动设备访问互联网的用户数量将超过传统 PC。由于屏幕的变小，移动数据传输也将趋向于应用程序驱动。移动设备上优化用户体验的需求使得人们将放弃传统 Web 浏览器访问互联网。

电子邮件、公司 VPN、计算机之间的 API 交互、Skype 电话、魔兽世界等在线游戏、Xbox 实时数据、iTunes、IP 电话、iChat、Netflix 影片流量……在这些封闭网络上，各类公司更容易创建盈利模式，例如苹果这样的公司比谷歌有着更高的利润，这也是谷歌要开发免费的 Android 操作系统的原因。

但提出 Web2.0 的著名咨询公司 O'Reilly 并不同意这一观点：前端的开放与否并不重要，重要的是驱动前端的数据，现在的 Facebook、Twitter、Amazon、PayPal、LinkedIn 等大型网站，都悄悄地建立起了巨大的数据后端来驱动自己的网站。Netflix 能战胜先行者百视达，正在于其建立在巨大客户租赁数据上的算法。

安德森反驳的论据是，最热门的十大网站在 2001 年获得了美国 31% 的浏览量，到 2006 年该比重增长为 40%，而 2010 年这个数值则接近 75%。大网站将小网站的流量都吃掉了，封闭网络意味着商业现状以及传统权利结构的崩溃。同时，它意味着不断的垄断权利斗争，许多公司都在重新构建自己的策略，流量变成广告费的模式已经走到尽头，18 岁的万维网已经步入它的晚年期。只有跟着钱走，数字内容在封闭网络中才能找到一个更具持续性的发展模式。《经济学人》杂志则从国际政治的角度切入这场大讨论，认为数个国家从政治考虑，封闭信息，建立信息孤岛、"局域网"的努力，事实上不利于不同知识的杂交与创新。从域名注册量看，中国以.cn为后缀的域名注册数量不仅低于发达国家的日本与意大利，更低于同为"金砖四国"的巴西，这与网民数量在全球第一的地位是不相称的（见表1-2）。

表1-2　互联网顶级网络域名

域名	主机数	排名（共268位）
.net	264 382 845	1
.com	147 031 831	2
.jp（日本）	57 067 517	3
.it（意大利）	22 804 359	4
.br（巴西）	18 848 263	6
.cn（中国）	15 309 629	7
.au（澳大利亚）	13 126 248	9
.mx（墨西哥）	12 677 932	10
.edu（教育）	12 360 000	12
.in（印度）	4 488 807	21

资料来源：Internet Systems Consortium，April 2010。

　　O'Reilly也认为开放产生创新，封闭收获价值。封闭的模式，使苹果能破除微软的垄断，获得托尔金的"至尊魔戒"；开放的模式，则形成"小众松散的结合"，这也是Linux以及互联网整体的模式。个人、小公司、创业家、艺术家仍然有巨大的能力去分享、分发他们的网络并找到听众。

　　显然，开放模式的"Web＋搜索"与封闭的"平台（内容提供商）＋App应用程序"之间的竞争将继续下去。谷歌公告其2010年第三财政季度利润达到22亿美元，猛增32%，超出华尔街预期，其中来自开放系统Android的销售额高达10亿美元；而苹果的利润则高达43.1亿元，猛增70%。这场开放与封闭之争，正显示了互联网商业模式的多重性与丰富性。

　　万物霜天竞自由，这正是互联网青春之灿烂。

七、开放式创新

笔者在《站在美国阳台看中国》一书中曾大胆预测：中国未来的英特尔将诞生在山寨的摇篮里。在2010年的中国国际信息通信展上，福州瑞芯微电子发布了基于新一代Androi+3G移动互联芯片解决方案，覆盖Android+3G平板电脑、Android+3G智能手机、Android+2.5G智能手机与Android+3G信息机四大平台，展出了近百款创新终端产品。为什么这家自2001年开始创业的公司，从细分市场语言复读机芯片开始，进入电子阅读器、平板电脑等产品的核心芯片研发，已经显示出"中国芯"的霸王像？为什么这家不依靠国家资金资助，从山寨产品中杀出的公司成长如此迅速？一个原因就在于瑞芯抓住了国际开放式创新的趋势，利用ARM低功耗芯片的开发代码与谷歌Android开放平台，在国内上千家山寨电子企业的协助下，迅速开发出了具备与苹果、三星等大型企业竞争的产品。哈佛大学的切萨布鲁夫最早提出开放式创新的概念，他从施乐在硅谷的帕洛阿尔托研究中心（Xerox PARC）案例得到启发，发现施乐虽然开发出了图形用户界面、局域网和激光打印等先进技术，但只有将其独立出来后，如3Com、Adobe等才成为业界翘楚（Chesbrough & Rosenbloom，2002）。更好地利用企业的外部知识资源，可以加速创新的过程。互联网开源软件的兴起、开源规则的设立、开源社区的繁衍，更是加速了开放技术在国际上的传播与扩散。IBM、惠普等巨头也放弃了封闭、垂直的创新研发结构，应用开源的力量，加速多种技术的整合与平台设计（见图1-7）。

中国企业如何突破企业间的边界，像瑞芯那样迅速吸收前沿技术，跟紧全球创新的趋势？其一，中国企业要克服技术民族主义思维的禁锢，放弃只有100%"自有"才能完全控制的"威权模式"，像王传福那样对外部技术采取开放的实用主义态度："一种新产品的开发，实际上60%来自公开文献，30%来自现成样品，另外5%来自原材料等因素，自身的研发实际上只有5%左右。"其二，中国企业应重视吸收能力的发展，企业能否消化外部技术，关键在于企业内部是否有相应的互补性资产与外部开放技术相整合（Teece，1986），从而

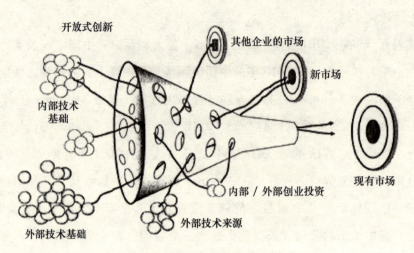

图1-7 企业的开放式创新模式
资料来源：Chesbrough & Rosenblom，2012。

产生突破性的创新绩效。王传福称之为"站在巨人的肩膀上"："非专利技术的组合集成就是我们的创新。"

八、专利保护

中国的GDP超过日本不算什么大事，中国在世界知识产权组织申请的国家专利数目超过日本是2010年的标志性事件（之前年份的情况参见图1-8）。随着日本专利申请数在国际上连年下降，iPad上的关键零部件生产商也从日本转移到韩国与中国台湾地区。在世界知识产权组织2011年专利申请的国家大战中，中国也上升到第二位。

但在美国，在知识产权界展开的一场热门争论是，对专利保护是否过强，已经偏离了激励创新的法律本意。例如美国德州一家法院判定，苹果iPod和iPhone等设备侵犯了一家名为Mirror Worlds的公司的三项显示专利，要求苹果向其支付最高6.25亿美元赔偿金。而微软创始人保罗·艾伦投资的Interval授权公司，对谷歌、Facebook等一系列互联网公司起诉，认为它们侵犯了自己实验室开发的一系列技术。美国科技界将这类没有实体业务，专靠买卖专利，然后起诉别人盈利的企业称为"专利地痞"。只要产品的一小部分被诉侵权，价

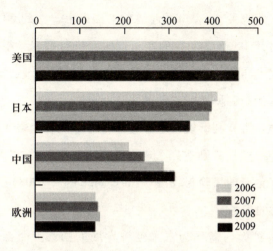

图 1-8　中国的国际专利申请量正赶超日本
资料来源:世界知识产权组织。

值数十亿的产品可能就无法上市。三星当年为 RIM 定制的黑莓智能手机就因为被专利起诉而被美国海关扣押,从而无法赶上圣诞销售旺季。以前面苹果的侵权案为例,Mirror Worlds 的专利曾经作价出售,最初标价为 21 万美元,随后升到 500 万美元,现在对苹果的索赔是 6.25 亿美元。同样,苹果也用专利阻止 HTC 在美国占据更多的智能手机市场份额。为此,谷歌不得不出手收购摩托罗拉,以利用后者的专利池帮助 Android 阵营对抗苹果。

苹果在智能手机的专利上也受到多家在位厂商的围剿,诺基亚、柯达、摩托罗拉、RIM 都对其提出了天文数字的索赔。如果诺基亚获胜,苹果可能需要掏出大约 10 亿美元的专利费。目前,《经济学人》预计设备制造商已不得不为一部独特的智能电话支付 200—300 项专利的使用费。专利成本占到其销售价格的 15%—20%,或差不多硬件成本的一半。苹果要想领导平板电脑 iPad 的技术平台,一样也遇到专利大战。

一家专门追踪类似专利地痞的机构 Patent Freedom 发现:以收集专利为主、并非实际使用的诉讼案件数量从 2001 年的 109 起上升到 2009 年的 470 109 起!虽然一些游说集团正试图修改立法,但另一桩生意也风生水起:RPX 公司专门从事专利的"防御性购买",客户最近增长1倍以上,达到60多家,包括戴尔和惠普。该公司将其1 500项左右的专利权组合进行授权,根据会员的营业收入计算并收取一定的年费。会员公司虽然不能完全消除专利侵权风险,但RPX提供了一个低成本的防御模式。

在中国,这类从事专利诉讼与防御的公司如果能在市场上盈利,才真正显示中国的专利保护、产权激励达到了成熟的水平,因为这才显示个人——而非国家——承担起了创新的风险与收益(Hu & Mathews,2008)。

九、金字塔底的市场

中国已将坚持扩大内需作为未来经济发展的国策,而普拉哈拉德早在其2004年出版的《金字塔底层的财富》一书中就提出,占全球人口80%的市场被忽略了,那就是发展中国家的贫穷地区市场,也就是全球消费的金字塔底(Bottom of the Pyramid,BOP),在帮助当地的穷人摆脱贫困中,可以重建商业模式,找到创新的来源。

普拉哈拉德认为:在传统的工业体系中,公司是宇宙的中心,但是在新的信息时代,消费者有机会与公司进行对话,并积极行动,他们甚至在产品中重新塑造自己的亲身经历。因此,即使面对穷人,通过共同创造,消费者可以个性化自己的经验,而企业也因此更受益。通用电气将研发中心设置到中国与印度,针对当地的购买力与需求,重新开发出质优价廉的新产品,被称为"反向创新"的典范。这一话题不仅在管理界得到广泛争论,同时,国家经济、政治界也重新认识这一市场,探讨是否可以通过培育这一市场使全球60亿人口脱离贫困。

当然,这个市场的存在也受到许多学者的质疑。普拉哈拉德在密歇根大学的同事就认为不仅过小,而且重要的是要让消费者变成生产者,才能帮助他们脱离贫困。而康奈尔大学的哈特教授在2005年发表《十字路口的资本主义》,认为将穷人视作业务伙伴与创新者,才能帮助他们脱离贫困,通过"共同创造企业和市场,可以使企业和社区互惠互利"。一些跨国公司,例如杜邦已经开始在金字塔底的地区实践这一原则。

盖茨基金会联合主席及董事梅琳达·盖茨最近更提出，应该向可口可乐学习做慈善。可口可乐可以将产品递送到非洲偏远的贫穷人家，就是因为可口可乐公司帮助当地企业家建立小型配送中心，然后雇用当地人通过骑自行车、用手推车或独轮车到各地去推销。政府和非营利组织要想在这些贫穷地区成功，同样需要通过这些当地企业家知道怎样让产品与服务达到那些难以触及的地方，用什么样的方式可以激励人们作出改变。

金字塔底的概念使市场在贫困地区找到了用武之地，而非政府资助或富国的捐款。对中国而言，在重建玉树等地震灾区的时候，不是政府资助重建多少房屋，而是重建当地居民的经济再生能力，激发企业家精神。另外，中国对非洲、拉美的海外投资，往往被外媒丑化为"新殖民主义"，例如2010年10月赞比亚一中资煤矿中方管理人员用鸟枪打伤12名示威矿工事件，就是没有考虑到与当地社区的互动发展。结合前面可持续发展的战略，中国的对外投资才能走出一条新路。

十、社会创业

社会创业正在改变这个星球的面貌。奥巴马在上任之后，马上在白宫成立了社会创新和公民参与（OSICP）办公室，旨在促进政府与私有企业、社会企业家和公众之间的伙伴关系；2010年7月22日，奥巴马政府列出"社会创新基金会"（SIF）项目的11项投资，拨款支持美国一些最成功的非营利组织与慈善组织，来支持它们在卫生保健、增加就业以及帮助年轻人方面的工作。而隔岸的英国首相卡梅隆则提出"大社会"的观点，核心观点就是政府迫切地需要"将公众服务向新的支持者开放，例如慈善组织、社会企业和私人公司，这样我们才能获得更多的创新、多样性并且响应公众需求"，从而"创建魅力社区"。

社会创业是指以创新的模式，为社会问题提出解决方案，例如微型贷款，就是一种通过社会创业帮助解决贫困问题的商业模式（Goldsmith，2010）。从事这些活动的人被戴上社会创业家的桂冠，不论是在企业发展、健康、教育、员工状况或人权方面，他们是一群将社会改变而产生的问题视为改造社会机会的人。10年之前这样的企业家还鲜为人知，但是今天，"社会创业"、"公益创新"这样的课程与报告，成为顶尖商学院学生最乐意参加的活动，他们毕业后的理想不再是进入投资银行或者顾问公司，而是到非营利组织去解决社会问题。而在这些非营利组织中，MBA们更有机会独当一面，通过广泛的企业、社区与政府的合作，创造性地找到解决方案。而奥巴马将社区服务作为职业起点的奋斗历程，感召他们投身到类似诺贝尔和平奖得主、孟加拉国乡村银行的创办人Muhammad Yunus 的微型贷款项目，或者是 Wendy Kopp "为美国而教"项目，到全国最差的学校去当老师。

社会企业家最大的限制在于如何突破市场经济的限制，建立起像私营机构一样的绩效体制，从而吸收更多的基金与捐赠，建立起更大的影响力。而整个社会也要容忍社会企业家的各种激进的冒险与试错。创新总要承担风险。从哈佛大学弃学从商的歌德·史密斯在出版《社会创新的力量》的同时，还担任了纽约市的副市长，他掌管的社会创新基金会给各种有争议的社会创新拨款，例如用现金去鼓励穷人接种疫苗或者参加教育。而英国则走得更远，政府正试图发行一种公益债券，绩效指标就是社区犯罪率是否降低。这一债券的创新在于为有潜力的想法提供了长期资金，同时将风险转移到公众资本市场，而且只有在社会企业家解决了社会弊病后，它才需要政府的资金偿付债券。为此，有基金投资者甚至建议专门发行一种社会债券，用来给非洲扫盲计划提供资金。

在中国的体制改革中，海南省在1988年就曾率先提出"小政府、大社会"的建设目标，但这一改革目标之困难，在于划定政府界限的同时，更重要的是如何建立社会创业的机制，建立其公民集体参与的"大社会"。中国目前已经有了宜信这样从事P2P微型贷款的社会创业组织，也有众多的爱心与捐赠，缺乏的是政府如何放手，让各位社会企业家在各种竞争中，以更少的报酬、更大的关爱，代替"强政府"的拆迁之手，重塑一个可持续发展的和谐社会。

第二章 微笑枷锁

> 宙斯,用云雾把你的天空,
>
> 遮盖起来吧,
>
> 像斩蓟草头的儿童一样,
>
> 在橡树和山崖上,
>
> 施展你的威风吧——
>
> 可是别动我的大地,
>
> 还有我的茅屋,它们不是你建造。
>
> 还有我的炉灶,
>
> 为了它的熊熊火焰,你对我心情妒嫉。
>
> ——珀西·比希·雪莱,《普罗米修斯之歌》

雪莱在《普罗米修斯之歌》中,尽情讴歌普罗米修斯以无畏的勇气,从太阳神之车上盗取了火种,从而让人类脱离了蛮荒状态,开启了人类文明的新篇章。为此,众神之神宙斯将普罗米修斯永远地束缚在高加索山上。

哈佛大学教授大卫·兰德斯在《解除束缚的普罗米修斯》一书中,试图从工业革命的各条线索中:从社会结构到组织方式,从政治文明到产业体系,从科学技术到文化观念,来挖掘人类文明在这些领域的爆炸式变革过程(Landes,1999)。在笔者看来,在工业革命纷繁复杂的变化链条之中,创新才是引爆整个人类文明革新的"导火索"。

从图 2-1 可见，中国的研发投入占全球 R&D 的比例在近年内已经超过 9%，与 1996 年相比，中国在研发方面的投入增长在"金砖四国"中是最高的。从世界经济论坛（World Economic Forum）公布的历年《全球竞争力报告》看，中国 2004 年是第 46 名；2008 年实现质的飞跃，上升到了第 30 名，首次跻身 30 强的行列；而在 2011 年，更领跑到第 26 位。创新正成为中国的普罗米修斯。

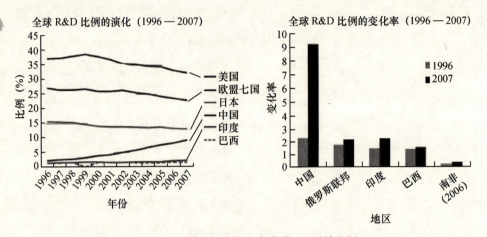

图 2-1　中国的研发投入在全球 R&D 的比例

那么中国创新的"导火索"又在哪里呢？

第一节　全球价值产业链由谁控制？[①]

"八亿件衬衫换一架波音"一直是中国理论界的痛楚，发展中国家应寻找什么样的路径发展自己的产业？如何由"中国制造"提升到"中国创造"？理论一旦形成，就会影响人们的思维模式，最重要的就是影响产业政策、企业战略的制定。发达国家的各种理论有其单一维度与使用边界，发展中国家不顾其内在的利益诉求而加以应用，可能会走入迷途。正如哲学家马尔库塞所认为的，

---

① 孙黎，"突破'微笑曲线'的枷锁"，《战略管理》，2009 年第 2 期。

社会科学的使命就是要能善用方法帮人类看到"第二度空间"（马尔库塞，1998）。一般人只看到第一度空间，但是发达国家的各种理论常存在某些不为人所知的意识控制或"殖民地规则"（Calas & Smircich, 1999），对发展中国家的产业形成后殖民地式的在国际政治、经济、科技上的隐形控制，这正是我们在拥抱全球化时应该警惕的。

随着外包（Outsource）活动在国际市场的兴起，全球价值产业链（GVC）理论最近获得很大的发展（Kotabe & Mudambi, 2009）。根据联合国工业发展组织（UNIDO）的定义，GVC是指在全球范围内为实现商品或服务价值而连接生产、销售、回收处理等过程的全球性跨企业网络组织，涉及从原料采集和运输，半成品和成品生产及分销，直至最终消费和回收处理的整个过程。GVC改变了原来的国际分工体系利润分配模式。企业可以切入GVC的各个环节：产品设计、开发、生产制造、营销、出售、消费、售后服务、循环利用等各种增值活动。

以交易费用、企业网络和企业学习能力三种学说为理论基础，以杜克大学的Gereffi为首的三位社会学教授根据市场交易的复杂程度，以交易能力和供应能力为标准，将GVC的治理模式分成五种，即市场型、模块型、关系型、俘获型和层级制（Gereffi, Humphrey & Sturgeon, 2005）；并将其驱动力（或者说控制力）归结为两大类型，一是技术者控制：一般资本和技术密集型产业的价值链，如汽车、飞机制造等多属于此类，在这类GVC中，大型跨国企业，如波音、通用汽车、英特尔等发挥着主导作用；二是采购者控制：拥有强大品牌优势和国内销售渠道的发达国家通过全球采购和贴牌加工（OEM）等生产方式组织起跨国商品流通网络，能够形成强大的市场需求，拉动那些奉行出口导向战略的发展中国家实现工业化，传统的劳动密集型产业，如服装、鞋类、农产品等大多属于这种价值链，沃尔玛、耐克等大采购者驱动着市场型和模块型。

在研究亚洲奇迹时，也有学者提出"亚洲四小龙"的出口导向政策之所以能够成功，除这些国家与地区人民的勤劳和文化价值以外，也要看到欧美大型零售商（例如沃尔玛）在20世纪八九十年代崛起，对亚洲出口商的贡献非常大

(Feenstra & Hamilton, 2006)。同样，中国很多外销企业在转内销时发现：国内客户有很大差异，在产品质量、客户素质或订单规模上一般均逊于海外买家，这使得中国的外销企业在全球经济危机下进行转型变得很困难。

Gereffi 等把敏感的"控制"掩饰成"驱动"，其实是不想反映在发达国家与发展中国家市场交换（或者称"南北合作"）时的权力不平等背后的利润分配不平衡。这一发达国家理论为中国（或者说发展中国家）设置的陷阱是：发展中国家的企业只能在 GVC 的这些大型技术提供商与采购商的夹缝中才能生存，经常处于产业链分工中的最低端，"讨一点残羹冷炙做奖赏"。发展中国家如何突破发达国家对全球价值产业链的控制呢？

突破发达国家对全球价值产业链的控制

我们将各种突破控制的"追赶"理论进行梳理。整体而言，从供给与需求两个角度，可以分成国际生产分工与市场/技术导向两派阵营。

第一阵营：从生产方式的国际分工与组织形式出发，可以划分为以下理论：

（1）比较优势理论（Comparative Advantage）。该理论从要素禀赋结构差异以及由这种差异所导致的要素相对价格在国际间的差异方面来解释中国对外贸易的比较优势，从初期的资源密集型初级产品出口过渡到劳动密集型产品出口，并且正在从劳动密集型向劳动—资本密集型发展（林毅夫，2003）。克鲁格曼等更进一步提出战略贸易理论（Krugman, 1980）。但国际分工理论有其静态性，按其逻辑，中国企业应专注于制造，进一步削减成本，从而扩大在全球分工中的规模优势，忽视本土市场、企业创新成长对分工路径依赖的影响（Ghironi & Melitz, 2005）。

（2）产业集群理论。产业集群是指在某一特定领域中，在地理位置上集中，且互相联系的公司和机构集合，并以彼此共通性和互补性相联结（Porter, 2000）。王辑慈（2001）从经济地理学出发，认为产业集群可以为创新打开空间。杜龙政与刘友金（2007）则认为，整合产业集聚区内部和外部的优势功能模块，众多模块围绕一个中心，按照一定规则联系，协同创新，就促成了集群式创新。而最近对产品空间地图的研究表明，一个国家生产这些产品的能力依靠它生产其相邻产品的能力（Hidalgo, Klinger, Barabasi & Hausmann, 2007）。工业化国家居于产品空间网络的中心位置，出口产品由机械、金属制品和化学制品组成，相互之间有邻近性的产品种类奇多，即产品空间非常密集。而东亚国家具有比较优势的出口产品是制衣、电子产品和纺织品，处在外围，产品空间有一定的密集度。对比之下，贫困国家的出口产品类型非常少，而且绝大部分处于产品空间遥远的外围。

（3）"微笑曲线"理论。该理论由宏碁集团创办人施振荣在1992年为"再造宏碁"而提出，认为在全球产业的价值链上，先发跨国公司控制品牌、渠道、产品设计等高端增值活动，而后发国家企业利用低成本劳动力优势从 OEM 代工商开始，升级到 ODM 层次，往曲线向上升值部分更高处延伸，将产品升级。但该理论的重大缺陷是将流程创新与产品创新混为一谈，认为将生产技术升级，通过研发和自主创新，增加企业生产技术的科技含量，就可以改变在价值链低端增值部分只分一杯羹的命运。实际上，只要研发与市场仍旧控制在跨国公司手中，专注制造、流程技术的提升无助于改变被控制、支配的命运（Morck, Yeung & Zhao, 2008）。显然，这一论调低估了产业升级、跨国购并、市场进入模式在不同经济发展程度国家的多种可能性（汪建成、毛蕴诗、邱楠，2008）。最重要的是，该理论将价值曲线中的研发与市场进行割裂，不可能创造能被市场接受的高端产品。本节在其后的理论发展部分，将从市场的需求与技术控制角度重点论述这一分割对创新的破坏性。

第二阵营：从市场需求与技术升级，可以划分为以下理论：

（1）金字塔底层市场理论。印度出身的学者 Prahalad（2005）在《金字塔底层的财富》一书中认为，发展中国家的市场虽然规模很小、分散，发育落后，但如果能有产品满足这些国家低端消费者的广阔需求，企业就可以实现与消费者的双赢。可惜的是，该理论侧重于为发达国家跨国公司服务，帮助它们重新发现发展中国家市场的潜力。

（2）市场换技术论。该理论认为发达国家跨国公司有强大的技术、营销能力，发展中国家应开发自己的市场换取对方的技术，例如出售本土公司或者部分合资等。与此相应的瀑布效应论（Cascade Effect）认为，全球化商业革命使全球许多产业结构进一步集中，拥有强大技术和市场营销能力的系统集成者们可以在全球众多的供应商中积极物色佼佼者，这些跨国公司可以在全球范围内和参与联盟的供应商协作，因此出现了"瀑布效应"：给全球系统集成者提供商品和服务的一级供应商受到来自系统集成者的压力，从而导致一级供应商之间的购并整合，加速了价值链上的各个产业的集中程度；而这些一级供应商们同时通过同样的产业计划方式将这种变革的压力传递给他们自己的供应商网络。瀑布效应的结果是在全球范围内，在各个层次和领域都出现了高度的集中（Nolan，2002；诺兰、张瑾、刘春航，2006），后发国家企业只能在这些大型集成者与供应商的夹缝中生存。

（3）技术民族主义（Techno-Nationalism）。技术民族主义源于这样的信念：经济增长依赖于高科技，而只有高科技是本土企业的，本国才能充分获益（陶文昭，2006）。互联网实验室（2004）提出的《新全球主义：我国高科技标准研究报告》，就从这一理论出发，认为我国已经启动了一系列的高科技标准，包括TD-SCDMA、闪联和WAPI等，但在我国标准政策和行动中，重采标参标、轻自主制定，重政府领导、轻企业主导，重标准制定、轻产业推广，重标准文本、轻知识产权的倾向，严重制约我国高科技标准和产业的发展。该报告建议自主制定标准，随着旧全球主义标准秩序的转型、中国企业技术实力的提升，通过适当的战略，中国有能力制定自主知识产权标准。技术民族主义在欧美也很常见，该观点遭到Bhidé等人的批评，认为科技、人才在全球化的开放格局下会自由流动，就算中国能训练出更多科学家，也无法阻止美国在冒险性经济（Venturesome Economy）的本土市场，利用中国的发明，开发出商业模型，例如苹果的原型MP3音乐播放器最早由新加坡公司推出，却是美国的苹果公司通过构架购买音乐的产业链而大赚一笔（Bhidé，2008）。

在对以上形形色色的理论进行梳理、筛选的基础上，结合供给与需求两个方面，笔者认为从金字塔底层市场理论出发，本土市场可以为发展中国家的创新提供重要的基础，这些创新要在出口或外国直接投资（FDI）中获得需要花费更高的成本，中国台湾地区的企业适用"微笑曲线"理论，是因为本地市场的狭小，限制了其从曲线两端获得高端价值及其对GVC的控制能力，而中国大陆、印度等本身有广饶的国内市场，有可能复制20世纪初美国福特、通用电气、RCA等利用本国市场达成规模经济，迅速成长为大型企业的历史（Chandler，1990），通过集群的产业技术转移，突破GVC的控制，在这个过程中，发达国家跨国公司建立的GVC反倒成为中国企业参与国际竞争的工具，而不是发达国家跨国公司束缚中国企业的锁链。

创新的本土市场驱动

国际上的研究普遍发现中国企业积极拥抱国际化、积极参与国际产业链的分工，但其所从事的往往是成熟产品的制造，用割喉价格战抢占国际市场份额，却鲜有创新，其中一个重要原因就是错误的产业政策：中国企业专注于在全球供应链上的投资，而忽视了本土"大陆型经济"的庞大需求（Steinfeld，2004），而本土市场，正是培养创新最好的土壤，其中的"黏滞信息"哺育着创新。

创新源理论与应用是企业创新理论中一个非常重要的研究领域，而黏滞信息和用户创新工具箱的研究在创新源理论与应用中占据举足轻重的地位。以麻省理工学院冯·希普尔为主要代表的国外创新专家在黏滞信息和用户创新工具箱等方面的研究取得了突破性的进展，有力地推动了创新源理论与应用的发展（von Hippel，1994）。该理论认为，在知识进行转移与创新过程中，重要的不是知识是不是易于编码，而是知识是不是易于被转移并应用于一个新的地点，即知识的黏滞问题（叶兴波、刘景江、魏梅，2004）。液晶技术在美国、日本、韩国、中国台湾地区之间的国际竞争显示了黏滞信息在技术转移上的重要性

(Murtha, Lenway & Hart, 2001)。韩国工程师善于汲取液晶技术中的黏滞信息，为其竞争力打下基础。而对大学研究成果产业化的研究也发现，大学与产业界合作的应用型项目可以提供大量黏滞信息，从而为学术研究提供大量的新创意，产生新的研究项目；而大学内部的研究项目由于缺乏市场的黏滞信息，从而无法获得协同效应（Perkmann & Walsh, 2009）。英特尔招聘人类学家观测人们在自己家中的生活习性，以发现未得到满足的需求。他们发现，美国人现在仍然热爱电视，但希望结合互联网，为此，英特尔大力投入轻巧的上网本。

另外，从技术创新的路径角度出发，颠覆性创新（Disruptive Innovation）可能改变全球竞争格局，但其基础也来自市场的黏滞信息。颠覆性创新是指企业在技术创新、提供产品或服务时，使用与当前截然不同的"破坏性"技术，可以推翻在现有市场上的主导技术或产品（Christensen, 1997）。后发跨国企业作为市场的新进入者，往往大胆应用这种新技术，以改写竞争的游戏规则，破坏在位者的独霸市场优势。而先发跨国企业为维持其原有优势，一般不愿意应用这种可能"自残"的创新路径，而愿意采用"进化"或"维持"的持续性创新。例如，比亚迪最新推出的电动车，就是改写了新能源汽车的创新路径，但其能否成功，最重要的还是看其是否能在本土市场上得到快速应用，在获取市场黏滞信息中改进产品。① 而在美国，在风险投资的支持下，电动车开发商特斯拉（Tesla Motors）等则是从售价 10 万美元的跑车开始，从高端客户中积累黏滞信息。

推论 1a 本土市场为创新提供更多的黏滞信息。

要汲取黏滞信息，最好的来源是"领先用户"（von Hippel, 1986）。非常新

---

① 全球大约有 35 万名消费者愿意购买售价 2 万欧元左右环境友善的车，这些均为"eco-prestige"的领先用户。但《远东经济评论》质疑这些用户会成为中国新能源车的用户，对价钱敏感的中国消费者而言，可能是对汽油价格敏感的用户成为最先的使用者，车价应该在 10 万元人民币左右。Marc Lamure, Serge Hoffmann and Raymond Tsang (2009), The Race for China's Electric Car, *Far Eastern Economic Review*, April 20.

的产品和具有快速变化特征的高技术产品往往不能从大众那里获得体验数据，例如苹果就从不让市场调查数据干扰自己的新产品开发策略。领先用户是指能敏感地发现问题并找到解决方案的用户，这些用户往往不能或不愿等到新产品或服务慢慢变到在市场上可以获得，所以他们经常提前开发新产品或服务（雍灏、陈劲，1999）。注意，领先用户不同于"早期采用者"——最早购买产品或服务的用户，而是特指那些对新产品有强烈需求，并能从中获益的用户，他们自身往往也是创新者。为什么有些领先用户愿意对竞争者与制造商开放其创新？传统观念认为这种开放的无偿外溢有负面影响，但从博弈论的角度出发，可以证明这些领先用户也能从竞争者与制造商共同参与创新而实现规模效应中获益（Harhoff, Henkel & von Hippel, 2003）。高科技产品赢家通吃的创新结构加速了领先用户与竞争者的合作共赢，最典型的实例就是IBM、惠普、戴尔等纷纷加入Linux社区，就是加速从领先用户那里获取创新信息。英特尔为抢占上网本市场，扩展Atom硬件平台，不惜撕毁与微软的长期战略协作，开发一款基于Linux操作系统的免费Moblin，并且和Novell合作鼓励硬件厂商采用Moblin操作系统。英国广播公司BBC开办了一个网站Backstage.bbc.co.uk，在该网站上，BBC每年会举办数次所谓"黑客日"（Hack Days）活动，让用户直接使用BBC的源代码，应用各种在线现场新闻、天气和电视广告等新技术，BBC的工作人员则在后台看用户如何使用这些新产品。

虽然在今天的互联网上，软件公司推出贝塔版测试时已经可以覆盖全球市场，但无疑，本土用户还是最容易沟通、最容易影响的领先用户（Whittington, Owen-Smith & Powell, 2009）。所以：

推论1b 本土市场为创新提供更多的领先用户。

循环迭代式的创新开发

在创新中，如何与领先用户交互呢？高科技研发中最有效的策略是多重设计循环迭代（Multiply Design Iterations），或者说快速原型开发法（Eisenhardt &

Tabrizi, 1995)。快速原型开发是逐步递增模型的另一种形式。原型是指模拟某种产品的原始模型,软件开发中的原型是软件的一个早期可运行的版本,已经基本反映了最终系统的一些重要特性。快速原型开发策略是在开发真实系统之前,构造一个原型,在该原型的基础上,逐渐完成整个系统的开发工作。其过程是:先建造一个快速原型,实现客户或未来的用户(尤其是领先用户)与系统的交互,用户对原型进行评价,进一步细化待开发产品的需求。通过循环迭代的过程,逐步调整原型使其满足用户的各项要求,开发人员从而确定客户的真正需求是什么。最后在这些基础上开发客户满意的产品。① 整个过程可以如图 2-2 所示。

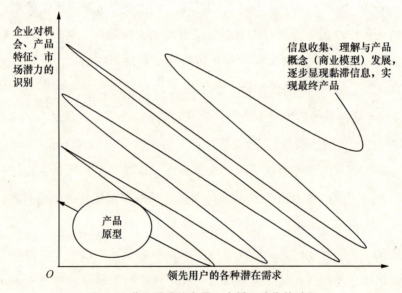

图 2-2　获取黏滞信息是一个循环迭代的过程

---

① 网友"一只死胖子"总结腾讯产品开发策略也符合快速原型法,"腾讯复制一个新项目通常都是以下流程:先弄个很烂的雏形扔给用户看反应,有什么不足让用户去想,等用户'问候'够了就慢慢改进。改到用户觉得还可以忍受了,就开始给用户灌迷魂汤了:想要更贴心的服务么?想要更强大的功能么?想要更'尊贵'的身份么?想把其他用户当球踢么?只要成为 X 钻用户,交 10 元保护费就能成为'贵族'啦,不然等着挨踢吧"。《计算机应用文摘》2008 年第 1 期"锐评"栏目:http://www.pcdigest.com/2008/05/tencent-qqshow/。

对日本丰田汽车的研发过程发现，相对于美国厂商，丰田的研发过程有着更多的循环迭代，与上游供应商保持更柔性的多项开发方案，经过多次反复，才最后定型。这种看似浪费的做法，实际上保证了开发过程的探索历程，使最后定型方案比美国的直线优化方式得出的方案更佳（Ward, Liker, Cristiano & Sobek, 1995）。而对宝马汽车碰撞性能进行模拟的研究也发现，模拟可以加速循环迭代过程，并从更多元的技术可能性中快速有效地挖掘更好的替代方案（Thomke, 1998）。所以，从20世纪80年代开始，快速原型开发法在各行各业得到广泛应用，如图2-3所示。

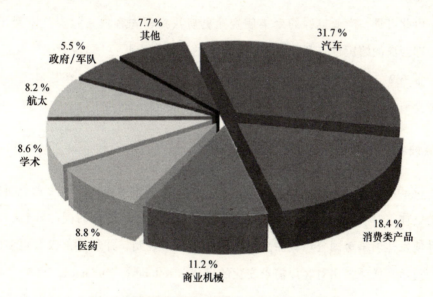

图 2-3　快速原型开发法在各行各业得到广泛应用
资料来源：http://en.wikipedia.org/wiki/Rapid_prototyping。

快速原型开发法与传统的原型法有如下不同特征：

（1）增加了循环的次数，加速了迭代过程，从而增加了成功的概率，尤其是研发途径不可预料时；

（2）加速了研发人员对产品概念的理解，从而获得对参数敏感性与设计稳定性的直觉，使研发过程成为一个学习探索的过程；

（3）提高了研发人员对黏滞信息的认知能力，能根据客户的多变量的要求进行调节，更易获得合理、协调一致、无歧义、完整、现实可行的需求说明，而迭代过程也提高了研发人员的自信心；

（4）提高了领先用户的参与兴趣，在一个简单但可以运行的系统原型上，用户试用中可以更早澄清并检验一些主要设计策略，通过反复评价和改进原型，减少误解，弥补漏洞，适应变化，最终提高了产品的设计质量[1]；

（5）企业虽然在模型上付出了一定成本，但在最终产品上可以通过大规模应用得以回收。

由此可见，产业集群的聚集使企业更易找到领先客户一起参与原型开发，而地理距离的缩短也有利于循环迭代过程的开展，为此：

推论2 企业越靠近产业集群，与领先用户实现交互，越容易实现快速原型开发的成功。

微笑曲线的中间扩张型道路是个陷阱

Contractor 在最近前瞻国际企业理论的未来发展中指出，空间与企业间价值链的解体（Disaggregation）是个重要研究课题。[2] 日益增长的国际外包、离岸活动使发达国家跨国公司更注重对国际价值链的控制，并从外部汲取更多的创意与技术，增强公司对客户需求变化的反应（Kotabe & Mudambi, 2009）。对发展中国家来说，对此最有贡献的可能要数宏碁集团创始人施振荣提出的"微笑曲线"理论（Mathews, 2006），其认为后发国家的企业可以从价值链的边缘（Periphery）着手，通过增强与发达国家跨国公司的联系，逐步向中心（Center）蚕食。中国台湾地区许多代工企业自20世纪80年代崛起，如广达、华硕、

---

[1] 谷歌即将推出的 Wave 是一个实时性的交流平台，整合了电子邮件、即时通信、维基、聊天室和社会化网络和项目管理的特点，来构建一个简洁的基于浏览器的交流客户端。谷歌邀请领先用户参与 Google Wave 的体验。这里是注册页面：https://services.google.com/fb/forms/wavesignup/。

[2] Six AIB Fellows in Search of the Future of IB research, *AIB Insights*, 9 (1): 13—16.

宏达等，从 OEM 到 ODM、EMS，走出一条独特的赶超路径。

发达国家的学者欢迎这样的理论，因为这样发达国家跨国公司更可以摆脱制造的低附加服务，而将企业创新集中于附加价值更高的 R&D 与市场营销，如图 2-4 所示（Mudambi，2008）。发展中国家企业可以从微笑曲线的低端、中间慢慢向上扩张。

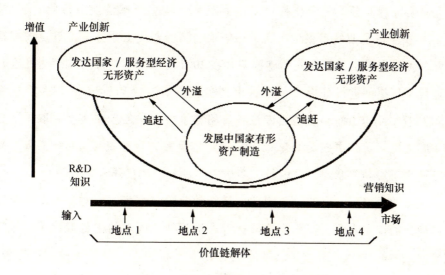

图 2-4　微笑曲线的中间扩张型道路
资料来源：改编自 Mudambi，2008。

但这一理论是建立于"亚洲四小龙"本土狭小的市场基础上的，而新崛起的新兴市场如"金砖四国"无不有着广阔的本土市场，可以从 R&D 与市场营销中提取丰富的黏滞信息，从而成为金字塔底层市场的创新驱动力（Prahalad，2005），这意味着"金砖四国"的企业可以走不同的发展道路（Figueiredo，2008），形成波特所言的"钻石优势"（Porter，1990）。

事实上，否定中间扩张型道路，不是否定微笑曲线所揭示的产业链上不同的价值增值区域。微笑曲线的两端展示了最激动人心的竞争区域。许多台湾企业开始放弃微笑曲线的中间扩张型道路，因为发达国家跨国企业控制了市场与研发，就可以不断将成本压力转嫁给中间的制造商。例如台湾广达电脑股份有限公司是全球最大的笔记本电脑代工制造商，在品质、推新产品速度、利润的成长及客户服务方面都是同业第一，2009年第一季度销售额1560亿元新台币，净利润43.8亿元新台币，但利润率只有2.8%；对比之下，以研发见长的台湾芯片设计商联发科第一季度销售额仅239.06亿元新台币，不过广达的1/6，但净利润70.03亿元新台币，利润率高达29.3%。为此，台湾许多代工生产商转向建立自有品牌业务，寻求获得更高的利润率，建立全球性业务网络。例如，2009年年初全球主要的主板生产商——华硕电脑剥离代工业务，将重点放在其品牌业务上，而提出微笑曲线的施振荣早在2001年就将专攻品牌和销售的宏碁与专业代工厂纬创进行分拆，一个讲求"价值提升"（Value Up），一个重视"成本控制"（Cost Down），各自专注各自的竞争力，并各自在8年后取得了自己的一席之地，宏碁更成为全球第三大笔记本品牌，全球员工6000多人。而销售额稍次于宏碁的联想，全球员工多达2万多人，是宏碁的3倍以上。

其他行业也遵循一样的价值定律，科特勒营销咨询集团针对200个汽车零件供应商作的调查表明，72%的被调查者表示某种非成本的优势取代了汽车零件供应商之间的竞争。这些非成本的优势包括专利技术，以及各种增值服务。但是很明显，在价格谈判上，供应商中的大多数，最终仍然只能以低价成交，仅为正常价格的75%。而令人感到悲哀的是，事实上，很多供应商对自己供应的产品进行了真正的创新，但是，却很少有供应商能够从自己创造的价值中得到回报。为此，笔者推断：

推论3 微笑曲线的中间扩张型道路无法获取"黏滞信息"，摆脱不了为他人控制的命运。

看到"第二度空间"

案例分析法在理论建构中有重要的作用，其优势是"使事物被看见"。由于管理现象是千变万化、复杂无常的，要想解决问题，必须先了解问题。案例分析法的目的首先在于诠释问题，并不断设法找出更新的诠释方法。案例分析法在推论的过程中采取的是一种辩证式逻辑，从具体情境出发，提出与数据实证分析不同的综合式的观点（Eisenhardt，1989）。

案例分析法应帮助研究者看到另一环路的"第二度空间"。从这个意义上说，案例分析不是试图去回答问题，而是重新"发现"问题，重新"认识"问题。尤其在理论发展初期，案例分析法可以贡献独特的研究视角。本节以华为与山寨手机产业为例，揭示本土市场如何成为本土企业创新的"试验田"，突破微笑曲线的限制，并提升其国际竞争力。

华为进军互联网①

华为技术有限公司2009年的市场份额达到了15%，成功超越阿尔卡特-朗讯，成为世界第三大移动电信设备提供商，其国际化水平非常高，销售75%来自国外（Sun，2009），但对本土互联网业务，却高度关注。

2006年下半年，华为服务器业务部门与百度开始合作，帮助解决百度的"特殊需求"：百度的搜索平台每日承载数亿次点击访问的海量数据处理，通用的服务器和硬盘将难以满足自己的快速发展对检索速度和服务能力的特殊需求，希望能按照自己的需要和IT厂商合作来定制产品。百度此前曾和几家国际IT厂商接触过，但对于百度的特殊需求，只有华为愿意在这方面作持续投入和研发。之后，华为和百度成立了联合实验室。现在百度大规模应用的内置于服务器中的闪存卡就是这个实验室的产品。

针对移动互联网，百度正在酝酿"掌上百度"战略——计划把桌面百度移到手机上。而华为基于Android的高端智能手机，2009年已经进入欧洲运营商T-mobile的采购名单。华为与百度在移动互联网应用方面也正在进行新合作。

---

① 根据李云杰（2009）"华为暗战互联网"改写，《IT经理世界》，2009年5月20日。

其后，华为主动上门巨人、51.com等互联网公司，与巨人成立了联合实验室，为巨人定制网游所需要的IT设备；为51.com提供存储、刀片服务器、交换机等设备。同时，华为在2008年下半年成立互联网业务部，自行创立了爱米网（aimi.com）社区网站，其功能设置包括SNS网站中的各种功能，例如相册、日志、群组、分享和投票等。

华为这些在本土市场的投入，其实就是探索领先客户的需求。由于未来互联网与电信技术相关度非常高，运营商们也在谋划向互联网转型，如英国电信已经从电信转型到互联网与IT服务公司。而对于华为这样的电信设备商来说，只有先于运营商而改变，加速向互联网与IT领域的拓展，才能抓住更大的机会。而这正是华为认为在下一轮技术创新的竞争中，超过诺基亚-西门子、爱立信、思科等公司的关键。百度、巨人、51.com巨大的数据吞吐量，是华为目前的国际互联网客户所不可比及的，积累这些领先用户的经验，提取黏滞信息，是华为扩展以IP为基础的互联网与电信业务的竞争力，并向IP路由器、多媒体、手机终端等领域扩张的基础。这一案例支持了我们理论部分的推论1a与推论1b。

案例2

中国的山寨手机产业

对发展中国家而言，移动通信的出现使它们可以直接跳过固话通信的发展阶段，直接在边远穷困地区实现通信。研究表明：移动通信服务可以成为经济增长的动力，创造就业机会，帮助发展中国家减少贫困和提高生产率（Kalil, 2009），例如：

- 在100人中每增加10部移动电话，可以使GDP增长1.2%；
- 手机普及率提高1%，FDI增加0.5%；

- 非洲国家的电信投资,如肯尼亚和塞内加尔,占到私营部门固定资产投资的10%以上;
- 移动通信行业在印度创造了360万个就业机会(包括手机、SIM卡与通话时间等产品的零售),撒哈拉以南的非洲国家创造了350万个就业机会;
- 手机与短信群呼Twitter掀起了伊朗2009年的选举重新计票运动。

移动通信行业在金字塔底层国家的蓬勃发展,与价格越来越低的移动通信服务直接相关。其中,中国低价格的山寨手机产品功不可没。根据Strategy Analytics的全球市场调查数据(见表2-1),预计全球10%以上的山寨手机(或者说White-box,即白牌)来自中国。2008年出货量达到1.5亿部,其中80%集中在以深圳为中心的电子产业集群。在这一集群内有方案设计商200家、零配件商3 000家、各类手机生产商2 000家(占据了全国手机制造商的80%),销售代理商1 000家,将近1万家企业参与产业链的各个部分。诺基

表2-1 全球手机出货量及市场份额

公司	2007年出货量（百万部）	2007年市场份额（%）	2008年出货量（百万部）	2008年市场份额（%）
诺基亚	437.1	38.9	468.4	39.8
三星	161.1	14.4	196.6	16.7
LG	80.5	7.2	100.8	8.6
摩托罗拉	159.0	14.2	99.9	8.5
索尼-爱立信	103.4	9.2	96.6	8.2
其他	61.5	5.5	65.8	5.6
山寨手机	120.0	10.7	150.0	12.7
总计	1 122.6	100.0	1 178.1	100.0
年度增长率	12%		4.9%	

资料来源:Strategy Analytics, Global Handset Market Share Update。①

———
① Semiconductor Today (2009), Cell-phone Shipments Fall 10% in Q4/2008, January 23. http://www.semiconductor-today.com/news_items/2009/JAN/STRATEGY_230109.htm

亚、摩托罗拉、三星等国际手机巨头都在深圳代工,最大的手机代工商包括富士康、比亚迪等,而全球最大的运营商白牌定制手机的制造商华为、中兴通讯总部也在深圳。据《纽约时报》的调查,每部零部件的成本约为39.56美元,零售价100—150美元①,以每部80美元计算,这一地下经济的总量高达120亿美元,相当于2008年全球GDP排名第113名的阿尔巴尼亚全国的GDP!

过去10年,中国的手机用户从1996年的800万增加到2007年年底的5.5亿(占全球用户的17%)。2007年,手机在中国共销售出1.7亿部,2008年更是超过1.8亿部。一部手机的平均使用年限不超过3年,这一本土市场旺盛的需求为山寨手机提供了沃土。市场调查公司Gartner认为,2007年山寨手机在中国本土售出5 000万部,到2008年由于一些山寨厂商获得手机牌照,这一市场销量下降到约4 000万部。2007年,农村手机覆盖率仅为37%。这为本土创新提供了巨大的市场基础。以诺基亚为代表的外国厂商控制了56%的中国市场,山寨手机与国产品牌手机平分剩余的44%,山寨手机主要在二三线城镇与农村有巨大的市场。2009年第一季度,山寨出身的本土企业天宇朗通的市场占有率首次超过摩托罗拉,其品牌天语手机市场占有率全国排名第三。

山寨手机的迅速成长与手机GVC从垂直整合到水平解体有关,在2001年前,全球手机产业链还处于封闭状态,几乎全部的技术和专利,从端到端都掌控在诺基亚、爱立信、德州仪器等少数几家技术巨头手中,整个行业有着较高的集中度和封闭程度,新进厂商要付出非常高昂的入门成本,形成GVC中的技术型控制(Gereffi et al., 2005)。但这一垄断模式被法国Wavecom公司在2001年推出的GSM模组打破,中国厂商如TCL抓住这一机遇,

---

① David Barboza (2009), In China, Knockoff Cellphones Are a Hit, *The New York Times*, April 27. http://www.nytimes.com/2009/04/28/technology/28cell.html

迅速切入手机市场,并登上了国产手机龙头的宝座(孙黎、朱武祥,2003)。2002年,手机市场出现分段专业化的分工协作雏形,Bellwave等韩国设计公司推出了整体解决方案,中国厂商波导、夏新因成功引入了数款外观新颖、成本低廉的韩国手机或模块而迅速崛起(许扬帆、彭思舟,2009)。2004年,芯片设计公司联发科、展讯等切入手机基带芯片、处理器芯片市场,利用其出色的芯片整合能力,联发科将手机的通话功能和多媒体功能整合到了一个芯片上,使中国山寨企业可以利用现有模块化分工,迅速实现开发部署。①芯片商、模具商、主板开发商、零部件产商、市场终端等组成的蚂蚁雄兵,在各道工序上并行研发,通过山寨模式组织协调各种市场力量与联盟力量,形成强大的市场力量,突出了模块化、轻资产部署的速度竞争力(孙黎,2009a,2009b)。

　　山寨手机产品目前已经走出对跨国企业产品的模仿,展现出极强的创新力,例如一款新产品可以包含双码双待、MP3/MP4、照相录像、游戏、录制卡拉OK、立体声扬声器、蓝牙、手写、上网、移动电视等功能,其中很特别的是语音王功能,打电话不用拨号直接喊人名就接通,很适合农民使用,体现出本土市场的创新力。以长虹手机董事长万明坚为代表的国产阵营开始呼吁业界向"山寨机"学习,而通信巨头摩托罗拉副总裁任伟光也认为:"山寨机"创意好,反应快,渠道丰富多样。"山寨机"敢想敢做,很多创意,是正规品牌军想不到,或者想到了却做不到的,但"山寨机"做到了,而且做得很好。"山寨机"反应快是出了名的,"山寨机"能够很快地了解现在的消费者,并且第一时间作出反应。例如"山寨机"借北京奥运会的东风,推出畅销的福娃手机;奥巴马获选美国总统时,山寨手机厂商们就在手机的背面印上了奥巴马的头像和"Yes, we can!",从而迅速打入奥巴马父亲的祖国肯尼亚。

---

①　2008年,联发科手机芯片出货2.2亿片,占据了中国手机山寨企业与品牌企业80%以上的份额。

中国山寨企业的兴起与中国早期为保护国有手机制造企业而采取的牌照制度有关，并规定一款手机上市必须通过国家指定检测机构的检测。由于一款手机的检测费用高达20万元人民币并且时间很长，不符合手机市场小批量、快速的竞争策略，很多企业放弃了走正式注册的路线，而走地下生产的模式，躲避知识产权的监管、避免上税，反而比以规模经济见长的正牌产商体现出更强的竞争力，使跨国公司品牌的市场占有率进一步缩小。

本案例进一步以出产天语手机品牌的北京天宇朗通为例，说明山寨手机背后的竞争力。天宇朗通的前身是百利丰，曾经是三星、科健的全国总代理商，2003年开始切入手机的研发，推出一些山寨产品，2006年3月获得GSM和CDMA生产牌照后，迅速成长。2007年，天宇朗通的天语手机出货量达到1700万部，创造了当年国产手机的最高纪录，市场占有率超过5%，超越联想位居国产手机第一位；2008年出货量更达到2400万部；2009年第一季度，在国内手机市场占有率中，以唯一的一家国产手机挤进前三位。2008年5月，美国风险投资公司华平注资天宇朗通5.3亿元人民币。

天语手机利用不断推出新产品来测试市场，2007年一口气推出了84款手机，甚至比诺基亚推新的数量还多；2008年推出800万像素手机C280，提出"诺基亚重科技，三星重漂亮，天宇重功能"的诉求。现在每个月都有8—10款机型上市，使在零售终端销售的天语系列机型多达上百种。天语产品为什么有这么短的研发周期和制造速度呢？

在研发2G和2.5G手机时，天宇朗通非常依靠联发科的芯片方案，但公司CEO荣秀丽要求公司研发人员在作手机研发时一定要深刻领悟到联发科芯片技术，决不能养成依赖联发科芯片解决方案的习惯。她同时要求，研发人员要做的是在芯片的树权上研发可以挂上的"灯笼"，而不是研发能在芯片的树权上长出的其他东西。不同的灯笼好比手机的不同功能，天语手机集成研发的含义即是在手机芯片上挂各种灯笼（余楠、李翔，2009）。这种可移植的模块化开发策略，使其能将各种模块应用到不同的开发平台上，例如2009年，天宇朗通就推出第一款搭载微软系统及高通芯片的高端手机E61。

而在制造方面，天宇朗通采用轻资产加低库存运营的策略。天语采购生产手机所需要的零配件，手机生产则全部交给富士康和比亚迪等代工厂商生产。待手机生产之后，直接由代工厂商将手机发给手机分销商。这种轻资产模式与诺基亚和摩托罗拉等手机品牌厂商相同，但在生产运营与供应链管理上，谁整合得更为出色，才能更好地控制成本（廖建文、滕斌圣、高月涛，2009）。

讨论：

1. GVC技术性控制与微笑曲线

很多国内手机企业走为海外运营商定制手机的路线，但由于无法控制微笑曲线两端的研发与市场，波导2007年年报显示亏损近6亿元，2005—2007年，波导已经持续亏损了接近10.4亿元；TCL手机2008年出口达1 600万部，但利润微薄。中兴与华为因为与运营商有较高层面的合作，尚能保持较高的利润率。而华为在规模经济的基础上，即将推出智能手机的芯片。对比之下，以天语为代表的本土企业，以本土市场的黏滞信息为基础，展现出极强的竞争力，验证了本节的推论3。

2. 山寨手机与领先用户的交互

山寨科技学会了"试错性"多品种平行竞争的机制，一方面，产品内各子模块之间平行展开研发，可以快速多型号地开发产品；另一方面，子模块内部信息"封装"后使每个子模块内的研发进程免受新型号的干扰（例如天语的"挂灯笼"策略），这样山寨企业家就可以同时灵活地开发多个备选产品，以对付风险与不确定性。这正是我们看到山寨手机型号、上网本型号这么变化多端的原因（孙黎，2009a）。先通过小批量测试市场，然后才大规模生产，山寨企业成功地实现了本土市场的交互，并很好地利用了区域产业集成的优势。这验证了本节的推论2。

3. 山寨科技的未来走向

麦肯锡公司研究显示，中国生产消费电子的劳动生产率水平与墨西哥相当，但是中国经过购买力平价调整的人均GDP却高于墨西哥的2倍。中国消费电子产品已经从初级的简单装配的产品逐步上升到将上游产业一体化和供应链向装配环节的延伸。这表明从推论1出发，本土消费市场对中国企业有着重要的提升作用，而一些从山寨跳升的企业已经在挖掘这些机会。

例如，小米科技就充分利用了山寨企业所开拓的开放式平台，开发出智能手机，在中国国产品牌中脱颖而出。它搭载了高通（Qualcomm）的1.5GHz处理器，是国内第一款双核处理器手机。三星新出品的Galaxy Nexus手机搭载的则是1.2GHz双核处理器。

2011年9月初，小米科技开始预售Mi1，售价为1999元人民币（合315美元）。但不到两天，订单数量就超过了30万台。看到本土企业的创新能力，中国排名第二的移动运营商联通已经开始定制一大批小米手机，作为它的话费补贴机型。届时，Mi1一年的总出货量至少将达100万台。

尽管只是一家初创企业，但小米科技使用的是山寨企业所奠定的基础设施与技术环境，具备了软件、互联网和硬件方面的综合专长，相信许多规模更大的竞争对手无法做到这一点。

根据摩根士丹利的预测，全球上网本市场的容量到2010年将达到3 070万台，占据全球笔记本电脑总体出货量的20%，为此众多山寨企业也开始切入这一市场，当年尼葛洛庞帝推出100美元"一个孩子一部电脑"计划似乎指日可待。但英特尔控制了上网本核心芯片"凌动"的销售，只向大厂提供，以提高自身的产品利润率。此举限制了山寨企业进入上网本市场，但从另一个侧面说明英特尔这样的大型跨国公司对GVC的技术性控制，中国企业要突破这一枷锁，需要在国产芯片上有所建树，事实上，龙芯已在本土市场上实现了突破。

4. 地下经济的影响力

联合国的研究表明，山寨经济（或称地下经济/非正式经济/灰色经济）是发展中国家 GDP 中最有活力的部分，拉美国家中 83% 的新工作机会由山寨企业所创造，印度在山寨企业就业的人员高达 4.23 亿（Becker，2004）。中国山寨手机为珠三角地区创造了 300 万个就业机会。秘鲁经济学家 de Soto 发现，非正式经济之所以在发展中国家广泛存在，除了工业化不能全面吸收第一产业过剩的劳动力外，与政府的高行业进入壁垒、高牌照费用以及腐败紧密相关（De Soto，2000）。政府应立即去除手机牌照制度，给予企业自由进入市场的机会，并降低税收，去除过时的手机检验制度。如深圳的天时达、北京的天宇朗通在获得政府牌照后而得到成长。

5. 本土市场对企业国际化的作用

山寨手机企业的兴起对出口有重大的贡献。此前，中国的手机出口一直为诺基亚、摩托罗拉等跨国企业所垄断，但山寨企业出口迅速增长，直接击垮了诺基亚、摩托罗拉等在低端市场的占有率。据 IDC 发布的报告，2008 年全球手机出货量达 11.8 亿部，同比增长 3.5%，我国境内生产手机占 47.5%；在我国出口的 5.33 亿部手机，诺基亚、摩托罗拉、索爱、三星等跨国公司占了其中的 71.5%。国内品牌企业手机出口 6 400 万部，占出口的 17%，其余 11.5% 即为中国山寨企业从正规海关渠道的出口量，占我们估计的全球 1.5 万部山寨产量扣除本土市场的一半左右。

海关数据表明，中国手机出口金额为 385.4 亿美元，同比增长 8.27%，但每部手机平均售价仅 72.3 美元，表明中国制造企业仅占据了 GVC 的低端。2008 年，中国内地对欧盟和中国香港（转口贸易）出口手机超过对美国市场的出口，这三大市场占手机出口总量的 51.6%，下降 13.5%。而同期，对非洲出口约 3 000 万部，激增 4.4 倍；对拉丁美洲出口 2 600 万部，激增 1.1 倍。表明随着山寨企业的崛起，中国手机出口开始面向发展中"金字塔底层"国家的市场，例如东南亚市场、南亚市场以及印度、越南等发展中国家，估计印度市场上现在使用中的山寨手机有3 000万部之多，占市场总量的8%。但由于山寨手机大多没有国际移动身份识别码（International Mobile Equipment Identity，IMEI），极易为犯罪分子和恐怖分子使用，因此印度开始禁止山寨手机的进口，使每月进入印度市场的手机数量已经从2008年9月的150万部降到目前每月平均70万到80万部。但性价比始终是征服金字塔底层消费者的最好战略，IMEI不是山寨企业创新与拓展市场的一个障碍。

 复盘窗口

本土市场如何成为创新的源泉

本土市场创新驱动论也建议政府制定前瞻性产业政策，利用本土市场扶持新产品、新产业的创新，也建议企业利用本土市场的便利，在循环迭代中应用新技术、新产品，而不是整条流水线的引入。为此，我们提出如下政策建议：

一、在国家经济发展模式上，应以"大陆型经济"刺激创新，改变外向型的出口导向政策

卡内基国际和平基金会高级研究员Michael Pettis认为，以中国为代表的亚洲发展模式正步入一个误区，这一发展模式旨在调动高水平的国内储蓄并把巨额资金输送到产能建设中去。这一政策的后果之一，就是生产一直超过消费，贸易保持顺差，出口过剩产能，直接造成全球贸易的失衡。当美国不能继续维持并扩大其巨额贸易逆差时，这种模式就不能持续。

而英国《金融时报》中国投资参考总编辑金奇（James Kynge）提出"大陆型经济"论，认为19世纪的美国经济，其增长模式从以出口为导向，转向更多地依赖内在动力，目前中国也正"向内"寻找驱动自身经济增长的动力。例如，沃尔玛计划将其在重庆的门店从5家增至9家；国内港口货运同比持续增

长，而外贸货运量不断下滑。①

不过"大陆型经济"要更多地为本土创新提供驱动，需要政府为最具创新活力的民营企业解除更多的管制，开放更多的行业准入，例如每年政府公车采购规模高达800亿元，将宝马、奔驰列入采购名单有强烈的反面意义。考虑到公车对私人消费的强烈示范意义，政府应优先采购自主品牌、环保节能小排量车型和新能源汽车，例如自主品牌混合动力车型比亚迪F3DM，这将极大地推动本土创新机会。

但令人困惑的是，2009年3月，工信部及武汉市政府与跨国公司日产签署了两项协议书：一是为工信部制定包括充电网络建设和维护，促进电动车大规模使用的综合规划；二是2011年日产将在武汉首先推出电动车。奇怪的是，未来的混合动力车将需要不同的传动和系统组合，目前日本只有本田和丰田两家公司在研制核心的传动系统、混合动力系统和电机方面有国际竞争优势，而日产是日本新能源车里最弱的，其Altima动力系统买的就是丰田的系统。让日产成为制定中国电动车行业标准的唯一主角，而没有让本土企业在参与制定标准中获取创新所需的黏滞信息，这是非常不公平的选拔机制。

二、在产业政策上，应主动为创新提供市场需求，全面放弃"以市场换技术"的合资战略，并在重组优化战略中以创新能力强的公司为主导方，占据重组后的管理层

政府应放弃为市场选拔主角的"主动之手"，而应该在市场上建立像硅谷锦标赛制那样的选拔机制，刺激本土市场的创新竞争（孙黎，2009a）。政府之手主要是为新技术主动提供市场需求，让创新企业有更多的领先用户。例如，我国太阳能电池产业产能已经占到全球的一半，但由于长期以出口为导向，定价权掌握在外国人手中。中国财政部2009年3月出台《加快推进太阳能光电建筑应用的实施意见》及相关补助办法，政府将对装机容量大于50千瓦的太阳能光电建

---

① 金奇，"中国经济转型能否持续？"，《金融时报》，2009年5月15日。

筑应用项目提供每瓦20元人民币的补贴。这项从需求着手的扶持太阳能行业的补贴措施（而非工信部限制供给的人为选拔），有望吸引逾100亿美元的私人投资，使众多企业参与竞争，并有助于使中国未来三年成为全球主要的太阳能设备市场。

同时，"以市场换技术"的合资战略已日益显示出对本土创新的抑制作用，应完全摒弃。国家审计署在《国务院关于2008年度中央预算执行和其他财政收支的审计工作报告》中指出，国内汽车生产企业大多采取"以市场换技术"的方式与国外公司合资合作，但在技术、品牌、产品制造和营销网络等方面保护中方权益、推进"以市场换技术"的规定不健全，既影响了"以市场换技术"的实施效果，还在一定程度上压缩了自主品牌的市场空间。从本土市场创新驱动论出发，国家应调整政策思路，进一步开放本土市场的竞争，使有创新力的自主品牌公司进一步提升市场占有率。

同时，在购并优化重组的产业政策上，政府应以创新为标杆，以创新企业为主导购并落后产能、改造产能。在山东钢铁业的重组上，政府用环保标准限制生产效率更高的民营企业日照钢铁，而保护山东境内其他的落后国有钢铁企业，并让日照钢铁被国有钢铁企业购并，这不是淘优汰劣，而是限制了创新。

三、在区域经济政策上，应鼓励外向型企业利用内需市场提升竞争力

我们的本土市场创新驱动论也可以在浙江企业与江苏和广东企业的比较中得到验证。江苏苏州和广东东莞以吸引台商为基础，形成高科技出口加工为龙头的产业集群；浙江则以义乌小商品为代表，形成了从本土研发到出口的创新路径。比较这两条路径，在全球金融危机面前，浙江路径表现出对市场更强的控制力、复苏更快，而江苏和广东则因在GVC上与终端市场较远，表现出更慢的适应性。

地方政府如何调整区域政策为创新型企业服务？一个典型就是锦州市政府与中国启动机和发电机供应商万得汽车达成协议，发给万得100个出租车牌照，将进行电动车的示范运行；万得将开发配备锂电池、价格4万多元、续航里程120公里的适合城市用的电动车，同时万得将组建一个出租车公司，试运行一段时间，摸清电池更换频率、运营成本跟传统汽油车相比具有哪些优势。然后

这款车将被出口到欧洲市场。

四、企业政策应以内需为向导,"以市场播种创新",从微笑曲线的两端切入,提升品牌、市场、R&D竞争力

波士顿管理顾问公司《在经济衰退时期赢取消费者：2009年BCG全球消费者信心调查报告》表明,在全球金融危机中,中国消费者仍较为乐观,75%的消费者计划在未来一年内保持或增加消费,这几乎是欧美消费者的2—3倍。在此次调查的所有国家中,中国是消费升级趋势超越降级趋势的唯一国家。"中国市场对品牌的需求仍然强劲,品牌的影响力在中国要比在其他大多数国家明显得多,中国消费者愿意在他们最看重的品类上升级消费。"与此相呼应,2009年年初,海尔集团对外宣布,"在白色家电利润薄如刀片的背景下,海尔将从制造型企业向营销型企业转变"。白色家电行业的竞争已不再由技术革命和产业规模的扩大来推动,而是进入了商业模式竞争的阶段。因此,海尔放弃收购通用电气家电业务,并准备逐渐外包大部分生产业务,以削减成本,应用轻资产战略（孙黎、朱武祥,2003）,并加快为客户提供服务和对市场趋势作出反应的步伐。

TCL通信公司CEO杨兴平也认为,中国手机企业看似生产规模全球第一,但只有制造规模是没有出路的："中国制造模式肯定是没法长期发展的。美国从来强调的是从设计到创造,创造新的产品,他们就不做制造这块了,因为他们知道制造这块利润率很低,长期做下去是没有价值的。"杨兴平指出："要做符合中国消费者需要的应用服务,中国的企业应该比任何国外的企业更有机会,至少在中国这么大一个市场里,我们完全有机会做得比苹果更好。很简单,我们在这里出生长大,在这里生活了这么多年,我们应该能找到适合中国消费者需要的应用服务,我们完全有机会、有可能比他们做得更好。"

五、企业在国际化战略中,应主动探索东道国市场上的黏滞信息,并将其中摸索的经验应用于本土市场

从欧洲的专利引文分析数据库可以发现,欧洲化工和制药跨国公司将其在

美国市场的拓展经验、积累的技术，成功地反向输入回母公司（Criscuolo, 2009）；而印度企业近年来的跨国购并中，通过购并发展中国家企业的先进技术，成功地提升了本土企业在本土的创新能力，提高了与外资的竞争能力（Kumar, 2009）；中国台湾地区的企业联发科更是利用大陆市场实现其芯片创新的基础。从这个意义上说，本书的本土市场创新驱动论也可以应用到跨国公司，对中国新崛起的跨国公司如何整合东道国市场的创新与母国市场的创新，也有借鉴意义，提示我们如果继续走出口加工型道路将被印度、越南等有着更多人口红利的国家取代，只有尽快占据微笑曲线的两端，才是未来国际竞争优势的来源。

· ·

在本节中，我们重新审视了微笑曲线理论所推荐的中间扩张型战略，认为这种战略无法应用中国"大陆型经济"的钻石优势，建议从微笑曲线价值最高的两端开始策划企业的商业模式。

需要注意的是，我们的本土市场创新驱动论是建立在整合、比较全球化资源的基础上进行的，我们反对技术民族主义对本国标准进行垄断，以保护本土市场。我们认为创新应该是开放的、主动积极参与国家标准的过程，这样才能找到最好的领先用户，获取最好的黏滞信息。我们也鼓励企业国际化，从国际市场的丰富变化中汲取黏滞信息。20世纪60年代，本田摩托车在美国迅速开拓市场的案例也是一个循环迭代的过程，非常贴近市场去理解顾客的需求（Pascale, 1984），形成明茨伯格所言的"自然生成的战略"（Emergent Strategy）（Mintzberg, 2000）。当然，企业在国际化中如何脚踏实地地获取东道国市场的黏滞信息，则是未来的一个扩展方向。

微笑曲线为我们揭示了国际产业价值链上的枷锁，走微笑曲线中间扩张型道路浪费了中国等发展中国家"大陆型经济"广阔的战略纵深所形成的"钻石优势"，中国企业应利用本土市场消费升级的趋势，汲取产品研发、市场营销中的黏滞信息，与产业集群的企业积极采用循环迭代的互动开发策略，从而实现对发达国家跨国公司的积极赶超。

第二节 土狼与狮子的新竞争①

狮子不睡觉

苹果可以不理深圳巨龙兄弟对 iPad 系抄袭其外观设计的指控，但通用电气早就认识到中国山寨产品创新的可能性，在 2002 年就将超声波医疗检测仪的本地研发工作交给了坐落于无锡的一个本地研发小组。这一通用电气的拳头产品当时在发达国家售价高达 10 万美元。无锡的开发小组利用手提电脑配件，开发出一个小型可携带的替代产品，并开发出相应的软件，到 2007 年，开发出成熟的产品，售价仅 3 万美元，由于价格下降，通用电气在可携带超声波医疗检测仪的全球市场从 2002 年的 400 万美元的销售额增长到 2008 年的 2.78 亿美元。对于本地研发小组作出的重大贡献，通用电气 CEO 伊梅尔特对此案例进行总结，与美国达特茅斯大学商学院教授 Vijay Govindarajan 及 Chris Trimble 共同提出"逆向创新"（Reverse Innovation）的新创新战略（Immelt, Govindarajan & Trimble, 2009）。该篇文章在《哈佛商业评论》上发表后，对跨国企业如何利用中国、印度等新兴市场进行创新的战略影响非常大，代表了跨国公司这些狮子的全球战略的演进。在过去的 20 年里，跨国公司研发战略一直遵循传统的全球本地化（Glocalization）的原则，也就是说，发达国家的公司在本国开发新的技术和产品，根据当地市场特点将它们稍加改动，便推向中国、印度等发展中国家。这种全球性公司的利益显而易见：利用自身的全球规模降低生产成本，再将市场利益最大化。以前，发达国家产品占全球市场大部分份额，并对发展中国家客户有强大的号召力时，这种战略很有效，但中国山寨企业科技模仿、逆向工程的出现，使跨国公司承受很大压力。

---

① 孙黎，"狮子和土狼的新竞争"，《IT 经理世界》，2010 年 5 月 20 日。

汲取摩托罗拉在中国市场节节败退的教训，伊梅尔特和他的同事认为像通用电气这样的公司应该立刻中断当前的经营，去学习"逆向创新"战略。这种战略是指将在发展中国家（如巴西、中国和印度）的产品投入国际市场。全球性公司旨在利用当地增长模式，将商业重心放在未来的潜力市场上。逆向创新的概念在于颠覆传统企业以欧美等已成熟市场的需求研发商品的模式，转而以中国、印度等发展中国家的市场需求为主进行研发。

尽管"逆向创新"与传统的"全球本地化"的战略模式可能相互矛盾，但伊梅尔特认为企业应二者兼顾，并试着解决二者并存的困境。他说，通用电气对西门子、飞利浦、罗尔斯·罗伊斯等传统狮子的战略非常熟悉，也熟悉它们所控制的市场。但对新兴市场而言，却是全新的蓝海。"逆向创新"的重要性并不只是刺激企业获利成长，而在于企业能否成功面对来自全球各地土狼（尤其是山寨厂商们目前正在向豹子演化）的挑战。

狮子的反山寨战略

事实上，通用电气的本土竞争者已经出现，例如深圳迈瑞公司就在医疗血压监护仪、血液细胞分析仪、彩色多普勒超声诊断仪等医疗设备上在低端市场上与通用电气展开竞争。2006年，迈瑞在纽约证券交易所上市筹资2.7亿美元，开始进军全球市场；2008年又以2.02亿美元收购美国Datascope公司，股价至今仍保持30倍P/E的高位，俨然已经变身为豹子。通用电气加大对新兴市场的投资，也是对这种本土竞争加剧、市场增长的呼应。其"逆向创新"担当起反土狼的战略，其特征是：

第一，从零开始，推陈出新。伊梅尔特认为，"由于富裕国家和贫穷国家在收入、基础设施和承受力上存在巨大鸿沟，'逆向创新'必须从零开始"。从零开始，不仅是产品概念与设计，而且是从零开始的组织性规划。通用电气逐渐认识到自己以前的许多行为是为了满足"全球本地化"的需要，这样的情况必须改变，例如雇佣行为、报告机制、人力任免、工作说明、工作关系准则和权力平衡等都必须改变。"逆向创新"的小组必须有足够权力源来确定其自身的战略、组织架构以及业务方向,并拥有相应的决策权、财务权和人事调配权。这一变化将对企业传统的权力分配、运营、产品开发、生产、采购、销售等一系列价值链带来巨大冲击。原有的层层汇报的管理模式将被打破,"逆向创新"的小组可以直接向总部汇报。

第二,研发从辅助角色转型为本土市场为重。多数跨国企业都将研发中心放在发达国家,研发重点也是针对发达国家市场需求。即使在新兴市场,例如中国、印度设有研发中心,作用也是为全球研发计划提供支持,或针对新兴市场情况对已有技术和产品进行调整。在"逆向创新"模式下,创新重点将放在新兴市场上,研发目标将完全针对当地的国情、客户需求、消费水平和市场条件。目前,"《财富》500强"公司中有98家在印度设置研发中心,有63家在中国设置研发中心。过去,通用电气的重点是为发达国家市场(如美国)研发产品,有时这些产品再经过改造适用于新兴市场国家或较贫穷的国家。现在,在还没有为这些产品找到传统市场上新的应用的情况下,通用电气正在中国开发研究设备和产品,并从中国尝试市场反应。

第三,战略布局上,新兴市场从制造中心转型为市场中心。在过去的20年中,外资企业进入发展中国家,往往是利用本地的低成本劳动力资源,使其成为制造中心或成本中心,或者说跨国公司供应链上的一环,而现在"逆向创新"的布局,使中国成为这些企业的市场中心,成为产业链价值创造的驱动力,也就是说成了利润中心。这也带来战略布局上的深刻改变,例如可口可乐意图收购汇源,就是利用汇源的果汁产品改变自己在全球产业链上的产品组合,其最终的竞争对象,不是本地中小企业,而是近几年往健康食品转型的百事可乐。

第四,资源调配的变化。"逆向创新"并不等于在发展中国家白手起家。通用电气等狮子正利用全球资源为"逆向创新"服务。跨国企业们正重新在全球配置资源,例如将全球的研发人才、管理经验和市场经验与中国等重点市场相融合，为当地创新提供有力支持。同时带来了企业全球运营目标和战略的大调整。通用电气认为：只有成功做到全球资源的有效利用，跨国企业的"逆向创新"才可能在与本土土狼（包括山寨）的竞争中生存，并取得发展。

通用电气已经为"逆向创新"战略实施大量的部署，在中国和印度建立了许多本地研发成长组（Local Growth Team）。伊梅尔特认为："在严重的全球经济萧条中，通用电气在中国的业务增长25%，这主要是因为我们在中国有许多本地研发成长组。"目前，通用电气在医疗保健、发电、电力分配等业务中已取得实质性的进展。

土狼的反击战略

当跨国公司利用本地的研发资源，实现本地产品创新与低成本生产时，我们可以看到其产业链布局、合资策略、购并目标等都发生了极大的变化。本土企业这些土狼们如何与其竞争？以下是笔者的一些推荐战略：

第一，雁行战略与群狼战略。对国家创新体系的研究发现，企业间知识传播网络的结构性特征，如密度水平、集中程度、知识经纪人的存在，会导致主导设计的出现，改变整体行业的竞争力（Spencer, 2003）。一个有趣的比较是韩国与中国台湾地区的创新策略。这两个均以出口为导向的经济体，一个出现以三星、现代为首，其他中小企业跟随的"雁行"结构；另一个虽然也有台湾积体电路、宏碁这样的龙头企业，但大部分企业都是中小企业，奉行"变形虫"组织结构，强调抢单快、调整迅速的原则，类似群狼战略。其创新也呈现不同的特征：对两个地区申请的国际专利的分布发现，韩国企业的专利"深且厚"，壁垒比较高，这与龙头企业的长期投入、深耕细作有关；台湾企业的专利则是"薄而广"，覆盖面比较广，富于跳跃式的创新。中国大陆凭借广饶的腹地市场，应该可以将这两种创新相结合。一方面，华为、联想、海尔等企业可以更好地担任头雁的角色，作为看门人（Gatekeeper）吞吐跨国公司的前沿技术，让国内中小企业在协作中紧密跟随，例如华为旗下的海思半导体公司在

2012年推出全球最快的四核芯片,让Ascend系列手机可以做到世界"最快、最窄、最薄";另一方面,成长于山寨摇篮的中小企业则可以在群狼的相互合作中,加快创新速度,例如瑞芯微电子就积累了自己在MP3、视频芯片上的开发技术,推出Android+720P+3G的应用方案,结合山寨企业群在主板、模块、模具等各方面的群狼协作,使国内企业在开发电子书产品的速度上已经与国际同步。

第二,与跨国企业合纵连横、远交近攻,力图演化成豹子。通用电气在中国投资研发的同时,也加大了与本土企业的研发合作,例如与浙江正泰电器股份有限公司联手成立通用正泰(温州)电器有限公司,开发低压电器产品,使用双方的联合品牌。这表明中国企业可以利用合资的联盟机会,获取通用电气在全球产业链上的创新资源。迈瑞则通过与东芝合作,获取了东芝在精益生产上的精髓。这也代表着新一轮合资的新特征,不是20世纪80年代以制造为代表的合资合作,而是产业链上更高端、风险也更大的技术、研发与市场上的联盟。比亚迪与大众合作,寻求在混合动力和以锂电池驱动的电动汽车领域的合作;与奔驰联手成立合资技术中心,共同开发电动车,并创立新品牌,都代表着远交近攻的新模式。

第三,大胆购并发达国家的资产。吉利能够购并沃尔沃,让中国的三大汽车制造商追悔莫及,据说在拿到福特的独家竞购权后,有多家国有企业希望能分一杯羹。据称,"中国制造"与"中国市场"是李书福能够成功整合各方资源的法宝。CSM Worldwide大中华区汽车行业分析师张豫表示,此次收购将有助于吉利提高在国内市场上的形象,因为对于多数中国人而言,吉利完成对著名海外品牌沃尔沃的收购无疑是一次壮举。瑞典著名汽车分析师Matts Carlsson说:"沃尔沃得到一个拥有很多钱的新老板,更重要的是,沃尔沃将因此更加受益于快速增长的中国汽车市场,收购后沃尔沃将获得爆发式的增长。"

第四,重视狮子的技术溢出。通用电气有四个全球研发中心,其中上海中心拥有1300名研究人员和工程师,还有700名研究人员在中国的其他两个地方进行与医疗保健有关的项目研究。这些研发中心对本地的上下游企业都会有极强的技术溢出效应，本地的原材料供应商、零部件商、代工商、市场调研公司、广告公司都可以从中获益。同时，跨国公司对研发的投入，事实上会带动更多的海归回国，这些在海外积攒了丰富技术与管理经验的海归会给本土企业带回更多的技术。马里兰大学印裔教授顾普多（Anil Gupta）和其华裔妻子王海燕合著的《正确看待中国和印度：认清符合全球利益的世界增长最快经济的杠杆作用》（*Getting China and India Right: Strategies for Leveraging the World's Fastest Growing Economies for Global Advantage*）（Gupta & Wang，2009）就反映了这些海归的重要性。无锡政府就尝到了通过扶持一家企业——尚德电力控股有限公司——带动本地光伏产业的甜头。

第五，政策应进一步向服务业开放，让土狼升级。创新与思想解放、管制放松是紧密相关的。美国电影行业强劲的出口能力（《阿凡达》在北美地区票房总收入达7.45亿美元，全球票房总收入达27.8亿美元）与本土创意产业的发达直接相关。肯尼亚现在领导全球的移动汇款、手机支付潮流，证明新兴市场一样可以结合技术和商业模式创新，催生出全新的服务类别。中国的电子书产业在技术上现在可以说基本上与美国同步，但在产业链上，例如影音媒体、电子书籍内容产业上却无法与之相比。相关的政府部门更应减少管制，开放、透明更多的行政审批环节，让创新的嫩芽能从山寨走向世界。

总而言之，跨国公司的"逆向创新"并非像郎咸平所称的"产业链阴谋"，而是带来更多的创新机遇，不论是中国的，还是世界的。中国本土企业的直接迎战，不仅预示着新豹子、新狮子的诞生，更催生全球范围老狮子的更新。

麦肯锡咨询北京公司董事长Jimmy Hexter发现了这样一个有趣的过程：最早时全球的CEO们天天来问麦肯锡有关中国社会的稳定问题，几年后他们开始关心中国政府的行政干预和制度，但到了2008年后，中国本土企业的竞争力开始成为公共关注的焦点。

土狼（本土企业）与狮子（跨国公司）的竞争，才刚刚开始。

第三节 到广阔天地去[1]

41年前,毛泽东号召知识青年奔向农村,踏上了和贫下中农相结合的康庄大道:"广阔天地大有作为。"普拉哈拉德则在其2004年出版的《金字塔底层的财富》一书中,号召跨国企业到发展中国家的贫穷地区去发展,在这些地区,跨国公司不仅可以帮助这些穷人摆脱贫困,更可以建立自身更广阔的盈利基础。这位出生在印度一位法官家庭的学者,在1994年与Hamel合作出版《竞争大未来》时,其"核心竞争力"的观点还仅在战略管理的学者中传诵,而2004年的这本著作则认为企业领导人应该将所有60亿地球人的需要列入自己的思考范围,思考自己的全球市场,从而引起全球政治领导、国际社会组织的广泛关注,更是在2009年出了第二版。根据"全球思想家50"排行榜,普拉哈拉德名列"全球最有影响力的商业思想家"。[2] 在战略管理学会2009年10月的年会上,笔者有机会与普拉哈拉德教授进行了专场对话。会后不久,普拉哈拉德教授就不幸去世了,但他的创新思想,仍旧值得我们不断对其复盘。

孙黎: 中国读者熟悉您的"核心竞争力"观点,在您2008年的新书 *The New Age of Innovation*[3] 中,您开始更多地提倡"共同创造"(Co-creation)的新概念,为什么?

普拉哈拉德: 核心竞争力是公司内部不同业务部门多方面技能的集成,而共同创造则是说明:我们需要两个解决问题的能手共同合作,而非单个问题的解决者。在传统的工业体系,公司是宇宙的中心,但是在新的信息时代,消费者有机会与公司进行对话,并积极行动,他们甚至在产品中重新塑造自己的亲身经历。因此,通过共同创造,消费者可以个性化自己的经验,而企业也因此

---

[1] 孙迦勒、石维磊,"普拉哈拉德谈创新",《IT经理世界》,2009年12月20日。
[2] http://www.thinker50.com/。
[3] 中文书名为《普拉哈拉德企业成功定律》,中国人民大学出版社2009年版。

更受益。这将成为今后的普遍现象。

孙黎：能举个例子吗？

普拉哈拉德：让我们以谷歌为例，人人都用谷歌。但是，在我看来，它并没有告诉我如何使用这个系统，我可以个性化自己的网页，我可以创建iGoogle。我决定我想要的。谷歌只是我的一个体验平台。谷歌的战略是，它有1亿以上的消费者，但每名消费者都可以通过谷歌创造他想要的平台。这就是一个个性化、共同创造价值的例子。在这本新书中，我把这一共同创造的过程简称为"N=1"。

此外，谷歌自己不生产内容，该公司的内容来自世界各地的许多机构和个人。谷歌只是汇总它们，并传播给我们。这就是共同创造的精神。也就是说，即使你有一个亿的消费者，每个消费者的经验也是不同的，在消费者与组织的共同创造下，才有谷歌今天的成功。因此，资源并不仅限于该公司内部，而是来自全球的各种机构与组织，所以资源是全球性的。我把这一创造的过程简称为"R=G"，现在的资源来自全球多个机构与组织。

通过共同创造，N=1和R=G将成为未来的模式。

孙黎：对中国企业来说，大部门还是传统制造企业，这些企业如何应用您所说的这一原则进行创新呢？或者说，转型升级似乎是每个新兴经济体都会经历的阶段，日本企业在20世纪50年代也经历了这样的阶段，但是"转型升级"充满艰巨的挑战，在您看来，不满足于"分工论"的新兴经济体企业，它们"转型升级"的出路和突破口在哪里？

普拉哈拉德：我们就以轮胎行业为例。这是一个已经有一百多年历史的老产业了。给运输公司批量销售轮胎，是一个行之有效的渠道，产品也是很清楚的。想象一下，不要给运输公司老板出售轮胎，而是出售服务——轮胎的使用服务。运输公司的车有很多不同的用途，有些是短途车，有些是长途车，这里有一个很大的差异。所以我会对老板说，我只会按使用公里的数量来收取维护费用。

我怎么服务呢？我可以再进一步，在轮胎上装一些传感器，这样我就可以知道轮胎的压力，然后就知道制动速度、使用的地形地貌，等等。通过全球定位系统，我也可以看到你采取什么路线。这样，我可以更好地了解你如何使用轮胎，并告诉你，何时应该检查胎压和轮换轮胎。通过检查胎压和轮换使用，可以大大改进和减少你这家运输公司拥有车队的成本。轮胎的传感器传送给我的大量知识，让我真正了解人们如何使用轮胎或运行车辆。

接下来，轮胎销售方（我）与运输公司就进入共同创造的"转型升级"。例如，你有500名司机。现在我可以看看其中的一位乔师傅，我可以检查他的驾驶习惯，给他轮胎使用情况的报告，并进一步提高安全性的建议，使他成为一名更好的驾驶员。那么，原来是保持距离的交易（Arm's-length Transaction），主要是基于价格的，就可以被转换成我与运输公司业主的个人关系，我在提供特殊服务中，可以获得很好的服务费补偿。我还获得巨大的产品开发思路，因为现在我有大量的实时数据。这正是所有企业（包括中国企业）通过改造思路可以达到的新境界。

孙黎：这一模式是否也贯穿在您再版的《金字塔底层的财富》一书中？

普拉哈拉德：我在两本书中都强调三个共同点：第一，60亿人口的市场，而不仅仅是金字塔顶部的高端市场。看看60亿人口潜在的小型生产者（Micro-producers）、小型创新者（例如小额信贷 Microloan）和小型消费者（Micro-consumers）。今天，公司开始要跨越金字塔，不能仅关注金字塔顶部的消费者，也不能仅关注底部的消费者，而应将我们的产品带给所有的消费者。您看联合利华公司，无论是朵夫或夏士莲等品牌的产品，联合利华都在想办法，让金字塔底部的消费者负担得起。例如，他可以卖给印度的穷人一小袋洗发剂，因为穷人可能一次只负担得起一个小的数量，而较富裕的买家则可以卖给他们一大瓶。这样，跨越金字塔正在成为一个相当普遍的想法。

第二，我说的是，如果你想留住消费者，那么你必须了解每个人的独特性，创造一个独特的个性化的体验。这意味着你不能只是给他们产品，并持续保持这种交易关系。你必须建立一种更持久的关系,这就需要共同创造。

第三,在《新时代的创新》一书中,我结合了这两个想法,然后说,你怎么将这两个概念操作化?什么样的胶水可以将其连接起来?这个胶水就是信息结构,或 IT 架构,以及你创建的社会价值所组成的社会结构,它包括技能、培训、方法、人才等方面。因此,将这些价值都聚集在一起,我相信任何公司,都会有着前所未有的发展机会。

孙黎:最近,您在《哈佛商业评论》上发表关于可持续性的新文章,是否也贯穿了这一模式?

普拉哈拉德:全球 40 亿的穷人都渴望摆脱贫穷,并加入小型生产者和小型消费者的行列,这种经济增长和贸易格局的变化对环境的影响不容忽视。即使我们的视野只有 10 年,这种增长对环境的影响也是难以预测的——无论是水、能源、商品还是交通运输。因此,企业可持续发展和全球穷人在摆脱贫困基础上的经济增长这两大问题将相互联结,不可分割。

关于水资源分配的问题继续升级,在农业、工业和个人消费中如何分配水资源?水体污染和干旱缺水等加深了这个问题。看看肯尼亚:砍伐森林造成了巨大的损失,马拉河几乎干枯。一场水资源的战争即将来临。

关于能源使用和中国燃煤电厂的争论也将升级。中国的发电厂大量依赖燃煤发电,依赖这些供应商的跨国公司必须响应碳排放、环境污染和有害原材料的问题。

但是,争论应该超越碳排放问题。对新兴市场消费者的服务可能增加了公司的可持续性困境,但也提供了许多创新的源泉。

孙黎:那创新可能会在哪里发生?中国的山寨手机,成品只有 iPhone 的 1/3,您怎么看?

普拉哈拉德:以电子产品为例:每个消费者都渴望拥有时髦的手机。产品设计师应该问:为什么每一个手机都需要有自己独特的充电器?消费者无需个性化的充电器。试想,一个到处通用的充电器,可以减少多少资源的浪费,减少多少消费者的支出?

至于有限的水资源,我们在《哈佛商业评论》上的文章中提到,给几个例子:我们能否建立无水洗涤剂?我们能否培育出不需水灌溉的水稻新品种?

有远见的公司正在看好新兴市场的机会。我常常说:"拥抱这一不可避免的趋势,创新!"服务金字塔的底层市场,将迫使许多企业重新审视目前的商业模式,将教会大家以更少的浪费让更多的人受惠。

在对话后,我的感悟是:有着 7.2 亿人口的中国农村经济正在变化,正在变成创新的主战场,在中国的 2 488 个县中,已有 10% 的县启动了农村养老计划。农村金融改革、农地货币化和社会福利,正在改变中国农村贫穷落后的局面,希望它成为国家经济增长的新推动力。中国最大的饮料集团娃哈哈依靠农村的 60% 的市场份额打败跨国公司;互联网企业家丁磊投资建设猪场;2011 年 1.6 升排量以下汽车销量飙升,主要购买力也是来自农村。如何将农村市场的发育成长,与普拉哈拉德所倡导的可持续发展结合,将是中国企业家所面临的挑战,也是机会所在。

第二章 微笑枷锁

第二篇

创新无间
复盘商业模式

围棋和西方经典的战略博弈国际象棋完全不同。围棋的目标是在开放的棋盘落下棋子，对弈时要平衡保护自我和扩大地盘的两种需要。同样，商业模式的创新与传统的市场竞争有本质的差别。

商业模式不拘泥于一城一池的得失，而看重整体价值链的构造、对客户价值的创新、对生态环境的重组等长远战略。这和围棋的作战思维有类似之处。在一条宽泛的"战线"上，围棋可以包括好几个局部"战场"，其追求的不是那种一战决胜负的玩法。在迅速构建战术优势的同时，围棋也强调长远规划，因此一盘棋可以下几个小时。同样，从长期着眼，才能看出商业模式的贡献。

在《论中国》中，基辛格用围棋智慧解释中国领导人毛泽东和邓小平是如何处理朝鲜战争、数次台海危机、越南战争、与苏联的冲突关系、中美关系正常化等关键决策的。例如，在朝鲜战争打响之初，美国总统杜鲁门向韩国派出美军，在台湾海峡部署美国海军。基辛格写道，在中国人看来，杜鲁门已经在棋盘上落下了两枚棋子（中国台湾地区与韩国），以可怕的包抄之势对中国构成了重大威胁。所以，尽管中国刚结束内战，开始重建家园，他们还是觉得有必要和美国正面对决（Lai, 2004）。

在本篇中，我们首先在第三章复盘创业者的经验：他们如何发现商业模式？如何发展壮大商业模式？然后在第四章探讨：商业模式如何影响回报？如何在IPO中为创业家、投资者创造财富？

第三章 简单法则

凌厉刚猛,无坚不摧,弱冠前以之与河朔群雄争锋。

紫薇软剑三十岁前所用,误伤义士不祥,悔恨无已,乃弃之深谷。

重剑无锋,大巧不工。四十岁前恃之横行天下。

四十岁后,不滞于物,草木竹石均可为剑。自此精修,渐进于无剑胜有剑之境。

——金庸,《神雕侠侣》

创始人早已不在江湖,江湖上却流传着创始人的传说。

创始人是谁?和笑傲江湖的武侠一样,他们如何发现商业模式?如何理解"无招胜有招"的武学境界,如何发展壮大商业模式?如何让这些商业模式成为公司的灵魂?

第一节 大道至简

此地钱多、人傻,速来。

这是美国资本市场的写照吗?

中国 C 时代(Connected Era)的公司正开始排成密集队形在这里上市。从

---

① 孙黎、朱武祥,"C 时代的商业模式",《IT 经理世界》,2011 年 5 月 20 日。

2010年下半年开始，麦考林、优酷、当当网、奇虎360、人人网均已在这里上市，而后面还有开心网、迅雷、世纪佳缘等十余家排队等候。事实上，美国的IPO市场在经济危机后并不热闹，在2010年第四季度共有32家风险投资资助的企业上市，其中中国公司就占了17家。

有趣的是，这些公司均放弃了在本土创业板上市的机会，而寻求在融资成本与透明度要求更高的美国市场上市，是因为对C时代的高增长企业而言，美国的投资者并不看重实际的利润水平，而更看重驱动利润增长的商业模式。

笔者给学生讲授"创业融资"课程，在讲到企业价值评估模型时，正好是2011年3月底，高盛等机构股东在入股Facebook时给其估值650亿美元，约为其2010年销售额（20亿美元）的32倍。这个企业价值/销售额比率在传统公司（例如S&P 500）中一般也就是1—1.5倍。C时代公司与传统公司间巨大的价值溢价，正彰显了商业模式对投资者的无穷魅力。而2011年上市的人人网，上市当天市值就飙升到75亿美元，几乎是其2010年净收入7 650万美元的100倍。正表明商业模式的价值可以突破地域的限制，在不同国家的投资者中体现出巨大的价值。

对投资者而言，C时代公司的商业模式是简单易喻的：当当网就是美国的Amazon，建构中国最大的在线销售平台；人人网就是中国的Facebook；优酷网就是Youtube合并Hulu；迅雷就是美国在线影碟租赁巨头Netflix……但对C时代公司的创业者与管理者而言，更大的挑战在于：如何让商业模式驱动企业的销售与利润，实现实实在在的高增长，像百度、携程等上一批在美国上市的企业一样，在上市后用业绩证明100倍的企业价值/销售额比率是合理的？

C时代的企业之所以估值高（市盈率百倍以上，市净率、市销率数十倍），关键在于投资者预期这些企业可以为更多的利益相关者提供更高效率、更低成本、更精准快捷的交易平台，特别是多边交易平台。这是传统企业的商业模式难以做到的。

正因为如此，这些企业可以颠覆传统的通过直接产品或服务获取收益的盈利模式,免费提供直接的产品服务。尽管这类企业创立后多年无法盈利(参见本书第四章),甚至很多互联网公司一开始并不知道如何获益,但只要对直接客户有黏滞,随着客户数量的显著增加,就会产生多边交易与信息规模效应。例如,对商家的精准广告价值,远远超过传统纸质和电视媒体,从而产生伴随或衍生收益。与传统商业模式相比,这类企业的收益来源具有伴随性、爆发性和可扩展性。当然,这类企业如果做不到为更多的利益相关者提供更高效率、更低成本、更精准快捷的多边交易/通信平台,那么,要么回归传统企业估值水平,要么昙花一现(见表3-1)。

表3-1 C时代商业模式战略与传统战略的比较

战略模式	定位	资源	简单法则
理论倡导者	波特(Porter, 1980)	巴尼(Barney, 1991; Barney, 1986)	艾森哈特与苏尔(Eisenhardt & Sull, 2001)
战略步骤	识别有吸引力的市场,建立防御性的市场地位	建筑资源体系	跳入混沌、抓住机会、快速试错、互适应、持续再造
战略问题	我们在哪里?	我们将变成什么?	我们如何运营?
竞争优势来源	独特的位置,整合价值链	有价值的、稀缺的、无法仿制与难以替代的资源(VRIO)	关键流程,独特的简单法则
竞争优势的持久性	可持续性	可持续性	不可预测性
适用环境	缓慢变革、有序结构的市场	中等变化的市场	快速变化、无序的市场
风险	在状况改变时,难以改变位置	在状况改变时,太慢建构足够的资源	管理者在抓取时机时可能迟疑不决
绩效目标	利润	长期主导	增长

资料来源:Eisenhardt & Sull, 2001。

从创业者与管理者角度看C时代公司的商业模式,管理理论家将其称为"简单法则"(Davis, Eisenhardt & Bingham, 2009;Eisenhardt & Sull, 2001),也就是说,在C时代互联网、移动通信所创造的巨大而混沌的市场中,这些企业的战略与传统行业所遵循的复杂法则完全不同,那就是创业者必须总结出一些简单的法则,在混沌市场似乎提供着上千个无限可能性的各种机会中,用简单法则剔除其余950个机会,而专注于剩下的50个。例如,奇虎在2005年创建时定位为搜索技术提供商,主营业务为帮助各大社区、论坛增加搜索功能,希望借鉴Web2.0的理念从大量用户生成内容(UGC)中甄别出与用户意愿更相关的内容,奇虎还以1 000万元现金收购易之唐,开展无线增值业务,但社区搜索与无线业务并没有取得成功,直到周鸿祎出任奇虎董事长兼CEO,才重新确立公司业务发展方向,转向杀毒领域,推出360安全卫士,以反流氓软件为切入口进入C时代市场,终于找到了《连线》主编安德森在《免费》一书中所倡导的Freemium商业模式,即Free(免费)+Premium(增值服务)。免费的安全和杀毒服务是推广手段,用来培养用户忠诚度,然后打通用户流量与盈利之间的通道,将360海量用户转换为360浏览器用户,通过浏览器上的360网址导航与搜索框,将用户流量变现,并在此基础上不断推出互联网增值类服务。Freemium的简单法则构筑了奇虎的整体业务架构与运营模式,打败了金山、瑞星等秉持传统商业模式的杀毒软件生产商,并将这一简单法则贯穿到产业链与生态系统的扩展中。正是基于这一简单法则,360在路演中就宣称已经打造出各种各样增值服务的天然平台。

从表3-1可见,在混沌多变的市场上,简单法则的战略模式比传统战略优越的原因在于:简单法则可以在无序中抓住市场机会,而根据传统复杂战略手册去分析市场,可能能看到无限的市场机会,却没有足够的决策能力排除其他995个市场机会,从而犹豫不决,丧失市场机会。这正是传统杀毒软件生产商金山、瑞星等面对C时代的机会,有着先手优势却空手而归的原因。

磨炼简单法则

那么如何打造、磨炼这些简单法则呢?有没有像郭靖那样的"降龙十八掌"呢?根据艾森哈特的理论,这里举出一些简单法则。

How-to法则:也就是企业确定出怎样独特的流程,以解决C时代客户的问题。例如谢家华在创办Zappos.com时,确定的一个简单法则就是"递送快乐",

从而在众多的电子商务公司中脱颖而出。他认为使人快乐的因素是和企业持续发展的利润、热情、使命等相一致的，为此，在企业运营的各个环节贯穿这一法则，例如，在企业文化中，第一条就是通过服务让人们感到惊叹：哇！Zappos.com 递送的鞋子与其他网站递送的即使是同样的产品，消费者也能区分出来。

边界法则：简单法则必须确定明确的边界，从而找到适用范围。例如思科在购并企业方面一直有清楚的边界，例如购并对象必须有75名以上的员工，其中75%必须是工程师。但近年来，思科似乎放弃了这些边界法则。为了刺激销售，思科在同一时间推出了新一代网络设备，在核心业务以外进行积极的拓展活动来寻求实现营收增长，包括数码相机、视频会议设备和社交网络工具等，但业绩乏善可陈。思科于2009年耗资5.9亿美元收购生产Flip相机的Pure Digital公司，但不到两年却宣布关停Flip相机业务。而在核心业务上，思科却受到惠普和Juniper Networks等竞争对手的痛击。这逼得思科CEO约翰·钱伯斯（John Chambers）承认思科犯下了一些错误，放弃了当年使其成功的简单法则。钱伯斯表示：思科将"采取大量有目标的措施"，"以外科手术般的精准度来解决我们在自身产品组合中需要修复的问题"，思科将对其业务运营活动作出一系列的改革，将把业务重心重新放到5个关键领域中，即核心网络业务以及视频和数据中心技术等。思科已经意识到，在混乱的市场中，只有依靠简单法则，行动才得以更快、更集中。

优先法则：创业者应该对机会的先后次序进行排列，从而把握先机。冯小刚的电影可以说是C时代娱乐的典型代表，在《甲方乙方》、《不见不散》、《没完没了》、《大腕》、《手机》、《天下无贼》、《集结号》、《非诚勿扰Ⅰ》、《唐山大地震》、《非诚勿扰Ⅱ》等电影上，不断制造票房神话。他的作品的一个优先法则就是揭示人性的某一面，尤其是温暖的一面，冯小刚说："很多人都说我这个电影特别人性，怎么叫特别人性，你是说人性的猥琐，还是人性的黑暗，还是人性的爱？"在编剧上，他的优先法则正如王虎的评论："在电影的丛林当中，冯小刚有自己的生存法则，那就是始终和老百姓站在一边，他知道什么能让老百姓笑，什么能让老百姓哭，他也会非常贴心地为老百姓们安排一个温暖的结局。"而在演员的安排上，他的优先法则当然就是葛优。优先法则可以帮助创业者排除一些外来的干扰，专心于商业模式核心。例如在 Facebook 的创业过程中，创业伙伴 Eduardo Saverin 要求尽快上广告盈利，但扎克伯格却坚持以用户体验为重，尽量地减少广告对用户体验的影响。

时机法则：创业者需要将外部时机与内部运营相配合。例如巨人公司在 2006 年看到游戏道具市场的机会，就推出《征途》，以道具收费的商业模式，成功颠覆了盛大自《传奇》以来引领中国国产游戏时间收费的商业模式。各大网游公司纷纷效仿巨人的成功商业模式，使中国游戏市场从几十亿元跳跃到数百亿元的规模，并成功地将这一商业模式开拓到海外市场。看到非付费玩家的巨大市场，巨人最近又推出《征途2》，新的商业模式是营造一座交易平台：追求免费游戏的玩家可以通过耕作装备换取生存权利，另一些则通过购买这些装备实现游戏的乐趣。《征途2》的盈利模式是在这些兑换交易中收取5%的交易费。这样，不同的玩家可以通过不同的游戏模式享受游戏的乐趣。

试错法则：并不是所有的简单法则都能成功，创业者需要通过快速试错，才能磨炼出屠龙刀。试错法则也和离开法则联系在一起，创业者需要知道什么时候放弃昨天的机会。李开复在打造创新工场时就强调："颠覆式创新是可遇不可求的，在人类的 IT 史上只碰过几次，所以我们对这种可遇不可求的事件可以希望，可以梦想，可以祷告，但是不可以预测。"李开复更看重通过反复试错所实现的"微创新"："一个产品不要等全部打造成了让所有人耳目一新的时候再推出，在做得可以用的时候就可以推出来，因为毕竟它是免费的。然后让一部分人去使用它，经过他们使用的习惯，我们能够挖掘出来这些已有的用户的痛苦在什么地方，他们未被解决的问题在什么地方，我们可以提供更多价值的地方在什么地方。然后去解决这些痛苦，增加这些价值，这就是微创新。一步一步地理解用户，解决用户的问题，化解他们的痛苦，然后提出他们认为有价值的，未来可能会愿意花钱来买的解决方案，这种互联网式的创新，几乎是互联网的每一个公司做事的方式。"奇虎360也正是在不断试错中才打造出今天的商业模式。

从这些案例可见，C时代商业模式并不存在于创业家神奇的想象、伟大的创意或者精巧的设计中，简单法则的出现是创业家在实践中不断摸索、试错、模仿、比较的结果。而这也正显示了高增长市场中各种机会的不可预测性。

在商业模式这个价值数以亿计的神奇字眼后面，是创始人在实践中摸索出来的一系列简单法则。其精髓正在于杨过的未记名师傅独孤求败在青石上所留下的武功秘诀：

"草木竹石，均可为剑。自此精修，渐而进于无剑胜有剑之境。"

第二节　创始人磨炼的法则①

每个企业都有个注意力结构

在企业最危急的时候，谁挽危局？

最合适的人选当然非创始人莫属。

2008年，戴尔电脑业绩的严重倒退，只好让创始人迈克尔·戴尔重新担任CEO；同时，星巴克也危机重重，宝刀未老的创始人霍华德·舒尔茨（Howard Schultz）重新披挂上阵。

2009年，台湾积体电路市场占有率下降，创始人张忠谋重出江湖，换下2005年才接任CEO的蔡力行；差不多同时，联想集团业绩不振，董事局主席杨元庆接替从戴尔挖过来的威廉姆·阿梅里奥（William Amelio），重新担任CEO，而重量级的创始人柳传志则重新担任董事局主席，公司控制权又回到了创立该

---

① 孙黎，"回归创业者的简单法则"，《IT经理世界》，2011年7月20日。

公司的中国高管手中。

当然，更戏剧性的是，2011年1月，谷歌的外来专业人士施密特不再担任CEO，仅担任董事长，专注于与外部合作和政府打交道，而创始人拉里·佩奇成为新的CEO，接管日常运营工作。显然，这是谷歌为了更好地对抗Facebook、Linkedin等社交网络崛起而采取的对应战略；4月，宏碁宣布全球CEO兼总裁兰奇辞职，董事长王振堂重返该岗位；本来在2010年国美股东大会上赢得控制权的陈晓，却在4月意外离职，国美CEO的宝座归还给了张大中——另一位国美创业购并史上的创始人。

这些创始人重返CEO宝座的故事，就像当年乔布斯回到苹果，可能是这些公司董事会作出的最好决策。为什么面对危机状况，创始人更能力挽狂澜？

这里要先介绍一下组织注意力理论（Ocasio, 1997）。该理论可以回溯到诺贝尔经济学奖获得者西蒙对组织理论的贡献，他的卡内基学派的同事马奇与奥尔森在1976年出版的《组织中的模糊与选择》（*Ambiguity and Choice in Organizations*）一书中勾画出组织的一般决策模式：当一家企业从小型成长，从风险资本家、IPO市场获得资金进一步扩张，成为大型企业，伴随而来的就是组织愈变愈复杂，它的注意力结构也发生变化，可能会同时追求许多不同的目标，这些目标又可分成多项的次目标。当企图再将这些次目标加以具体化陈述时，常常会出现目标之间矛盾不一的情况。这时，整个组织本身所要追求的目标变得模糊，对各种战略目标的优先级也不明确，这时，企业内部决策就变成一个垃圾筒，各种问题、解决方案、参与人员和各种决策机会相互在垃圾筒内碰撞、融合，决策的最后结果可能能融合各个参与人员的利益，但又与每个参与人员的诉求不全部一致，这就是著名的垃圾筒决策模型（Cohen, March & Olsen, 1972）。

重返CEO宝座的创始人对企业最大的贡献，可能是他们对企业创业过程形成的简单法则有更深的理解，能有效地将企业的注意力结构从垃圾筒中拖出来，关注企业所面临的核心议题。例如，舒尔茨在重新担任CEO后，曾向多位创始人讨教经验。戴尔告诉他,最好有一页纸的变革纲领,使整个企业都能关注到核心问题;Costco 的创始人辛内加尔则告诉他要注重客户体验,在经济萧条期间,所有顾客都攥紧钱包,赢回老顾客比争取新顾客更容易。在这些简单法则的指导下,舒尔茨推出客户回馈积分制度,提高老顾客的消费。目前,在星巴克门店中,有 1/5 的交易都来自星巴克积分卡,舒尔茨计划使这项制度从自己的门店进入无处不在的分销渠道,然后将其整合到以社交媒体和数字媒体为中心的业务能力和知识领域中。

　　苹果公司在重新归山的创始人乔布斯的带领下,养成了追求完美设计的简单法则,并将这种追求贯穿到企业的整个执行力当中,《财富》杂志曾揭示出苹果这个全球最大创业公司的秘密:在苹果工作,如果犯下错误,会很难得到容忍。2008 年,苹果推出 MobileMe 网络服务,此服务存在大量的漏洞,评价很差,乔布斯非常愤怒,对着整个团队愤懑地表示:"你们玷污了苹果的声誉。你们应当为拖彼此的后腿而相互憎恨。"乔布斯立即任命一位新高管来运营 MobileMe 业务,MobileMe 产品原团队的多数员工被解雇。乔布斯的简单法则贯彻到整个企业的执行力当中,上到副总裁,下到清洁工,苹果不会容许员工对错误找出任何借口。苹果每一次有效的会议都会列出一个"行动表",每个行动表也会指定一名"直接责任人"(DRI),此直接责任人必须确保任务得以圆满完成,这样使企业的注意力结构牢牢扣紧在完美执行的简单法则上。

　　同样,我也曾询问腾讯的高管,在腾讯的成长过程中,形成了什么样的简单法则,这位高管的回答是:"我觉得以持续不断地做到极致来形容比较贴切。这种持续不断的感觉,有时候会让人瞠目结舌,譬如说,腾讯做 QQ 邮箱,原本收购的 Foxmail 是一个类似 Outlook 邮箱工具很出色的团队,但是现在来看,这个团队通过几年来不断的持续开发,将 Web 邮箱这样一个简单到不能简单的功能——电子邮箱,做成了一个大平台,包容了邮件、阅读、关联通信为一体的大平台。里面的创新举不胜举,譬如说,超大附件的功能、阅读空间,等等。最近一个最有意思的产品——漂流瓶,在非常短的时间内就做到了亿级用户的覆盖。"腾讯在很多细分领域都有这样的简单法则,这一法则使腾讯总体上在很多互联网领域占据了领先的态势。

公司决策的灵魂

那么,这些简单法则有什么作用呢?

第一,简单法则使企业关注核心绩效指标,而非沉迷于非关键利益相关者的其他诉求,不会干扰到企业的注意力结构。在这一点上,创始人比外来的专业管理人员对塑造每个企业成功的简单法则理解更深,执行起来也更有力。例如,舒尔茨就认为华尔街的股票分析师及其关注零售业的同店销售额这一指标,可能使企业偏离自己的简单法则,过分追逐规模的增长,而忽视了顾客体验。在《麦肯锡季刊》的采访中,舒尔茨认为:"对于大多数零售商和经营餐馆的企业来说,华尔街在许多许多年以前创造的这种业绩衡量指标,已经成为它们颈项上的枷锁,即计算开张超过一年以上的门店的同比增长率。以一个经营单元计算,看该单元与上年同期相比,销售额是否在不断增长,这是衡量一家企业经营状况是否健康的一种可靠的案例研究工具,但并不是唯一的工具。不管怎么说,华尔街已经变得非常迷信这个数字。其结果是,大多数零售商和餐馆都要按月报告其销售额的同比增长率。这样做使股票价格每个月都可能产生大幅波动,因为你千万不能让某个月的业绩下滑。"

"当我重新担任 CEO 后,我想,我们已经变得与销售额同比增长的数字难舍难分,我们开始在收入增长的驱使下作出决策,而这些决策可能并不符合星巴克品牌的根本利益。我希望去除经营者颈项上的这种枷锁。因此,在我重新担任 CEO 的那一天,我宣布,我们将停止每月报告销售额的同比增长率。你可能以为世界末日就要来了,但世界末日并没有来。那时,由于我们不执行业绩报告制度,我被指责缺乏透明度,企图隐瞒经营状况。但我努力在做的是,确保我们的员工在为最合适的群体——顾客——来管理这个企业。"舒尔茨回归后,星巴克股票跑赢大市一倍以上,见图 3-1。

图 3-1　星巴克的股票走势强于大盘

第二，简单法则使企业能根据不同的商业模式运行。不同的创始人根据自己的经验，形成不同的简单法则，从而执行不同的商业模式。例如，在国美的控制权大战中，同样是创始人，为什么陈晓与黄光裕分歧这么大？仔细回顾这场大战，除去忠诚道义、家族理念等媒体所津津乐道的因素，归根到底可能还是对企业简单法则的不同认同。在国美的创始人黄光裕看来，国美竞争最优先的法则就是规模保持领先。据《环球企业家》记者张育群的报道：2005 年，管理层建议年度开店数量定在几十家，但黄光裕却执意新开 130 家分店，这意味着店铺总数同比增加近一倍，对国美而言是空前的挑战。管理层开始并不同意，黄光裕就在管理、流程、选址上说服各个部门，强力推行。结果，正是在那一年，国美首次大幅拉开与苏宁的差距，由此奠定行业第一的位置。

这一创始人的简单法则给国美带来两方面的结果：第一，国美奠定了零售业"规模至上"的发展模式，可以使其利用"类金融公司"轻资产模式占用供应商的资金，开店并不需要很多自有资金，占用供应商资金部分可以通过加快资金周转率来弥补；第二，因扩张过度导致部分门店可能经营不善，但规模上的优势，可以转化成与供应商的谈判能力，为此，国美在疯狂开店中造就了国美务实、凶猛的气质。

而陈晓虽然也是自行创业出身,但他的简单法则与舒尔茨类似,更强调以精细化管理提升单店经营能力。尤其在黄光裕入狱后,经销商对国美的信心有变,更需要国美强化销售周转率,提高供应商的信心。陈晓认为:"现在国美电器采取的是卖场经营模式,也就使卖场成为一个不承担任何风险的收费场所,而供应商要进入国美电器就必须要承担巨额的费用,最终这些供应商为了业绩将不断增加的成本转嫁到了消费者身上,这导致国美电器在商品价格上实际上已经成为各种渠道中最高的,同时对于供应商来说其费用也是最高的,这样的渠道必然会被淘汰。"

这代表了两种简单法则、两种商业模式的竞争。陈晓在提高单店经营能力的同时,国美丧失了规模第一的优势。2010年,苏宁收入增长29.51%至755亿元,净增门店374家,而同期,国美关闭低效门店39家,新增门店仅139家,市场份额从2008年的12%跌至10%左右。创业者对简单法则的不同认知,是黄光裕为什么要坚持将陈晓取而代之的原因。

在2011年陈晓出局后,杜鹃代表创业者修正了国美的新战略,包括非上市部分在内,国美电器计划在2011年新开门店480家,年销售增长达40%。随后,国美又回到黄光裕的简单法则:仅在3月、4月,国美就新开150家门店,这是国美历史上最大规模的扩张。

是黄光裕的简单法则更实际,还是陈晓的法则更有效?美国家电零售巨头百思买退出中国从侧面说明了简单法则的重要性:这家以服务在美国取胜的公司目前似乎无法在中国获得成功,百思买的单店利润比国美高,在门店竞争的细节上也做得很好,但没有在中国形成网络,规模上不去,和供应商的议价能力不强,也就无法在中国获得成功。

第三,在经济危机、企业重建中,简单法则更加彰显重要性。和舒尔茨一样,台湾积体电路的创始人张忠谋也是根据简单法则重振企业。芯片制造业是资本密集型行业,在每次经济衰退中,张忠谋都执行"攻击性防御"的原则,即先收回来,然后在经济低谷时开始大举投资,这时设备商因订单少就会给予很多折扣，减少台湾积体电路的资本支出，同时在经济波底扩大的产能，在2—3年后经济循环周期转到扩张时，正好可以投入使用。台湾积体电路正是通过反周期投资的简单法则，成为全球最大的芯片代工制造商。但在这轮金融风暴最烈时，原CEO蔡力行暂缓了40纳米制程技术的设备采购，但当订单突然回流时，台湾积体电路的产能设备没有跟上，使部分订单流向联电、三星等竞争对手，也让台湾积体电路失去一些高端芯片的代工市场占有率。重新担任CEO后，已经77岁的张忠谋老当益壮，力图重振台湾积体电路在高端芯片代工方面的竞争力。

同样，2011年4月，董事长王振堂暂时重返宏碁CEO的岗位，也是因为原CEO偏离了宏碁的简单法则。过去几年，宏碁一直侧重于规模扩张：接连收购，规模上超越联想，逼近戴尔；不惜损失利润，在全球推广低价上网本，追求市场占有率。但在苹果、三星、联想等接连推出平板电脑，进一步强化移动互联网业务时，它却落后了。创始人施振荣为此十分心急。这位以"再造宏碁"法则出名的创始人强调：平板电脑与智能手机的发展趋势已"成形"，移动互联网时代，手机等终端与电信运营商的合作模式，与以往的生态不同。2010年是宏碁二次再造第十年，他早有感觉需要新的再造。

宏碁有两次著名的再造，一次发生在20世纪末。当时，施振荣借助"麦当劳快餐模式"，以台湾地区零部件制造为依托，以海外市场为产品组装、品牌营销中心，变革了供应链，成功突破海外品牌封锁；另一次发生在2000年至2002年，宏碁剥离了制造业，专营品牌。这次，宏碁如何再造企业的注意力结构，如何在规模与成长、创造客户价值与加强品牌定位等方面确立优先法则？

第四，简单法则对公司购并、国际化、多元化等战略决策都有重大的影响。最典型的案例是联想在2009年经济危机期间著名的变阵：杨元庆接管CEO，将原亚太区合并到大中华区和俄罗斯区，成为亚太和俄罗斯区。全球四大区域总部变为三个，为亚太和俄罗斯区，美洲区，欧洲、中东和非洲区（EMEA）。很显然，这次重组正是为了在印度和俄罗斯等其他持续增长的新兴市场复制联想在中国的简单法则：用成本较低、相对较窄的产品线面向个人消费者和小企业，从而有效地扩大业务。

有趣的是，对比微软宣布以 85 亿美元现金收购 Skype，同样持有巨额现金的苹果却对收购漠不关心，苹果账上的 658 亿美元现金可以轻松收购 10 家处于低潮期的摩托罗拉。但在过去数年，苹果的单一并购案金额从未超过 5 亿美元。这正是因为乔布斯认为被并购的企业，很难形成苹果追求完美的执行力，很难贯彻苹果设计美学的简单法则。

2011 年 6 月，笔者所在的堪萨斯城密苏里大学为来自各系、即将在毕业后创业的 38 名"创业学子"举行盛大的毕业典礼。亨利·布罗（Henry Block）是全美最大的报税公司 H&R Block 的创办人，也是我们管理学院的捐助人与命名人，89 岁的他亲自到场，用他著名的"不走捷径"的简单法则鼓励在场的莘莘学子。散会后笔者顺便翻了翻 H&R Block 的公司年报，发现这家公司虽然还是以布罗命名，但布罗家族已经没持有多少股票，亨利通过家族基金会的方式将他的大部分财富都捐赠给了大学、博物馆等机构。一个细节是，他的儿子是家族在公司的最后一名董事，在 2007 年股东大会控制权投票中输给了外来者，他的儿子也就愤然辞职了。1986 年，这家公司还非常创新，与美国国内税收署（Internal Revenue Service）达成电子报税的协议，极大地方便了报税流程。而今天，以亨利·布罗名字命名的公司，已经没有了创始人的简单法则。这家曾经名列 S&P 500 的公司市值为 48 亿美元，只有以软件起家的 Intuit 公司的 1/4，后者的报税软件 TuborTax 重写了报税市场的游戏规则。

一家没有了创始人简单法则的公司，也就失去了公司的灵魂。

我无法想象如果星巴克失去了舒尔茨，伯克希尔·哈撒韦失去了巴菲特会怎样，他们的后续者能挖掘、继承这些创业者的简单法则吗？不过，可以庆幸的是，江山代有才人出，扎克伯格与王传福们正在全球的各个角落创造新的创始人法则。

第三节 伟大的遗产[①]

每个伟大公司的后面都有伟大的创始人,每个创始人都有其伟大的简单法则。这一法则渗透进组织的基因结构,深刻地影响组织人的行为,创造着组织与社会的互动模式。

对百年蓝色巨人 IBM 而言,这就是其创始人托马斯·约翰·沃森(老沃森)所设立的"思考"法则。他说:"如果人们愿意思考,世界上所有的问题都可以轻易得到解决。麻烦的是,人们往往为了不思考而依赖各种设备,因为思考是如此艰苦的工作。"他的儿子小托马斯·约翰·沃森(小沃森)进一步描述这个法则:"将每一件工作做好,以尊严和尊重对待所有的人,要穿着整齐,要干净利落、直截了当,要永远乐观,最重要的是,要忠诚……我们应该有足够的时间去思考,以制定我们自己的结论。"

老沃森经营 IBM 42 年,小沃森 15 年,在这 57 年的时间里,IBM 成功地从一家小公司发展成计算机行业的龙头企业。老沃森从销售起家,在他极其重视的 IBM 销售学校(每一名新晋销售人员都要在此培训),大门上写着两英尺见方的两个金色大字:"思考。"门里边的花岗岩石阶上则刻着:"思索,观察,讨论,聆听,阅读。"对 IBM 销售人员来说,只要你肯动脑子,你就会销售更多的机器,提升得更快。

老沃森不断在 IBM 激励忠诚、热情和富有创造性的精神,提倡以这种精神去获取成功:"思考,想想你的外表、交往、行动、志向与成就。"同样,他也将"思考"这一法则传授给儿子。在小沃森 12 岁的时候,老沃森带他第一次乘火车,在盥洗室里,老沃森教育道:"这是一个公用的盥洗室,每个使用者都要小心,因为在你后面的人会通过你用后的样子来评判你的人品和修养。现

[①] 孙黎,"创始人的伟大遗产",《IT 经理世界》,2011 年 6 月 5 日。

在让我来教你怎样做。"在小沃森进入 IBM 工作后，老沃森给他写信："永远记住生活并不像许多人曾经经历过的那么复杂。你越成熟，就越会意识到成功和幸福取决于不多的几件事。"老沃森在信中还用商业的说法描述了人生重要的行为准则（见表 3-2）。

表 3-2　人生重要的行为准则的商业描述

负债	资产
保守的思想！	有远见
贪财！	无私
平庸的伙伴！	爱心
不拘小节！	品行端正
不关心别人！	好的仪表
虚伪的朋友！	真挚的友谊

在第二次世界大战中，小沃森加入了空军。他在 IBM 中培养出来的思考习惯与说服能力，使他在空军新人中脱颖而出，引起了空军第一师师长布拉德利上将的注意，上将让他成为自己的侍从副官。在每天跟随上将到处走动中，小沃森养成习惯，每一次巡视他都为上将写一份详细的总结，讨论所见到的军官、急需的供应，以及自己对运输行动的建议。布拉德利很喜欢这些总结与建议，他赞扬小沃森条理清晰，具有异乎寻常的能力，能够专心思考重要的问题，并把它灌输给别人。

小沃森的弟弟迪克也在第二次世界大战中参军，战争结束时他已是军需部队的上校。他把 IBM 的思考习惯带到战场，在战斗区把改造后的 IBM 打孔机放在军用卡车上使用。IBM 的打孔机能记录轰炸的结果、伤亡人数、战俘人数、失踪人数和供应情况。在战后，兄弟俩都加入 IBM，成为 IBM 的领军人物。小沃森后来成为 IBM 的总裁，迪克则担任了 IBM 国际贸易公司的董事长。

小沃森高中成绩不佳，是在父亲的权势影响下才被布朗大学录取。但他在空军培养出自信与领导力，使他能走出父亲在 IBM 的巨大阴影。在《父与子》这本著名的自传中，小沃森说："在谁应该提升方面我从不讳言自己的想法，并且毫不怀疑自己在人事方面有迅速决策以及保证多数决策正确的能力。对于自己知识的深度我从无十分把握，但我知道自己有得益于经验的判断能力。每当我发现那些我认为能对公司的事业作出重大贡献的人时，总要激励他们上进。"在"思考"这一法则下，小沃森使IBM继续成长为国际巨头，他有三方面的贡献：

第一，成功地将IBM业务从打孔机转型为电子计算机。在战后，晶体管技术的崛起改变了机械打孔机的整个业务模式，小沃森回忆道："虽然一场计算机革命可能会席卷整个科学界，但是在会计室里，打孔机仍将独占鳌头。父亲就像这样一位国王，他看着邻国发生革命，但是当他自己的臣民们发生骚乱的时候，他感到惊慌不已。他没有认识到，一个旧时代已经结束，一个新时代已经开始。IBM处于因成功而坐井观天的状况。我们的生意是数据处理，而不仅仅是打孔机；但是，那时在IBM，还没有人精明到有这种认识的程度。"在这一颠覆性创新技术的分水岭上①，小沃森大胆用人，启用电子工程师，在6年时间里，将工程师和技师从500人增加到4000多人，改变了原来打孔机技术以机械工程师为主导的人才队伍，放弃穿孔卡——一种IBM原来十分了解的速度较慢的媒介——而采用一种当时IBM所不了解但速度百倍于此的磁记录，开发逻辑电路、存储电路、磁带处理装置、记录头，并且同其他制造厂家共同开发真空管和磁带本身。1952年，IBM研制出第一台存储程序计算机IBM 701，也就是通常意义上的电脑。

现在回头看，IBM向电子计算机转型似乎是历史的必然，但在小沃森看来，IBM人发明了"危机模式"一词来形容当时的工作情况。"有些时候，我真觉得我们像是泰坦尼克号客轮上的乘客。"或许正是这种不断的危机意识，使IBM在百年经营中能一直挺过各种危机，尤其是20世纪90年代在个人计算机的创新大潮中一度落后，但在随后的互联网浪潮中成功转型为计算服务、智慧星球

---

① 参见"颠覆性创新的路径"，《IT经理世界》，2008年第21期。

的领导者。大象跳舞的智慧是创始人早就植入的基因。

第二，改组了 IBM 的组织结构，使其能向大型化、专业化发展。老沃森在一个高速成长的公司中采用高度集权制。到了 1955 年，IBM 的销售额突破 5 亿美元大关，每年增长率接近 20%。小沃森面对组织变大的挑战，实行了放权，提拔了多位执行副总裁，明确分工，各司其职，改变老沃森那种一人说了算的管理方式。他还设定了参谋人员和一线人员间的职责，以解决他们的争议，最终使 IBM 从家族经营向专业化管理过渡。

IBM 对产业最大的影响，可能是公司 360 产品线的系统架构，这是业界第一次按模块化思路重新架构的计算机主机。当时 IBM 为开发 360 投入数亿美元，但迟迟不能交货，小沃森制定了模块化的内部平台开发战略，使开发流程可以分步并行①。后来，这一模块化的产品架构模式直接影响了计算机产业垂直分布的产业基础，甚至影响到现在的安卓开放平台策略。

第三，在 20 世纪 60 年代，IBM 受到了最严峻的挑战，这次不是来自市场，而是司法部反垄断法大棒的威胁。美孚石油公司、AT&T 等巨型公司都曾因此而被分拆。小沃森在病退前为此耗费了大量的精力。早在 1961 年，小沃森就在全公司内公布了一份注意事项书，文中明确地规定了什么可以做，什么不能做。例如，在推销产品时不准毁谤、贬低别家的产品，不能泄露 IBM 没有公布的产品情况去"围剿"竞争厂家推销的产品。最重要的是，IBM 的推销员在推销产品时要遵守公平交易的原则。每个推销员都被要求签署一个声明，表明他已经懂得这些条例了。小沃森说："我希望，我们作为一个大公司应当保持清白的历史和记录。我们没有理由去垄断市场，不搞掠夺性行动。"也正是在这种思路的影响下，IBM 在设计个人计算机时，委托微软设计操作系统、让英特尔设计芯片，使计算机产业垂直分布化，使微软、英特尔等新公司在 20 世纪 80 年代得以兴起，并掀起了美国计算机行业的创新浪潮。这一历史，可能也正是中

---

① 参见拙作《站在美国阳台看中国》关于山寨兴起的章节。

国的反垄断审查部门应该学习与关注的,不能因某些不能表明的国家利益,就断送了行业的创新机会。而垄断企业从 IBM 的应对中,可能也可以思考如何公平竞争。

从图 3-2 可见,在近五十年的股价表现历史上,IBM 一直为道琼斯工业股指数的 30 家公司之一,除每年都有 1%—2% 的稳定股息之外,自 1962 年以来股票涨幅超过 27 倍。这个涨幅可能无法与耀眼的新兴互联网公司相比,但如何在上百年的经营中保持基业长青,可能正是中国的管理人需要从老沃森与小沃森的创业历史中学习的。另外,中国的很多"富二代"正准备从父亲手中接棒。一项有趣的研究表明,创业者往往能比专业经理人员创造更多的价值,但创业者家族的第二代继承者在价值创造上要低于专业经理人员(Villalonga & Amit, 2006)。IBM 父与子的创业遗产可能更让这些接棒的二代得到启发:如何将创始人所设立的简单法则进一步发扬光大,向专业化管理过渡。

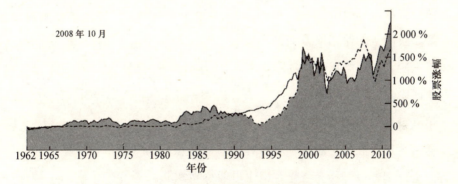

图 3-2　IBM 股价与道琼斯工业股指数对比
注:实线为 IBM 股价,虚线为道琼斯工业股指数。
资料来源:2011 Yahoo! Inc.。

笔者是在联想的 ThinkPad 上写作本书的,字母 i 上的小红点是如此的耀眼,以至于你不得不创造性地思考自己所写下这些文字的真实意义。创始人的意义,不仅在于塑造了一个伟大公司的成长(他的基因甚至遗传到大洋彼岸另一家新崛起的科技公司),更在于他的思想、个性与创造,通过伟大的产品,不断改变这个社会,推动文明的进步。

第四节　自恋、自负与自大[①]

当然，创业者也有自己的误区，和许多著名的领导者一样，他们有着自恋、自负与自大等人性另一面的负面基因。例如，柯林斯在《基业长青》等畅销书后，又推出《强者怎样失败？为什么又有些公司从不屈服？》（*How the Mighty Fall: And Why Some Companies Never Give In*）一书，解剖了企业失败的原因。他提出一些非常值得企业家思考的问题，也是值得管理学者研究的课题：为什么有些强大的企业会失败？如何在趋势变化之前就及早发现并避免？企业如何逆转自己的命运？柯林斯自称经过四年的艰苦研究，开出了企业避免失败的药方。这一药方，则是从企业诊断开始，他发现，企业自己跌倒，往往可以分成以下五个阶段：

第一阶段，成功培养出自大；

第二阶段，无原则地追求更多；

第三阶段，拒绝风险和危险；

第四阶段，开始拯救；

第五阶段，向死亡屈服。

通过了解这五个阶段，领导者可以大幅降低从高峰跌落低谷的机会。而公司可能会绊倒，也可能会变化，但也可能得到恢复。

这是一本十分迎合潮流的书，适逢华尔街原本不可一世的高薪经理们在金融危机中跌落谷底，而柯林斯在其以往著作《从优秀到卓越》中列出的11家所谓的卓越公司也表现不佳：电器城惨淡破产；房利美与富国银行成为次贷的替罪羔羊；美洲银行收购美林后，高管薪酬更成千夫所指，逼得CEO刘易斯挂冠而去。从某种意义上说，柯林斯的这本新书也是为他以前的"卓越"样本企

[①] 孙黎，"自恋、自负与自大"，《IT经理世界》，2010年6月20日。

业进行救赎。

将企业的失败归因于领导者的自高自大,与老子"福兮祸所伏"一样,对经营者是很好的告诫。从宏观上说,经济学家海曼·明斯基(Hyman Minsky)就认为金融体系的不稳定,正在于人类的短视:在经济景气时期,当公司的现金流增加并超过所须偿还的债务时,就会产生投机的陶醉感(Speculative Euphoria);同时因自大而产生的贪婪,使金融行业承担起过多的风险,加上不完善的激励措施,使有限责任与"不对称信息"产生道德风险(例如希腊搭欧盟的顺风车,穷奢极欲),使金融市场陷入万劫不复的困境。

从微观上说,自大的领导者往往会忘却企业本来的使命,最近,一批管理学者以 S&P 500 指数中的制造公司为样本作研究,发现狂妄自大可能使优秀的公司更容易从事非法的活动(Mishina, Dykes, Block & Pollock, 2010)。例如,安然因做假账而破产,惠普、西门子、雅芳等公司则因在发展中国家贿赂而被美国司法局调查,从而缴纳大笔罚款;英国石油则因为前几年多次成功的跨国购并而飘飘然,漠视了海底油井的安全开采,结果因设备爆裂引起墨西哥湾的大量污染;成功地普及职业培训的宋山木因强奸而被指控,则是中国的一个佐证。

柯林斯的这本书十分应景,他揭示的原因也十分适用于现在千夫所指的雷曼兄弟原 CEO 福尔德;学术研究同样也发现,70% 的公司购并会失败,原因都在于领导者的自大(Roll, 1986)。但严肃的管理学者也同样可能要指出,柯林斯这种对号入座的写作很让读者解恨,也很容易畅销,但所犯的错误与前面几本书一样:事后诸葛亮。

柯林斯提出了一个很好的问题,但他的研究方法很成问题,特别是第一个因素,管理者的自大某种程度上奠定了企业的成功。事实上,你能说乔布斯不是个自大狂?成功的企业家都有些偏执,包括英特尔的安迪·格鲁夫以及他的继任贝瑞特。从某种程度上说,企业家的自恋、自负、自大与偏执很难相互区分。另一项对计算机硬件和软件行业的 111 位 CEO 的研究,自恋的 CEO 更希望引人注目，更愿意制定宏伟而有活力的战略，更愿意采取大胆的购并战略，从而在企业绩效上也更容易大起大落。有趣的是，这些公司的整体表现不高于也不低于非自恋型 CEO 管理的企业（Chatterjee & Hambrick，2007）。

对这个问题研究比较中肯的是 INSEAD 商学院的领导力教授曼弗雷德·凯茨·德弗里斯（Manfred Kets de Vries），他是首位获得国际领导协会年度杰出人士奖的非美籍获奖者，被《金融时报》、《经济学人》列为全球最顶尖的 50 位管理思想家之一。他最近的新作是《性、金钱、幸福与死亡：追求真实》（*Sex, Money, Happiness, and Death: The Quest for Authenticity*）。他的《领导的奥秘》一书由东方出版社 2009 年翻译成中文版。

德弗里斯认为领导者的自恋与自负，可以造就许多企业家、政治家的卓越成就，它既是一种创造性的力量，也是一种破坏性的力量。当领导者在职业的阶梯上爬升，或者在企业成长的轨道上冲刺时，例如带领十几人的销售团队扩展到上千人的经销商网络，从几台破电脑创业扩张到数十所职业培训分校，从卑微的基层人员提升为权倾一时的地方官，领导者随着业务的成功，自信心逐渐充满，视野逐渐开阔，这时，自恋与自负是他进取的驱动力。然后，他终于成为企业顶尖的决策者／县长／市长等，成为组织的一个符号，每个人都要找他。自大和偏执与这个位置自然地结合在一起。领导者逐渐有如生活在一个四壁布满镜子的大厅中，周围的人们总是同意他的看法，他总是看到他所想要看到的，这使他越来越难以抵挡地走向骄傲与狂妄。突然间，他失去了对企业四周潜伏的各种危机的警觉。但外部环境急剧变化，却使他看不到镜子外的世界，更容易固执地坚持以往的观点，而周围的人则不敢评价国王裸体的新衣，这时，一家伟大企业的命运也就逆转了。

对领导力有兴趣的读者还可以阅读刚上市的《伊卡洛斯综合征：美国人自大的历史》（*The Icarus Syndrome: A History of American Hubris*）。伊卡洛斯是希腊神话中发明家代达罗斯的儿子，为了逃离迈诺斯迷宫，代达罗斯为伊卡洛斯装上翅膀。而在飞行中，伊卡洛斯因飞得离太阳太近，结果翅膀溶化，堕海而死。

作者 Beinart 用这一比喻记录美国几位总统因自大而失败的历史：伍德罗·威尔逊傲慢自大地以为根据情理就可以建立国际联盟，支配世界，而非武力；肯尼迪和约翰逊政府在越南战争中的表现以及小布什发动伊拉克战争都是自大傲慢的产物。对比之下，美国前财长保尔森的传记《峭壁边缘》则展示了领导者在危机中的另一种信念：对上帝的敬畏。在峭壁边缘，自大的人往往会更恐惧失败，自私与自恋加速了下跌的螺旋，忘记了人的力量和能力其实都来自神的赐福。

虚心的人有福了，因为天国是他们的。温柔的人有福了，因为他们必承受地土。① 但领导者如何离开自恋的镜子，像任正非那样时时警醒自己，在收获的季节为冬天的即将到来而准备棉袄？将柯林斯的书与其他的领导力著作、历史或者传记对照阅读是有趣的。古罗马的一个场景经常让我们回味不已：罗马人早就认识到过度自恋与自大的危险，当一位将军得胜回朝时，大街上满是喝彩欢呼的人群，按照罗马习俗，有一个奴隶在他站立的战车后面，不断地在他耳边低语：

"你是人，恺撒。你是人，恺撒。"

---

① 引自《圣经·马太福音》。

第四章 商业模式

> 这就是 C 时代！这是一个高熵值的社会。信息分享传播、数据交互碰撞，这是一个越来越复杂的近乎失控的时代……这又是一个所有人都可以被跟踪和分析的时代。
>
> 这就是 C 时代，不管爱或者不爱，它已经到来。
>
> ——黎争，《IT 经理世界》

一个高度互联的 C 时代已经到来。

无处不在的、实时的、以社会运算方式运转的千亿台计算机与光纤将全世界的人连接起来。这样的时代，会如何影响商业模式？

第一节 递增回报[①]

笔者给学生上"创业融资"课程，课程的难点是让学生理解：商业模式在新创企业成长中具有什么样的重要性？商业模式有哪些属性？这些属性又如何与筹集资金的时间、融资额相关联？案例分析最好的来源是上市申请书（S1）[②]，里面往往披露了创业公司的各种信息。我就用社交网络媒体公司

[①] 孙黎，"商业模型的递增回报"，《IT 经理世界》，2011 年 3 月 5 日。

[②] 参见 http://sec.gov/Archives/edgar/data/1271024/000119312511016022/ds1.htm#rom122081_14。在美国证鉴会，上市申请书的代码是 S1，年报是 10K。

LinkedIn 做案例分析，学生研究企业的热情也因此而高涨起来。

先盈利还是保增长？

每个创业者都会面临的问题是，在公司发展的某个阶段上，是先让公司盈利，让年末的董事会/股东会上大家都有个好脸色，还是加快公司的战略布局，进一步开拓客户，让市场迅速增长（这也意味着进一步向股东要钱）？或者说，公司最好的盈亏平衡点应该在哪里？是眼前，还是三年后。仔细阅读 LinkedIn 的上市申请书，或许可以得出有趣的结论。

LinkedIn 创立于 2003 年，每年都有高速的增长，到 2011 年为止已经在全球拥有 1.35 亿用户（见图 4-1）。

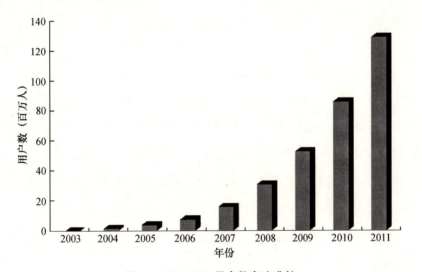

图 4-1 LinkedIn 用户数高速成长

从财务报表上看，有趣的是，公司在 2007 年曾达到盈亏平衡，略有盈余 1.3 万美元。2008 年 6 月，公司向红杉资本、Greylock 和其他风险投资出让 5% 的股份，筹集新资金 5 300 万美元，使公司融资后价值高达 10 亿美元。此后，或许是 2008 年 10 月金融市场的崩溃使公司放弃上市计划，但随后公司开始加大营销与研发投入，各自增长 251% 与 253%，远超过收入的增长（242%），但随后也是公司成长最快的几年,用户从 2007 年的 1 670 万增长到 2010 年的 9 000 万,而最重要的是,公司的收入结构也得到了调整(见表 4-1)。

表 4-1 LinkedIn 的利润表 (单位:千美元)

	2005	2006	2007	2008	2009	2010 年前三季
销售	1 195	9 836	32 486	78 773	120 127	161 403
销货成本	750	2 019	7 384	18 589	25 857	29 982
销售与营销	1 075	1 555	5 037	16 986	26 847	38 340
产品研发	2 701	4 411	11 578	29 366	39 444	44 151
管理费用	1 426	2 248	6 812	12 976	19 480	23 431
折旧与摊提	674	973	2 107	6 365	11 854	12 986
营业费用总额	6 626	11 206	32 918	84 282	123 482	148 890
营业收入	-5 431	-1 370	-432	-5 509	-3 355	12 513
非常所得	120	696	773	1 277	230	-269
税前收益	-5 311	-674	341	-4 232	-3 125	12 244
所得税	1	3	13	290	848	2 176
净收益	-5 312	-677	328	-4 522	-3 973	10 068

如表 4-2 所示,在风险投资进入前的 2007 年,LinkedIn 53% 的收入来自用户付费的账户订阅,向用户收取过高的账户费其实限制了用户数量的增长,而在 2008 年以后,LinkedIn 调整了商业模式,将用户增长作为主要战略目标,而将公司的招聘与营销解决方案(网络广告)调整为主要收入来源。到 2010 年,这两方面的收入占到 73%。

表 4-2 LinkedIn 的收入结构 (单位:千美元)

收入来源	2007	比例	2008	比例	2009	比例	2010 年前三季	比例
公司招聘	7 467	23%	17 352	22%	36 136	30%	65 926	41%
营销解决方案	7 780	24%	25 972	33%	38 278	32%	51 370	32%
用户账户订阅	17 239	53%	35 449	45%	45 713	38%	44 107	27%
加总	32 486	100%	78 773	100%	120 127	100%	161 403	100%

引爆点与商业模式

从这个案例可以总结出以下经验:

第一,优秀的商业模式都会有引爆点。像 LinkedIn 这样的互联网轻资产公司,在企业成长中最重要的是找到引爆点,也就是说,在到达该点之前,客户增长只会缓慢爬升,然后到一个看不见的阈值,越过这个阈值后,客户量就会爆炸般地冲天而起。这正是《纽约客》杂志畅销书作家马尔科姆·格拉德威尔在《引爆点》一书中关于某些产品为什么流行的观点。在引爆点实验室,一个预测流行(或者产品市场扩张、企业成长)的核心模式就是:任何流行都会有以下七个阶段:实验、孕育、适应、加速、整固、变现、保持。如图 4-2 所示,Twitter 在 2009 年达到第四阶段(加速),这可能是它与 Groupon 一样,拒绝被 Facebook 或谷歌购并的理由。因为在加速阶段,企业价值随用户数量以指数级膨胀,而这种扩大了的价值又吸引更多的用户。在这种良性循环到顶之前,谁也说不准 Twitter 与 Groupon 在全球的潜力,这也使作为购并中介的投资银行家很难为这两家公司估值。而进入第六阶段(变现),将用户与浏览量变现,这时才是 IPO 或者被购并的良机。

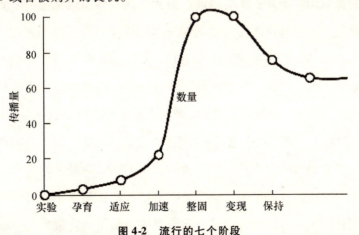

图 4-2 流行的七个阶段

资料来源:Tippingpoint Labs。

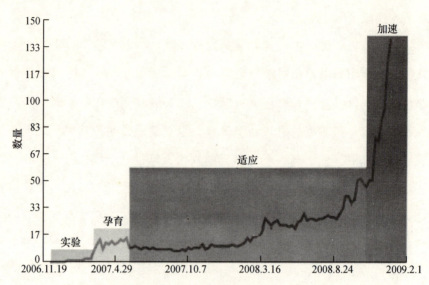

图 4-3　Twitter 在 2009 年到达第四阶段：加速

资料来源：Tippingpoint Labs。

第二，商业模式要有能实现良性循环的机制。LinkedIn 本来在 2007 年就实现小额盈利，为什么还要加大投入、吸收风险投资？亚瑟（Arthur，1989）在《经济学报》上发表的著名文章说明，任何竞争性的技术，如果能存在报酬递增（Increasing Returns）和自我强化的机制，就能锁定（Lock-in）用户，实现垄断性的超额利润。为此，优秀的商业模式应该具备递增回报的特点，拥有实现良性循环的能力，这样才能与公司的长期目标相吻合、内部稳健、外部不怕模仿（Casadesus-Masanell & Ricart，2011）。LinkedIn 作为一个社交平台的提供者，从鼓励用户上传简历、结交商务伙伴开始，在用户增长达到规模后，使猎头服务、网络广告成为可能，而这些服务又进一步为用户的职业提升价值，从而吸引更多用户加入，成功地实现了正循环，在创业 7 年后，进入 IPO 的快车道。

第三，商业模式决定了盈亏平衡点。从 LinkedIn 的经营轨迹看，公司并不可以追求是否能达到盈亏平衡，而是从用户增长的正循环中调整收入结构，更好地实现商业模式。因此，一家有明确战略的创新型公司应将成本结构、库存周转、定价模式等"利润方程式"都围绕商业模式展开，在创造更多客户价值的基础上，确定盈亏平衡点。

第四，筹集资本的时机与价值应从商业模式的展开出发。LinkedIn 在 2007 年看到网站增长的前景，在金融危机之前，锁定风险投资，结果这次新筹集的 5 300 万美元使企业在 2008 年与 2009 年能轻松支付 1.12 亿美元的广告营销与研发支出，期间亏损 849 万美元也能从容面对。从中我们也可以进一步看到风险投资在新创企业中的作用：引爆商业模式、调增收入结构，使企业成长进入正循环的轨道。LinkedIn 在 IPO 中准备募集 1.75 亿美元资金，且看它如何更好地使用这笔资金，是开拓国际市场，还是进一步购并竞争对手，使自己的商业模式能进一步正循环。

国内的一些企业对商业模式的把握并不比 LinkedIn 差。比 LinkedIn 创业还晚两年的京东从沃尔玛等六家投资公司筹集到远超过 5 亿美元的资金。作为电子商务的领跑者，京东也可以像当当网一样及早上市，但其创始人刘强东认为，京东的商业模式还在高增长期：2005—2010 年间，京东年销售额从 1 000 万元达到 100 亿元，2011 年更将年销售额 260 亿元作为销售目标。刘强东很清楚京东的商业模式要保持正循环所遇到的瓶颈——物流。中国营销渠道环节多、交易成本高、物流的规模经济低都限制了电子商务的发展，京东将利用最新的融资与亚马逊当年一样大建物流，希望在 2011 年年底建立起 7 个一级物流中心和 25 个二级物流中心。预计在几年内，这些固定资产的投资将远超过利润，但在一个清楚商业模式递增回报机制的企业家眼中，这些巨大的投资，不是风险，而是先人一步的机遇。

理解了商业模式的这一属性，也可以更好地探讨"慢公司"与"快公司"之间的争论。《IT 经理世界》的编辑岳占仁曾与创新工场的张亮探讨，究竟是"慢公司"有更好的绩效，还是"快公司"有更好的创新？张亮的回答是：所谓慢，其实并不是真的慢，主要是说"不急于求成"，但执行时是丝毫不能含糊的。所说的"慢"，大概就是没有符合资本市场的急脾气，自己一步一步地向前走，"高筑墙、广积粮、缓称王"。深入研究引爆点的七个阶段，就会明白急也没用，不如慢慢的、用自己的节奏积累自己的根基，就像豆瓣、大众点评网、Hoopchina 和好大夫一样，更好地打磨自己的商业模式。而过快的公司，例如前些年风起云涌的电子期刊、团购网站，过于急功近利，反倒丧失了自己的用户基础。

因此，一旦把握了商业模式的递增回报，对盈亏平衡点还有什么可担忧的呢？

第二节　IPO 蝶变[①]

IPO 是创业公司到公众公司的"惊险一跃"。但很多公司可能并不适应这种"蝶变"的过程。例如，当当网在上市后不久，CEO 李国庆就在微博上和"大摩女"对骂，李国庆对"大摩"[②] 承销当当网的价格并不满意。但随后不久，在李国庆夫人的斡旋下，李对这一事件进行了道歉，当当网在北京举行宴会，答谢所有参与当当网 IPO 承销业务的投资银行团队，当当网管理层与大摩因 IPO 定价分歧所产生的不快似乎已经烟消云散。从这一事件中，创业家却继续思考：IPO 中公司的价值是如何确定的？如何看待投资银行在 IPO 承销中给公司的定价太低，导致 IPO 首日股票大涨，新股的投资者大赚，而创始人与公司却似乎在其中并无得益？

2010 年 6 月新能源汽车特斯拉公司通过 IPO 募集了 2.26 亿美元，首日股价上涨 41%。特斯拉上市前只有一季盈利，上市前一年亏损高达 5 500 万美元；而此前在愁云惨淡的市场上市的新能源电池制造商 A123 系统上市当天股价也是高涨 50%。由此可见，与当当网首日较发行价上涨 86.94% 一样，IPO 当天的表现由多种因素决定，尤其对高科技股、小盘股而言，最高超的投资银行也

---

① 孙黎、李炜文，"IPO 蝶变"，《IT 经理世界》，2011 年 2 月 5 日。
② 摩根士丹利俗称"大摩"；美国资本市场还有一家摩根银行，俗称"小摩"。

无法给出精准的定价。只有像通用汽车这样的大盘股重新 IPO，多家投资银行参与发行，在与多家基金询价、协商的基础上，上市当天仅高出发行价 3.6%，算是不过不失，没有所谓的"（美国财政部）国有资产流失"。

投资银行是否贱卖公司（Underpricing），也是管理与财务学研究的热门题目。投资银行给出的 IPO 价格与上市首日的价差，在管理学上的专业术语是"未保留财富"（Unretained Wealth），也就是创始人与上市公司未能获取，但被新股认购者（其中大部分是与投资银行关系较好的机构客户）获取的财富（Certo, Covin, Daily & Dalton, 2001）。当当网在上市前，曾三次调整发行价，从 12 美元涨到 16 美元，公司筹集的资金从 2.04 亿美元涨到 2.72 亿美元。但如果按 IPO 当天收盘价 29.91 美元计，筹集资金将超过 5 亿美元，这中间的差价，就是未保留财富。由于上市制度的差异，香港股市如果股票认购率超过一定水平，大部分则需由散户投资者抽签决定，这些未保留财富即由散户享有；内地由于流行"炒新股"，全部由抽签决定，但贱卖水平往往更高，因为监管部门决定发行价。

公司是否被贱卖？

投资银行贱卖公司或者 IPO 折扣的高低，由多种因素决定。本书第六章第三节指出，上市公司或者 CEO 以前的腐败行为（或潜在的法律诉讼）可能引发 IPO 折扣，此外，德州 A&M 大学 Certo 等教授还认为有以下因素：

第一，投资银行家规避承销风险，以避免新股风险和失败新股，对投资银行而言，首日大涨不可怕，上市几个月内跌破发行价，才是投资银行的耻辱。这也是李国庆对大摩的主要指责。

第二，买方垄断。信誉良好的投资银行家对上市公司有更强的议价能力，使这些银行家们有可能为自己的首选客户或长期客户提供低价股票，从而间接地补偿这些客户。

第三，投机泡沫。新股在交易第一天猛涨，是因为投机导致。由于超额认购,投资者无法以首次发售的价格获得股票,就在上市当天溢价买入。特斯拉、A123都未盈利,股票投机的成分很高,当当网的发行市盈率同样高达48倍。

第四,信息不对称。上市公司与投资者之间,发行人与投资者之间,精明的投资者与没有经验的投资者之间,都有不对称的信息,都可能导致IPO折扣。对中国远赴美国上市的公司而言,这种不对称更高了,当当网的上市概念是"中国的亚马逊",在亚马逊上市之初,利润率同样很低,但周转率很高,随后每年都能增长100%以上,当当网还需进一步证明自己的商业模式。

第五,市场反馈。投资银行家有意识地将股票优先出售给一些基石投资者,从他们的估值中确定股票价格,从而减少IPO折扣。Facebook的利润目前无法与众媒体比高,在上市前最后一轮引进高盛,就是行为金融学上所称的"锚定效应"(Anchoring Effect),为未来IPO的其他投资者定好参考价格。但基石投资者的引进也可能引发其他投资者的羊群效应,在IPO当天炒高股票,例如索罗斯基金对四环医药的投资,使四环医药在香港IPO时能以招股价区间高端定价,招股价相当于该公司2011年预测市盈率的26.7倍。

第六,信号假说。上市公司如果有一些声誉极高的投资者投资,或者名望极高的董事加盟,或者发行的投资银行、律师事务所、审计公司有很好的声誉,可以看做无法替代的信号(Jain & Kini,1995)。根据2001年诺贝尔经济学奖获得者斯彭斯(Spence)的信号理论,这些声誉的加注可以减少IPO折扣。例如,比亚迪本来很早就可以回归A股上市,但为了吸引巴菲特在H股的投资,甚至推迟了A股上市的时间。而华为高调地宣布TMT的高管进入董事会,也是给出了一个不会实行家族控制的积极信号。

第七,羊群效应。IPO折扣太高,可能引诱一些关键的少数投资者购买,从而引发羊群效应,让更多谨慎的投资者也参与投资。高质量的公司故意贱价销售,随后在信息完全、市场稳定之后进行增发。由于低质量的公司很难在增发的时候弥补贱价销售的损失,所以高质量公司可以将贱价销售作为公司质量的信号(Allen & Faulhaber,1989)。

第八，所有权分散。如果新上市公司对外发行过多的股票，就会增加股票的市场流动性，但股东数目过多，会增加外人施加管理的影响，也可能导致IPO折扣。

Certo等教授对20世纪90年代在美国上市的748家公司进行统计分析发现，81%的公司在IPO时存在折扣，平均折扣为17%，只有14%折扣为零。另外5%的公司折扣倒贴，也就是跌破发行价。在他的研究中，一个很重要的发现就是：如果创始人同时又是CEO，公司的IPO折扣更高，会使投资银行"贱卖"公司的水平提高5.6%。原因是什么呢？他将原因归结于在创始人同时又是CEO的情况下，CEO对公司的未来发展更乐观，而有经验的投资银行与投资者往往对这样的公司更谨慎，定价谈判时更可能压低定价。有很多研究也发现，为了IPO买个好价钱，新上市的公司更可能粉饰报表。

这可能是李国庆这样的创始人不愿看到的，但幸运的是，作为上市公司，他今后有着很多时间证明自己的价值，由于他在公司里还拥有具有控制权的股票，IPO折扣只是一时，上市后更多的季度报告可以影响他账面财务的变化。需要说明的是，这并不是说美国这样成熟的资本市场更欢迎专业管理人员担任CEO，Certo的数据只是说当专业管理人员担任CEO时，IPO的表现更平稳、更不会被"贱卖"。而其他研究也发现，新上市公司中，如果创业家保持较高的所有权，会比其他公司表现出更好的运营绩效（Jain & Kini, 1994）。

Certo等教授还发现，如果发行股票的投资银行有更高的市场占有率，创始人同时担任CEO的IPO折扣会增加。也就是说，投资银行会利用手中的市场地位，压低对创始人/CEO的期望。这也正是高盛、大摩等金字招牌的价值。创始人想卖个好价钱，找市场地位弱的投资银行可能更好。摩根士丹利2010年全球市场承销份额上升至10.4%，总额达727亿美元，6年来首次排名第一。中国公司2010年在IPO中共融资1070亿美元，占全球的38%，其中共有34家中国公司赴美上市，大摩主承销了10家（2家独家主承销和8家联合主承销）。而瑞银排名不过第十，以前为中国民营企业承销股票时，以高溢价著称，这正是因为瑞银在中国 IPO 承销的市场占有率较低，谈判能力也就弱了。

　　Certo 等教授的另一项有趣发现是，当新上市公司董事会中内部董事席位比率较高时，创始人同时担任 CEO 的 IPO 折扣也会增加。这是因为内部董事席位比率较高，较难取得外部投资者的信任，这也是本书第五章探讨惠普的董事会时，发现除了 CEO 外，全部董事都由公司外部人士担任。在大型公司中，董事会由于人数众多，还会设置审计委员会、薪酬与人事委员会或者战略委员会，这些委员会基本由外部董事组成，或由外部董事领导。在公司治理改革相对落后的香港，一位专业顾问在访谈中告诉笔者，他曾作为外部管理顾问受邀参与一家上市银行企业的董事会，这家公司虽由家族控制，但管理顾问还是参加了人事委员会，否决了一位外来 CEO 的连任议案，当然，这个董事会的人事委员会主席还是由创始人的太太担任。遗憾的是，当当网的董事会人员也比较内向，李国庆、俞渝夫妇均为董事，投资方 DCM 合伙人卢蓉占 1 席，此外还有 2 位独立董事，分别为启程东方投资管理有限公司的董事长兼 CEO 后藤顺一以及信永中和会计师事务所的董事长张克。按照公司章程中关于独立董事的任命规则，后藤顺一由李国庆、俞渝夫妇提名任命，张克则由卢蓉推荐。这样内部人控制的董事会结构当然难以取得美国投资人的信任，IPO 折扣也就更高了。另外，李国庆还提到，他对对骂事件的检查只顾发在微博上，忘了发给任何当当网的董事，并发问"到底谁是董事啊"。这不是一个信任董事会的 CEO，当然，他也无法取得更多专业投资人的信任。

　　为此，李国庆为 IPO 折扣而责难大摩，似乎是取错了方向，他更应该做的是：减少家族控制的色彩，聘请更多的专业管理人员，吸收有声望的董事与基石投资者。例如特斯拉上市前，专门吸引了戴姆勒和丰田各 5 000 万美元的投资，当然，其创始人伊朗人后裔 Musk 坚持"我们的目标是保持独立"。在他的董事会中，除了他的兄弟（大学教授，多家新创业公司创始人）外，其他 6 名董事均为外部董事，或者来自 Cypress 半导体等大公司，或者来自 Draper Fisher Jurvetson 创投。

惊险的一跃

从一个更广的角度看,从未上市到变成公众公司,就像从毛毛虫到蝴蝶的蜕变,是公司发展的一个巨大的里程碑,作为公众公司,管理层将面对更多的利益相关者,业务运作也将更加透明。IPO 就是公司发展过程惊险的一跃,为此,从制度理论看,新股公司必须用更多的合法性赢得更多利益相关者的心,例如有影响力的客户和供应商、在其他公司证明有才华的管理层、有声望的董事,或者有口碑的投资者,等等,通过这些积极的信号,证明自己的能力,才能在上市后更广阔的空间施加影响(Certo,2003)。这种影响力不仅是在消费者中的品牌影响力,更是对全球投资者的承诺、对更多员工的义务、对社会更多的责任。CEO 应该是公司第一个发现与承担这种跨越所带来后果的人,他在交易所敲钟的时候,想的不应该是前任女友能否到场,而是对伴随公司成长的员工、股东、客户等利益相关者心存感恩,更应该对公司未来更多的利益相关者、更多的责任与义务栖栖惶惶。

与第一次吸收外来风险资本时一样,成熟的企业家看待自己的企业 IPO,就像看待即将第一次出门远行的孩子:舍得,是为了让孩子走得更远。

第三节　C 时代的个性体验[①]

"娜么美丽"

"娜一夜",李娜成为第一个赢取网球大满贯冠军的亚洲人,这位充满个性的姑娘正成为青少年新的运动偶像。报刊的评论是如此惊艳:"娜么美"、"娜么爽"、"娜叫一个'嗨'"、"娜样传奇"、"娜样美好"、"娜太牛了"、"额

---

① 孙黎,"C 时代的个性逻辑",《IT 经理世界》,2011 年 6 月 20 日。

滴神娜"、"娜一吻,娜么美"、"是娜个事!"、"娜才叫玩味"、"娜么美丽"。

与当年取得"五连冠"的排球不同,网球是纯粹的个人运动。李娜夺冠掀起的网球热背后,标志着一个个性消费时代的来临。在美国,与李娜同样富有个性的是 23 岁的歌星 Lady Gaga。这位在 Facebook 上拥有 3 300 万朋友的新潮女性,正在改写数字化音乐的商业模式。Lady Gaga 放弃了原来的长名 Stefani Germanotta,而将自己塑造成"一个怪人,一个反叛的人,一个正在寻找同伴的迷路的灵魂"。

在 Lady Gaga 之前,美国的唱片界也一直对网上销售的数字音乐将信将疑,甚至全面封杀了数字音乐分享网站的始祖 Napster,目前数字化音乐只占美国唱片销售的 20%。但 Lady Gaga 却全面利用互联网的平台,通过免费音乐分享与 iTunes 平台的销售,迅速崛起,隐约具备成为新一代麦当娜的天后实力。而苹果最新推出的 iCloud 服务,将数字化音乐推向一个新的平台,让 Lady Gaga 这样的个性人士可以更方便地掀起流行潮流。

表 4-3　Lady Gaga 的盈利模式

唱片《名声》销售收入	1 200 万美元
单曲《名声怪物》销售收入	580 万美元
在音乐排行榜上排名第一的次数	8 次
"怪物球"演唱会售票收入	22 740 万美元*
Facebook 朋友数量	3 300 万
Twitter 粉丝数量	1 000 万
2010 年个人收入	9 200 万美元
签约唱片公司销售收入	2 亿美元

* 截至 2010 年 5 月上旬。

欧洲的三位管理学教授对 Lady Gaga 的案例进行分析,认为 Lady Gaga 成功塑造的个性品牌形象包含了三层故事:第一层,个人故事,即我是谁?她强调她是学校的怪小孩,但奋发努力激情创作;第二层,团体故事,即我们是谁?她称她的粉丝为"我的小怪物",称她自己为"怪物妈妈",她经常通过 Facebook 和 Twitter 跟他们联系;第三层,集体目标,即我们将做什么?她鼓励自我表现,告诉她的粉丝:团结起来,大家可以改变世界。

现在，李娜的成长故事与 Lady Gaga 一样，具备个人奋斗的精彩元素，可以是一部励志电影的剧本。无论是政治学家还是社会学家，通过定量研究都发现：随着 GDP 的增长，一个不可避免的结果就是个人意识的增长，无论是对权利自由，还是消费满足，都会进入一个崭新的时代（Deudney & Ikenberry, 2009）。从整齐划一的国家集体意识中解放出来，到个性自由与个人产权保护，整个社会的熵值可能增加，却是社会进步的标志。而其背后的驱动力量就是技术的"i"——那个苹果 iCloud 前虽然小写但却如此强大的字母。乔布斯说，iCloud 服务延续自他十年前就产生的一种想法——把计算机变成"个人中心"：iCloud 核心是新版 iTunes，用户可以下载音乐在任何设备上；iCloud 将存储用户的所有内容，并将这些内容推送至该用户的所有设备，而且一切都是自动的。

重新定义竞争

经济学家用手丈量这个世界，管理学家则用脚触摸这个世界。

这是我们在博士生课堂上开的玩笑：经济学家往往用二手的数据、通过各种模型发现、预测 GDP 的增长模式；管理学家则更多地继承了社会学/人类学的研究方法，用田野调查（Field Study）、扎根理论（Ground Theory）的方法定义企业的竞争策略。

秉持着"行千里路"的社会研究方法，趁回国度假的时间，我也开始近距离地用脚接触中国社会的新变化。与《站在美国阳台看中国》中所提到的模式不同，这种模式使我更深切地体验这个社会跳动的脉搏、感知结构性转型背后的趋势。

最直接的感受当然是通货膨胀，物价与五年前出国时有了天翻地覆的增长。这一变化与五年前的国际社会对中国"输出型通货紧缩"的观感截然不同，上游产品价格、劳动力价格的飞涨对外贸型企业将会有沉重的打击，逼着使占中国 GDP 三分之一强的出口提高附加值，此外，这也意味着中国企业向内需型增长的巨大机会，一个崇尚个性消费的服务型社会正隐约浮现。

镜头一：深圳笋岗本来有着大量的厂房、仓库，现在被改造成专业的礼品市场、服装市场，美轮美奂、人气旺盛。

镜头二：家门口的嘉旺快餐服务公司本来是个大排档式的餐厅，现在重新装修，原来提供五十多种快餐的菜单上只有十几种品种，但精细化了，连每日例汤也被换之以专业的菜名，连厕所也干净得向麦当劳看齐，看来是有专业的餐饮服务公司打理了。

镜头三：在风险投资公司松禾资本办公室放着深圳慈善协会颁发的奖牌，总经理罗飞说：风险投资要学会欣赏和感恩；深港产学研创业投资有限公司董事长厉伟则倡导：分享是上帝赐给人最好的礼物。

镜头四：深圳的一位企业家跟笔者说要搬到上海去，笔者随便翻出《南方都市报》这份市民报，看到这样的评论标题："政府转变职能须放权于社会力量"，"房产税是让煮熟的鸡再生蛋"，"和解门后不只是一个李刚"，"农民工能否享受退税？"……上海的报纸能刊登这样富有市民社会意味的评论吗？

镜头五：回国后一口气看了好几场国产电影，《让子弹飞》、《非诚勿扰II》、《狄仁杰之通天帝国》，无论是编剧语言、叙事结构、镜头风格都有长足的进步，代表着个性娱乐消费正进入追求体验的高熵时代（见图4-4）。

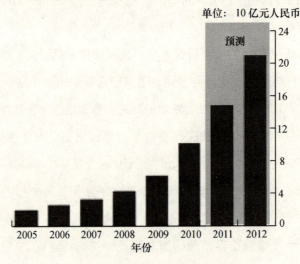

图4-4　中国电影票房价值

镜头六：由五名中国专家和五名法国专家组成的评审团对分别来自中国山西和法国久负盛名的波尔多地区的葡萄酒进行了评比（两地各五瓶酒），评审们轻轻晃动酒杯，品尝了近一小时，最后判定：山西胜出。排名第一的是山西怡园酒庄出产的 2009 年庄主珍藏（Chairman's Reserve），它是带有浓烈橡木味的赤霞珠（Cabernet Sauvignon）葡萄酒，零售价在 450 元到 500 元之间。这也意味着一个本土消费品牌的未来崛起。

这些高熵时代体验后面的一个核心变化就是价值的个人化与分散化，从组织空间内的决策者转向个人空间的单个人。正如哈佛商学院的 Shoshana Zuboff 教授提出的"支持型经济"（The Support Economy），原来以集中化为根源的经济结构正被分散的关系价值体系所代替，新企业逻辑的所有方面都要反映分布式的形式，包括生产、所有权、权利和社会关系，Facebook 的创新正体现了这种分布式的关系价值。

高熵时代的个性体验也表现为新旧逻辑的变化：在旧逻辑之下，个人只是被看做价值末端的无名消费者；但在新逻辑下，他却是价值的源头，不再是无名的抽象物。在旧逻辑下，股东成为管理层唯一供奉的对象；而在新逻辑下，企业更需满足多元利益相关者的诉求，相辅相成、合作协同取代了原有的零和竞争。这也是通用电气的 CEO 伊梅尔特的哀叹：21 世纪的 CEO 比以前的大企业的管理层都难当。他的前任韦尔奇什么时候都是自信满满的，他的时代只要创造股东价值（ROE）就好，而伊梅尔特现在要处理更复杂、更多个性化的利益相关者的问题。

企业如何对应这种高熵时代的个性体验？

第一，企业应该拥抱个性体验与消费的新逻辑。在 C 时代中，行为、情感和智力创新是提供深度体验的核心，消费者更利用自己的感情、真诚、智力等来支持企业的无形资产，也使更注重消费者情感体验的企业在各种支持网络中有着更丰富的资源。旧逻辑的许多要素，例如供应和需求、利润与投资回报、现金流与轻资产等仍然存在，但被利益相关者（尤其是消费者）的深度支持所重组，帮助企业在新系统中更好地运行。

第二，企业应该定义竞争。中国企业传统的价格战、市场占有率的割据战，在高熵时代的个性体验面前都不堪一击。例如腾讯和奇虎360之间的恶性战争、伊利和蒙牛互泼污水，都忘记了消费者的体验，令整个行业蒙羞。对这些极端事件进行反思，管理者更应突破传统战略思维的禁锢，像Lady Gaga一样从消费者的个性体验中重新发现市场、创新市场。事实上，Lady Gaga的经纪人创造出"Deal 360"的商业模式，也就是为Lady Gaga在各方面提供个性包装与财务支持，当然也从各个消费者的收益来源中提成（而不单单是唱片）。

第三，社会应支持李娜、Lady Gaga的想象力与创造力，虽然她们可能以异端的面貌出现。Zuboff教授乐观地预测：各种利益相关者不懈的深度支持，可以使企业永不停息地将关系价值转化为财富。只要人类的想象力与创造力不会枯竭，就为关系价值的实现与转化提供了无限的可能性，为企业的可持续发展提供了源源不断的动力。这也正是Lady Gaga与乔布斯共同改变数字化音乐商业模式的动力来源，或许百度、巨鲸等公司得到的启发是：如何为这些创造力提供一个成长、交易平台？

1984年，苹果著名的广告：一个白衫红裤的姑娘冲进昏暗的大屋，将手中的铁锤砸向了屏幕上正在机械而喋喋不休的人；近三十年后，消费者可以突破终端的禁锢，通过云端接触各种个性的内容。

"娜"个时代，终于来临。

第三篇

创新无穷

复盘公司治理与政商关系

> 复盘时,你最优先考虑的项目是什么?
>
> 1997年,42岁的乔布斯回归苹果时,这条大船正在漏水。当年苹果第四季度亏损达1.61亿美元,整个收入下滑了28%。戴尔公司CEO迈克尔·戴尔甚至建议乔布斯把公司赶紧卖掉。乔布斯如何对苹果当时的状况进行复盘?
>
> 乔布斯认为苹果离破产只有90天,这个公司已经完全迷失了方向,苹果什么都做,打印机、PDA无所不包,但都没有竞争力。他画了个图表,仅仅四个象限,X轴:专业与家庭消费;Y轴:笔记本与台式机,这样就剩下了四种电脑。复盘后,就是做减法,砍掉苹果2/3的项目,老项目几乎全部杀掉,甚至包括最耀眼的牛顿PDA,解雇3 000人,削减新产品的功能。但乔布斯知道什么对苹果最重要,那就是重振苹果的创意形象,这就是随后"另类思考"(Think Different)的广告。
>
> 对中国企业而言,什么是需要最优先考虑的项目?
>
> 对跨国公司的高管的一项调研发现,这些高管如果负责中国业务,则要花54%的时间在各种政商关系的事务上。同样,对本土企业高管而言,最重要的就是公司治理与政商关系。我们在下面的两章复盘这些内容。

第五章 敬畏星空

虚心的人有福了,因为天国是他们的。

温良的人是有福的,因为他们要承受地土;

饥渴慕义的人是有福的,因为他们要得饱足……

——《圣经·马太福音》

哲学家康德说:"有两件事我愈思考,愈觉神奇,心中也愈充满敬畏,一是我头顶上的这方星空,一是人们心中的道德准则。"在公司治理、高管管理的各种理论与实践中,敬畏是一种最有力量的领导力。

第一节 从人治到法治的董事会①

2010年,陈晓与黄光裕在国美对决的故事成为许多媒体的封面故事,土狼家族当初的霸道经营,外国私募资本狮子的乘危而入,旧部的反叛与结成新的同盟,以及未来黄光裕的出狱将演绎的新的王者归来,其间的爱恨情仇可以让中国新兴的电影业拍摄一部新《威尼斯商人》了。但中国家族企业如何向现代企业进化,如何引进专业管理团队,如何分离所有权与经营权,如何完善公司治理结构,实现公司可持续发展,这个大命题却似乎被媒体有意无意地忽略了:

---

① 孙黎,"从'黄阵营'的失败看公众公司",《中欧商业评论》,2010年第11期;孙黎,"从人治到法治的董事会",《IT经理世界》,2010年9月5日。

在一个更广阔的历史视野中，中国企业是否正经历一场管理革命，像钱德勒所记述的美国企业一百多年前的管理者"看得见的手"的崛起？

而与此同时，大洋彼岸，另一家以家族之姓命名的企业也正上演一场好莱坞式的闹剧，将这两个故事进行对比，或许更可以让我们看到现代公司治理中董事会的重要性。

惠普公司是由 Hewlett 与 Packard 两位工程师在硅谷建立的，目前这两位工程师的家族后代尚持有部分股份，但已经没人在惠普任职。惠普董事会在 2010 年 8 月 6 日决定免去马克·赫德（Mark Hurd）首席执行官的职务。在过去的五年间，赫德几乎再造了惠普，让它从一家个人电脑制造商转变成全球最大的科技集团公司，服务收入超过 IBM，PC 业务全球第一，股价在金融危机中也坚挺不下。但就是这样一位 CEO，因为提交了总价约 2 万美元的虚假费用报告，对一项性骚扰指控达成私底下的和解，丧失了董事们对他的信任（董事们认为赫德阻碍了对此事进一步的调查）。赫德辞职的消息使惠普市值一天就缩水了 87 亿美元。

但惠普的董事会认为 CEO 的行为操守比起管理能力更为重要，在惠普前 CEO 卡莉·费奥瑞娜（Carly Fiorina）任职期间，时任董事长的帕特丽夏·邓恩（Patricia Dunn）发现有董事泄密，从而对各位董事进行监视，结果引起轩然大波，美国国会对此还发起了一场调查，对相关人员提起了刑事指控。为此，惠普的董事会从中汲取了惨痛的教训，特别注重行为操守。目前，惠普的十名董事（包括浏览器网景公司创始人 Marc L. Andreessen），全部是独立董事，与惠普没有利益关系。有趣的是，该公司竟然没有董事长，十名董事根据自己的专长分别组成审计、财务与投资、人力资源与薪酬、提名与治理、公共政策与技术五个委员会，像 Andreessen 就担任技术委员会的委员长。但就是这样崇尚独立的董事会，一样也接到股东的不信任票：康涅狄格州的一家律师事务所 Scott + Scott LLP 已经向惠普董事会提起股东派生诉讼，指控他们在赫德辞职的相关事件中违反了信托责任。

对比国美与惠普这两起差不多同时发生的冲突事件，会有很多有趣的发现：国美事件中，大股东将矛盾焦点对准了当时的董事长陈晓，认为其当初对贝恩资本发行的可转换债"丧权辱国"，尤其是附加条款中，贝恩有权指定三名非执行董事及一位独立董事进入国美董事会，而董事会中贝恩指定的董事，或者陈晓、王俊洲、魏秋立三名董事中如有两名或以上被解聘，都将启动巨额赔偿责任，这些条款对黄氏家族明显不利。黄氏家族也不满于陈晓为首的管理层执行以盈利至上、销售增长其次的发展战略。说到底，是因为陈晓背后有反骨，不管其经营业绩多好，大股东不再信任他，就必须除去。对比之下，Hurd的经营业绩远超Fiorina，后者在主持购并康柏后，使惠普大而无当，一度被戴尔赶上，而Hurd善于控制成本与业务整合，但却由于道德操守问题被董事会摒弃。一个是因挽救企业而得罪了大股东，受到大股东的弹劾；一个则是因为破坏了规则而不得不挂冠而去。国美大股东的"人治"与惠普董事会的"法治"形成了鲜明的对比。

当一个家族企业发展为公众上市公司时，必然要求公司治理从"人治"进化到"法治"，这样才能使公司不至于因人而废，而其中的关键，在于董事会的建设。中国企业，无论是家族企业还是国有企业，虽然在章程中可能设置了董事会，却往往对其集体协商、解决冲突的功能置之不顾，股东常常绕过董事会，而直接插手企业的经营。2010年8月18日凌晨，黄光裕发布国美大股东致全体员工的一封信，就是这种思维的直接体现。而现代大型公司，为什么要设置董事会，国立新加坡大学商学院蓝璐璐（Luh Luh Lan）副教授认为，是因为公司越大，涉及的利益相关者也越多，也更需要代表各种利益的董事参与调解多个利益方不同的需求，从而达成共识。她与Heracleous教授在顶级学报《管理学院评论》上发表论文，认为，当董事违背股东意愿时，即使公司的价值可能出现损失，绝大多数情况下，法院都站在董事这一边。在过去的20年间，美国大公司股东针对董事的此类诉讼有24次，成功案例仅8项。法院认为，董事在决策时，并非以股东利益为出发点，而是拥有很大程度上的自主权。

国美在香港上市，当然遵守英美案例法。中国国内的企业也不例外，2010年7月20日，紫金矿业的董事会发布致歉信，公司铜矿湿法厂待处理污水池发生渗漏，引发重大突发环境事故，"究其原因，是企业在高速发展的过程中，过于自信，缺乏危机和忧患意识，未能正确处理好经济效益与生态效益、群众利益之间的关系"。

蓝璐璐这一从法律观点出发的理论颠覆了商学院传统的代理理论（见图5-1）。在代理理论中，董事会是委托方——股东的一级代理人，而管理层则是股东的二级代理人，这二者当然都为股东的利益马首是瞻。蓝璐璐的观点则是，从法律的案例出发，公司是具有自主性的法人，并非为股东拥有，作为法人的公司才是董事会的委托人，董事会对公司而非股东担负信托责任（见图5-1右图），在这个框架下，董事事实上是各个利益相关者的调解人。为此：

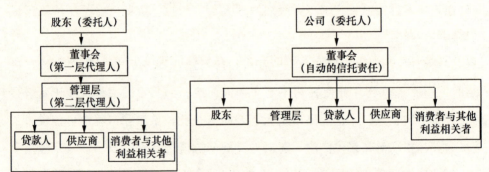

图5-1　代理理论与董事信托责任理论下不同的公司治理结构
注：左图中股东是董事会的委托人，右图中公司是董事会的委托人。
资料来源：Lan & Heracleous, 2010。

第一，董事会最关键的挑战，是法治，即制定一整套的制度，从相互竞争的利益相关者中确定优先事项，协商优先次序。例如，在2008年黄光裕被拘时，国美岌岌可危：供货商停止供货并催债，银行取消授信。这时，公司的生存成为第一要务，债权人（银行与供应商）、员工的利益就要高于股东利益，为此，陈晓主持出售给贝恩的可转债价格可能偏低、未来可能摊薄股东利益，但在危急时刻，陈晓的作为无可指责。同样，惠普将CEO的行为操守置于股东价值之上，即使股价下跌，也要让行为不端的 CEO 离职，也是出于公司法人根本利益的考虑。

第二，董事会的决策应使各个利益相关者满意，保持他们的支持和贡献。陈晓主政以后，给予更多的管理人员以期权，但放弃了黄光裕枭雄般的规模扩张战略——这一战略虽然可以更好地压榨供应商，利用市场占有率与垄断地位对供应商变相收取各种费用，以弥补开店支出，但长远而言，只会使供应商离心离德——当年格力空调断然离开国美，自建渠道，就是一例。紫金矿业的教训则是忽视了地方社区的利益、环境保护的利益。美国司法部门根据《反海外腐败法案》（FCPA）近年来多次调查惠普，指控惠普在德国与俄罗斯行贿。惠普董事会将 CEO 操守提高到如此高的水平，也是针对政府这一利益相关者的回应。

第三，从权变理论出发，利益相关者的权力越高，董事会也越应将其置于更高的优先地位。这种权力取决于利益相关者是否能帮助企业应对不确定性，以及其是否与其他组织形成紧密的联系，在资源的供给中处于中心位置，其作用是否无法替代等。从这些标准上看，贝恩这位债权人（也可能是未来的股东）拥有相当的权力，在国美公司内部，贝恩在董事会中占据主导位置（在 8 席中占 3 席），并支持管理层制订股权激励方案；在资本市场外部，贝恩与机构投资者有极好的沟通关系，可以为国美的进一步融资迅速提供资金。虽然传闻"潮汕帮"、张大中可以为黄氏家族提供资金，但在商言商，长远而言，这些人不可能是国美长期的利益相关者，即使在融资中帮助黄氏家族保持控股地位，也只会增加国美所面临的不确定性（聪明的中小投资者可以预期：如果黄氏家族通过高息融资重新掌控国美，很可能会从上市公司抽血，以偿还高息），对公司本身的发展并无益处。

比较国美与惠普，可以让我们看到中国家族企业转型为基业长青的公司有多远，董事会的责任在公司治理中又有多重。创维创始人黄宏生入狱、物美创始人张文中被抓后，他们的企业都能正常发展，正在于他们的企业脱离了人治的色彩、建立了法治的规则，其中董事会的重担，不仅是为大股东牟利，也同样保护小股东的利益，更调和了债权人、供应商、管理层、员工、消费者不同的利益需求。中国企业只有熟悉了董事会这种民主的集体协商机制，去除个人英雄主义的人治，才可能建久安之势，成长治之业。

第二节　公众公司的优势

国美股东大会以黄陈阵营的提案各有输赢结束，但这一对阵给中国众多民营企业带来的震撼、思考却刚刚开始。许多企业的领导人用传统的主仆忠诚关系看待黄陈战争，从此惧怕引进职业管理人，惧怕上市，这是对公众公司（或称上市公司）制度错误理解的结果；而许多媒体记者由于不明白现代公众公司治理其实是多元利益各方相互博弈的过程，将黄陈的博弈看做个人间的恩怨情仇，各种小道消息推波助澜而误导，为此，远在大洋彼岸的笔者希望通过这一节的内容，回答三个问题：黄光裕阵营为什么会失败？黄光裕的利益受损了吗？国美会因此而分裂吗？只有深入理解公众公司制度设计的精巧，用公众公司的"显规则"，代替血缘关系、主仆关系的"潜规则"，去理解中国新兴的现代企业制度，才能汲取国美事件带给我们的教训。

帝王心态下所忽视的游戏规则

黄阵营为了拉票和增持投入了超过 10 亿元的资金，但在关键的董事罢免与新董事席位选举上却失利，原因在于黄阵营，包括黄光裕的代理人律师邹晓春都错误地理解了公众公司的游戏规则。

第一，错误地选择了拉票对象。独立的股东投票顾问公司，例如 Glass Lewis、RiskMetrics 集团麾下的 ISS 对海外的机构投资者影响很大，维护中小股东利益的独立股评家戴维·韦伯（David Webb）则对散户影响很大。但陈阵营在股东大会召开前 20 天就与这些公司进行了路演沟通。而黄阵营却把内地的散户作为主要拉票对象，直到最后几天，邹晓春才到香港进行拉票。

第二，错误地推荐了董事人选。与贝恩推荐的董事人选有着辉煌的简历相比，黄阵营推荐的人选——黄光裕私人法律代表出身的邹晓春和仅仅在国美电器从事财务工作的黄燕虹都无法服众。在杜鹃有犯罪历史，无法担任董事的情景下，不如推荐两名有声望的独立董事，这样更可以平衡董事会不同的利益诉求，从而保护自己的利益。

第三，错误的公关诉求，将贝恩等外资机构描绘成妄图变天成"美国"的八国联军，能激起民族主义，但却可能得罪众多海外投资者。黄阵营聘请了两家香港公关公司，诺森投资在香港《经济日报》上刊登煽情广告——"黄光裕已受14年的惩罚，善良的你何必再落井下石？"这样的主题可能能引起市民的同情，但宣扬创始人的犯罪记录，只会激起投资人更多的反感。因为在香港这样的法治社会，对腐败、行贿这样的行为容忍度比内地要低很多。黄阵营更应该做的是与过去的犯罪历史割裂开来，洗心革面。

第四，错误的白衣骑士。在敌意并购发生时，目标公司会寻求友好投资者或联盟公司作为第三方出面来解救目标公司，驱逐敌意收购者，这样的第三方被称为"白衣骑士"。黄阵营通过高额股息回报等方式获得了郑建明、欧阳雪初等内地投资者的支持，也向与贝恩投资沟通的神秘女商人马萍承诺付出高达2 500万美元的中介费，但这种"贿选"的方式，表明黄即使入狱，也没有摆脱草莽本色，这种与现代企业格格不入的做法，再难让机构投资者信任。国美股票在股东大会第二天开盘即下跌4%，成交量大幅上升，可能就是这些内地"白衣骑士"售股离场的结果，这些白衣骑士并没有与黄阵营结成长期的联盟，这也加大了下次黄阵营卷土重来的困难。

黄光裕能真正摆脱帝王心态，接受国美并非一己天下的现实吗？另一位创始人、汉庭连锁酒店的董事长季琦在博客上忠告："中国新兴企业的创始人和大股东还不成熟。陈旧的价值观念还在许多人身上遗留，天皇老子的观念很重，自以为自己是全人、完人。对名气趋之若鹜，所有的成绩都是他自己的；对权力喜爱成瘾，不轻易授权；用人唯亲，不信任外人。在权力、利益、名声等考验下容易扭曲，往往只顾一己之私，忘记了做企业的根本，将客户、员工、企业责任、社会责任等抛之脑后。"

黄阵营唯一获胜的提案，是取消增发授权一项。其获胜的原因在于获得了戴维·韦伯的支持，韦伯认为增发不仅摊薄大股东的控制权与收益，同样摊薄了小股东的收益。为此，黄阵营在股东大会后首先就是向"公司治理专家"致谢。如果这使黄光裕深刻认识到：自己公司过去缺失的治理结构，也可能成为管理层对抗自己的工具，那这将是国美治理结构进步的标志，因为黄光裕原来在为自己设计的帝王般的统治体系下，"剃人头者，人亦剃其头"。

黄光裕的利益受损了吗？

中国很多企业家已经认识到了企业制度现代化的重要性，但对制度的游戏规则属性（Rule of Game）的理解却有很多偏差。例如，一个典型的报道："目前公司的管理过程中，谁控制公司，谁就拥有更多主动权。在企业发展中，如何确保企业创始人在公司引入投资机构以及上市后，能够保证创始人利益不受侵害，是目前多数家族企业不得不认真思考的问题。对此，有些专家认为，家族企业在发展过程中，应该通过制定相关规定，确保创始股东的权益不受损伤。"

在国美的股东大会投票中，黄阵营没有去掉陈晓的董事长席位，这会侵害创始人的利益吗？现代公众公司制度设计的精巧在于，即使黄所指定的代理人没有担任董事长，他的核心利益——股票市值的升跌涨落，还是与中小股东一样，没有显得特别，怎么能说受到伤害了呢？

偏向黄阵营的读者会说黄光裕方失去了控制权，但控制权有价值吗？控制权事实上对中小投资者并没有价值，他们的股票与大股东一样，是同股同权的；对大股东而言，控制权的价值体现在谋取大股东的个人私利上，而非公司的整体利益。为此，现代公众公司制度的奠基人 Berle 和 Means 早在 1932 年就一针见血地指出：如果创始人是为了谋取个人利润而上市，"我们预期他还是会寻求某种其他的最终目的，例如威望、权力或者是对职业的热情满足。如果我们假设这种谋取个人利润的欲望是推动追求控制权的主要力量，我们就会得出结论，他从控制中获得的利益往往从根本上不同于其他的所有权人，因此，大股东必须明确表明他不会为个人利润而寻求控制。否则，即使大股东拥有绝大部分股份，他也会牺牲公司的利益而肥自己的腰包。"（参见《现代公司和私产》，Berle & Means，1932）

现代公众公司制度的基石就是所有权和控制权的分离，正是这种分离，保护了国美这家运营良好的公众公司，即使在黄光裕入狱的危机中也没有倒下，保护了黄光裕作为大股东的所有权利益；同时，这一制度也保护中小股东在股东大会上可以对是否信任黄阵营作出投票，防止自身的利益被大股东因谋取控制权而伤害。韦伯在股东大会前发布公开的投票建议报告，建议机构股东和小股东支持以陈晓为代表的董事会，就是因为黄光裕过去的犯罪记录与动用公司资金回购自己的股票等行为，对中小股东不利。韦伯提出取消一般授权（Take the GM out of GOME），以摊薄股东股份的方式集资，事实上取得了机构投资者的认同，成为黄阵营唯一获胜的投票动议，也保护了黄的所有权利益。

但黄阵营失去的控制权会对中小投资者造成损失吗？西方学者对53起公司创始人或高管在突然去世（例如飞机失事）后的市场反应进行研究，发现平均市场股价上涨了0.89%，而创始人去世又比其他高管显著地高出0.98%（Johnson, Magee, Nagarajan & Newman, 1985）。表明市场实际上欢迎创始人放弃公司的控股权，并不认为失去创始人的经验会损伤公司的整体价值。当然，这只适用于上市的大型公众公司，对成长型的中小企业而言，即使上市后，创始人例如海普瑞的李锂，对公司的价值还是很大的。

公众公司精巧的制度设计

国美会因此而分裂吗？这无疑是媒体将黄陈对决过于戏剧化了，公众公司制度设计的优点正在于要求每位参与者都秉持公心进行决策。一方面，股东大会的决定会让黄阵营更加理性。黄光裕家族在会前威胁要收回非上市门店，但非上市门店的总资产为40亿元左右，各类银行贷款和应付款达60亿元上下，即净负债约20亿元。在上述40亿元左右资产中，现金仅为8亿元，其他资产6亿元，剩下的是25亿元库存。虽然这块为上市公司贡献了2.5亿元的利润，但并非优良资产，黄阵营力图获得控制权，为的是将这块资产注入上市公司时，能卖个好价钱，但在董事人选上失算后，黄应该理性对待这块资产，与上市公司联合采购、联合管理才是最佳选择。将这块资产独立出来，且不说黄阵营没有这方面的管理人才，更无法对待未来与上市公司的直接竞争；另一方面，媒体认为黄这次未达目的，将来会要求再次召开股东大会，直到达到目的为止，这也错误地计算了股东大会的成本，黄阵营为增持股票，付出10亿多元资金，为股东大会聘请了三家公关公司，付出数千万元成本，但撤销陈晓的提案仅获48.1%，也就是说，除去黄阵营自身32%左右的股权和投票率，黄阵营真正获得的股民只有可怜的6%左右（以90%的投票率计算），大部分机构投资者的票都投给了陈阵营。

另一方面，陈晓所代表的管理层虽然险胜，但也面临经营压力，只有在当年年底交出一份漂亮的报告，才能保住自己的位置，也才能让自己的期权拿得理直气壮。媒体所说的经理人"内部人控制"实际上是贴错了标签，不说黄阵营对此会有仔细的监督，贝恩所代表的私募资本转股后，也会密切关注管理层的表现。

从这个角度上分析，股东大会的投票成为不同利益相关者表达自己声音的角斗场，黄阵营的代理人邹晓春说，国美的运营是一种轻资产运营，发展连锁网络，不一定非得自己建一个门店或者是购买一个门店，完全可以用租赁的方式。这样，国美未来开店所需的资本性开支可以减少一半。机构股东投票赞成撤销一般授权，事实上减少了管理层滥用资金的途径。轻资产战略是笔者在

2003年就开始倡导的战略①,相信陈晓所代表的管理层也会吸取这方面的经验。股东大会事实上成为双方听取不同意见的机会,这正代表了公众公司的优势——用开放的架构,汲取不同的意见与战略,通过股东大会与董事会的辩论,在竞争中使管理层实施获胜的意见。这种开放的架构使不同的意见可以融汇妥协,并非得你死我活或者叛出师门来解决——这种创始人间的分裂是我们在许多中国的非上市公司中经常看到的。

回顾国美的发展史,也正是公众公司的地位,使国美能通过购并大中、永乐,在短短几年内迅速在全国各地得到发展壮大。而其透明的财务报表,也使其能在创始人入狱的危机中,迅速从私募资本筹集到必要的流动资金,不至于倒闭。

公众公司集体投票的游戏规则,事实上也是现代公民社会民主机制的基石。中国未来的民主进程,并非是在形式上一人一票的投票表决,而是社会公民是否习惯于用民主协商这种机制解决不同利益的冲突、协调不同利益的矛盾,这个过程看似如国美股东大会前一样混乱不堪,公众公司似乎永无宁日,但这种市场的协调机制代替了政府公权力的一刀切,正代表了自由市场机制的胜利。如果政府放弃了如黄光裕一样的控制权,让类似股东大会这样的民主协商来解决一些当前的社会矛盾,可能就不会有宜黄拆迁户自焚这样的悲剧事件发生。

而媒体如果更理解公众公司这种集体投票调解矛盾的方式,理解了这场游戏的规则,作为社会"公器",也就会以维护所有公众股东的利益为导向,而非成为某位股东的代言人或者同情方。

财经专栏作家易鹏指出:中国企业之所以大部分做不大,那就是规则意识不强烈。总喜欢用道德、血缘关系、友情、亲情等这些非核心的要素来实现公司治理。这些要素更多的是一种潜规则,常常会因为这种道不明、言不清的潜规则,让公司经常出现重大的变化,让一个发展得好好的公司忽然夭折。而西

---

① 参见拙作《轻资产运营——以价值为驱动的资本战略》,社会科学出版社2003年版。

方发达国家中的一些优秀企业，对规则的严格遵守，让其避免了这种潜规则的影响，从而使企业能够长期拥有核心竞争力。

用公众公司的"显规则"，代替血缘关系、主仆关系的"潜规则"，可能是这场国美大战留给我们最深刻的教训。

一个创始人的帝王般的身影远去了，他所爱的江湖不在这里。

 复盘窗口 ••

公众公司的优势

1. 公众公司采取开放的架构，不仅可以吸纳企业成长急需的资本，更可以吸引最优秀、最职业的人才加盟，使公司可以基业永恒；

2. 公众公司在股东会、董事会、监事会的制度设计中，形成投票竞争、互相监督的民主格局，虽然可能让冲突过程延长与外显，但却更能汲取不同的意见，经受风雨的考验；

3. 公众公司有着明确的产权保护，即使创始人经受刑罚，但法律在保护中小股东的利益时，同样也保护大股东的所有权利益，使之不易受外来的政府干预、资产没收；

4. 公众公司是各种利益相关者相互竞争、相互调和的舞台，更可以保护员工、经销商、银行、客户、社区等利益相关者的利益，也更容易接触这些利益相关者的资源；

5. 公众公司有较高的经营透明度，更利于通过战略联合、收购兼并、战略重组等进行企业转型与发展壮大；

6. 分类投票权的做法，虽然可以保护控股股东的利益，但实际上形成内敛的组织结构，违背了公众公司开放的基石，股票会在市场上形成折价。

公众公司的劣势与解决之道

1. 管理层可能过于迎合资产市场的股票表现，过于倾向于短期绩效，而忽视了长期投资与长期利益；

2. 董事会可能会被管理层进行内部人控制，这可以引进更多的外部股东董事与独立董事来解决；

3. 公司创始人可能失去控制权，或者决策受到更多的监督与制衡，延长了决策过程，有可能丧失一些机遇窗口，但也会使决策考虑调和更多相关者的利益。

4. 公众公司受到更多媒体的关注与报道，虽然内部的丑闻可能更易外泄、损伤公司价值，但长期而言，舆论监督可以使公司完善内部监控机制，减少腐败（安然事件是少数）。

5. 效率不高的公众公司更容易成为敌意购并的目标，这是KKR等私募公司自20世纪80年代崛起的原因，但詹森教授宣扬的公众公司"黯然失色"（Jensen，1989）并没有成为趋势，公众公司在私募资本的猎食压力或购并重组下，变得更有效率。

· ·

尾声：

《21世纪经济报道》2011年1月11日报道：在刚刚结束一场空前的分裂危机后，1月8日—10日，国美电器召集100多家核心供应商在深圳参加其2011年度全球供应商战略研讨会。此前传闻将离职的国美电器董事局主席陈晓、总裁王俊洲，以及刚刚加入国美电器董事会并出任副总裁的邹晓春都到场，意在宣告2010年的内战已经结束。

在国美电器与母集团续签托管服务协议，邹晓春"入阁"国美电器后，很多投资银行和券商也纷纷调高国美电器的预期股价，其中此前一直唱衰国美电器的瑞银发表研究报告，把国美电器评级由"沽售"升至"买入"，并将其目标价由 2.16 港元升至 3.5 港元。

国美股东与管理层失而复合，正验证了公众公司制度的优势。

第三节　游走于"道德雷区"[①]

企业经理人每天都有可能面临道德的抉择，仿若游走于危机重重的"道德雷区"。非道德经理人就如一颗定时炸弹，随时有可能对企业造成永久性损害。远至国际货币基金组织（IMF）的法国籍总裁多米尼克·斯特劳斯-卡恩（Dominique Strauss-Kahn）、纽约州州长 Eliot Spitzer、惠普前 CEO 马克·赫德，近及深圳山木教育集团的宋山木、国美电器的黄光裕，一个个表面光鲜的领导"精英"因丑闻纷纷落马。然而他们留给企业和社会的不仅仅是昙花一现的丑闻。据 IMF 内部官员的分析，多米尼克·斯特劳斯-卡恩的丑闻对该组织造成了无法估量的打击。

现代的中国企业缺乏清晰的商业伦理指导其战略决策，也缺乏能够将道德领导力发挥到淋漓尽致的道德经理人。许多大型企业在发展中遇到道德瓶颈，如双汇瘦肉精事件、三鹿奶粉三聚氰胺污染事件。可惜的是国内商业伦理的教授推广以及道德经理人的规范培养还处于发展阶段，许多国内的高校并没有将这一学科纳入常规教学设计中。

如果说建议企业将道德领导力纳入企业章程，或者强制企业建立道德经理人的选拔制度就一定能够帮助企业作出正确决策，未免太过天真。关于道德准则并没有一个放之四海而皆准的评判标准。大部分的时候，企业、股东、经理人以及企业员工都应该运用各自的智慧与经验对黑白是非进行评判，从企业社会人的角度出发合力决策。

---

① 陈昊、孙黎，"穿越道德雷区"，《中欧商业评论》，2011 年第 7 期。

我们提出以下五项关键决策点，希望能帮助更多的企业安全穿越"道德雷区"：

第一，如何决定是否合法、是否符合股东利益。在决策树上，法律规范是经理人决策的第一道关卡。但在实际决策中，法律规范本身也有许多模糊语句，而遵照大陆法系的中国内地又严重依赖成文法典，以公法文化为核心，司法与行政未能全面分开，与英美（包括中国香港地区）开放的判例法不同，后者以民法为主、以私法文化为核心，讲究司法对行政权力的制衡。如何理解这些模糊地带、如何处理司法与行政的关系，成为中国经理人最大的挑战。一个解决之道就是在处理这些官商关系时保持"臂距原则"（Arm's Length Principle），理解政治意图，敢于舍得与放弃（参见本书第六章）。同时，经理人应突破短期利益的狭隘视野，将股东的利益放在一个更广阔高深的星空下进行决策。

第二，如何决定是否合乎伦理。在决策过程中，经理人需要用更广博的道德标准时刻警醒自己，并在决策过程中运用辩驳的理念考量符合股东利益的决策是否也合乎道德伦理（即是否对客户、员工、商业伙伴或者社会环境造成负面影响）。企业应经常对经理人进行选拔或者培训，提高整个管理团队的道德伦理意识，使道德决策达到更好的效果。

第三，企业内部应建立内部伦理决策指引与程序。有章可依可以让企业与投资者以及社会各利益体进行充分的沟通，也能够为经理人决策提供依据，从而减少经理人博弈过程中与各个利益体的摩擦和碰撞。大部分的美国企业机构都有相应的伦理决策指引与程序（Ethical Conduct）。这些指引与程序一般都开放给社会大众检视，因此有着非常高的透明度。我们建议企业根据国情将现有的西方伦理决策指引与程序引入公司章程之中，为经理人道德决策提供支持。

第四，企业内部应设立相关的"道德雷区"检查表（Check List），对涉及各种利益相关体的决策进行检查，从而达到预期的效果。这些利益相关体应该包括但不限于企业内部的员工、外部的供应商和客户，也应该包括提供资金的银行、投资以及社会环境。我们提供了一个检查表模板供企业及经理人参考（见表5-1）。

表 5-1 企业所面临的十大"道德雷区"

	道德决策	案例
1	解雇员工、员工养老金、医疗福利与重组	本田南海零部件工厂的罢工事件
2	行贿、非公平投标与公关	物美集团创始人张文中因单位行贿、挪用资金及诈骗获刑 18 年
3	工作场所的性侵犯、隐私权与数据安全	宋山木因强奸罪获刑 4 年
4	可持续发展、碳排放、环境污染	紫金矿业的排放丑闻
5	供应商选择、原材料安全、价值链构造	双汇的精瘦肉事件，三鹿的三聚氰胺事件
6	产品安全、健康，消费者权益保护	美泰玩具召回事件中，佛山利达玩具厂老板张树鸿自杀
7	工作流程安全	富士康爆炸案、自杀案
8	广告与营销中的伦理标准、非公平竞争	奇虎 360 与 QQ 的恶性竞争，蒙牛特仑苏广告
9	非正常渠道集资	吴英以集资诈骗罪被判处死刑
10	欺骗投资者、内幕交易、信息披露	超过 25 家在美上市的中国企业存在会计问题，面临退市危机；黄光裕事件

第五，企业内部应建立权力制衡体系，克服总经理权力过大所带来的骄横。绝对的权力往往滋生绝对的腐败，尤其是在组织内部缺乏对权力的制衡与监督的时候。这是许多高居上位者往往行事鲁莽的原因。他们能爬上高位、取得一些伟大的成就，当然有天赋的优势，但这些成就也往往使他们刚愎自用、冒别人不敢冒之险，他们往往与创业家一样，对风险有不同的评估方式。而这些领导人周围也有很多跟班、律师帮其掩盖罪恶，一些媒体更把这些自大的领导人捧到天上。这些都使雷区中的炸弹更易引爆。《心理科学》即将发表的一项研究发现：经理人（包括女性）在组织层级中的位置越高，越有犯罪的可能性。进化生物学家对此的解释是，权利与名声可能会削弱自我约束的机制，侵蚀人们在成长过程中所培养的社会教养。[①] 要克服这些出轨行为，最重要的是经理人在成功的掌声面前要学会谦卑，对头顶星空的道德力量要学会尊重，而组织

[①] "性、谎言与自大：什么使高位者行动像头猪"，《时代》周刊，2011 年 5 月 30 日。

内部也应有相应的制衡力量让经理人学会如何仰望星空。

当无数企业经理人日复一日"合乎规则"地决策企业未来的时候，或许应该经常停下脚步，让星空的广阔高深照亮道路，重新审视这些抉择，思考它们在道德维度上是否有根有基，并在将来的决策中考虑到作为企业人以及社会人的道德义务。

敬畏星空的人有福了，因为他们必将承受更多的土地。

第四节 21世纪的两性战争[①]

当卡恩被指控对一位客房女服务员实施性侵犯时，他的妻子辛克莱选择了站在丈夫这一边，她坚称"我对这个事情只有自豪，能色诱的男人在政治上是重要的。只要他能引诱我，我能引诱他，这就足够了"。这一老派的言论符合法国传统的"婚外情无罪"（Sexual Exception），让很多法国的精英人物为卡恩辩护。但这也激起了法国女性主义者的群起反攻，一个反性侵犯的集会在24小时内就吸引了大量人群，大部分是年轻妇女，她们公开声讨法国流毒甚远且根深蒂固的大男子主义作风，抗议司空见惯的情人现象。这次新女性主义运动似乎重拾了20世纪70年代堕胎抗议运动的浩大声势。为卡恩辩护的一些精英人物一看势头不对，也急忙改口。

如果说20世纪70年代是"第二性"的苏醒，那么法国作家西蒙娜·德·波伏娃的名言"女人不是天生就是女人的，而是变成女人的"[②]，则成为女性主义的火种。卡恩事件引发的新女性主义体现了新的社会现实：在全球发达国家，女性在大学接受教育的人数已经超过男性，在金融危机后，女性的就业人数也首次超过男性（许多以男性为主的工种，如建筑业、金融业规模收缩），但女

[①] 孙黎、陈昊、祝继高，"两性战争在职场"，《中欧商业评论》，2011年第7期。
[②] 参见波伏娃的名著《第二性》（大连理工大学出版社2008年版），她认为女性成了第二个范畴，不再能自我定义，而总是通过与男性的关系被定义。

性的社会地位没有被相应提高。以法国为例，2001年法律就规定在政治选举的选票上男女的数量必须相等；法国政府下令，到2017年之前，大企业董事会中至少40%的董事应为女性。这些措施使女性在法国公共生活中的重要性越来越突出：目前法国内阁成员中大约有三分之一是女性，公司管理层中女性所占比例比其他国家更高。但法国仍然是欧盟国家中男女最不平等的国家之一，在工资待遇上，男女不平等依旧存在，女性的工资平均比男性低20%；法国每年有7.5万名女性被强奸，但却只有10%的人选择报案。例如，卡恩第二任妻子的教女Tristane Banon是一名电视台记者，卡恩在一个单独采访时试图强奸她，但她却选择了忍气吞声。法国女性主义者玛加利·阿斯在博客中悲哀地写道："很多法国人，包括媒体，甚至一些著名政治人物对卡恩表现出的同情和对案件中受性侵犯的非裔女事主的责骂形成鲜明对比，这折射出一个真实的法国——女性完全不受尊重，男人搞女人只显出他们有魅力！"

卡恩掀起法国女性心中深藏多年的怒火，正反映了一个新时代的开始。在目睹了金融危机中华尔街的大男性主义（Macho）的傲慢、激进、无视风险、不负责任所引发的大萧条（Great He-cession）后，新美国基金会的Reihan Salam于2009年在《外交政策》上发表"大男性主义之死"一文，批评大男性主义是全球金融危机的始作俑者，在全球化中，这是一种破坏性的力量莅临，是不可持续的。他极其有远见地预测：在后金融危机时代，随着更多的妇女开始获得社会、经济和政治权力，将掀起一个人类文明历史上从来没有经历过的革命！"在这个时机，全球性冲突的轴心将不再是意识形态的交战，而将是两性战争。我们还没有经历过一个大男子主义世界死亡的先例。但我们可以期待，这个转折必将是痛苦的、不平衡，甚至是暴力的。"（Salam, 2009）

卡恩事件可以说是男性的主导霸权意识在这场争战中的一种体现。具有讽刺意味的是，卡恩的"暴力"事件宣告了IMF无女性总裁历史的结束，法国女财长拉加德随后担任了这个全球金融领域的最高职位。

行走于"玻璃峭壁"

2006年,Indra Nooyi 从 CFO 上位到百事集团董事长兼 CEO,她在名片上印的头衔是 Chairman,而不是 Chairwoman,她成功地使百事可乐超越了与可口可乐的传统竞争,向健康食品的供应商转型。而在 Facebook 内部,首席运营官 Sheryl Sandberg 制定着这个全球最大的社交网络的盈利模式,与她的前东家谷歌竞相抗衡。女性领导人在全球企业界开始扮演着越来越重要的角色。

中国内地的情况又如何?在一项中国董事薪酬的研究中,我们发现女性董事的薪酬平均比男性低12%,在组织内部,女性突破"玻璃天花板"成功上位高管职务的机会也低很多。与许多欧洲国家对上市公司董事会强制设立女董事比例不同,中国内地监管部门并没有类似条例,从表5-2看,虽然董事会有一位以上的女董事的企业数低于中国香港地区和英国,但女性董事长的比例(4.95%)与女性 CEO 的比例(5.21%)都比中国香港地区和英国高。一个可能

表 5-2 女性在董事会的国际比较

	中国内地	中国香港地区	英国	美国
样本	1 555 家中国上市公司(2007—2009)	42 家恒生指数公司(2009)	FTSE 100 指数公司(2009)	8 253 家上市公司(1996—2003)
女性董事平均比例	10.1%	8.9%	11.7%	8.5%
董事会有一位以上的女董事的企业数	24.7%	35.7%	39%	21%
董事会有一位以上女董事兼高管的企业数	16.7%	31.0%	16.0%	
2009年新任命的女董事	20.2%	12.7%	10.7%	
拥有女性董事长的企业数	77家(4.95%)	1家(2.38%)	2家(2%)	
拥有女性 CEO 的企业数	81家(5.21%)	1家(2.38%)	5家(5%)	

资料来源:Adams & Ferreira, 2009; Mahtani & Vernon, 2009。

的原因是：在 15—64 岁的中国内地女性中，工作的约占 69%，而经济合作与发展组织国家的平均数字是 60%，这使女性普遍就业在中国内地成为一项巨大的社会资产。路透社"热点透视"专栏撰稿人 Hugo Dixon 为此宣称："一个受过教育、自有主见的女性大军也可以成为强有力的社会变革引擎。"

但中国女性在工作场所也同样遇到众多的"卡恩"：强奸员工的宋山木，钱多、房产多、情妇多的许迈永……但像宋山木事件中，能勇敢站出来起诉总裁的勇敢女性也毕竟是少数。

研究机构也预测，随着女性用工首次于 2010 年在发达国家超过男性，女性员工工资预计将于 2024 年超过男性员工。这一趋势在中国可能会以另一种形式呈现。工作场所的男女比例不平衡在中国未来 20 年将更为严峻：中国的男女出生性别比，从 1982 年的 107.1 上升到 2000 年的 116.9，2005 年该比率达到 118.6，2007 年更达到 120.2，第六次人口普查的数据略微下调到 118.06。男女性别比偏高，将导致 2020 年时 20—45 岁男性比女性多 3 000 万人左右。这一非均衡可能极大地影响未来中国女性员工在组织中的地位，因此 Salam 所称的两性战争在中国可能以别样的方式展开。

英国埃克塞特大学的 Michelle K. Ryan 曾提出"玻璃峭壁"理论，她大胆预言：与女性在组织中所面临的"玻璃天花板"不同，在组织面临危机的时候，男性领导人因臭名昭著而退位，反倒让女性领导人有力挽狂澜的机会（Ryan & Haslam，2007）。我们的一项研究也表明，有女性参与的董事会在金融危机中决策更为稳健，在金融危机刚到来的衰退阶段，董事会更能迅速收缩投资，而在经济复苏阶段，有女性参与的董事会比其他全部是男性的董事会先人一步，加快投资，抢占市场机遇。

 复盘窗口

女性领导力崛起对组织的挑战

随着越来越多的女性进入传统男性主导的行业,例如军队、工程、投资银行,组织也面临巨大的挑战。例如:

- 如何评估女性的绩效贡献?
- 女性领导人如何改变组织决策权重、视野以及过程?
- 女性经理与男性经理的领导力在哪些方面不同?如何发挥各自的所长?
- 男性经理如何与女性经理相处?女性经理如何融入男性经理的圈子,如何面对男性经理可能的反抗与排斥?
- 女性经理如何面对组织潜在的与性别相关的歧视和偏见?
- 女性经理如何对待在高管组织中的"花瓶"、象征角色,如何更好地发挥自己的优势?
- 组织如何制定规章,防止性歧视、性骚扰、性侵犯,并有周密的程序保护隐私?

资料来源:参见 Eagly & Carli, 2007。

在前任男性领导人因丑闻辞职后,像拉加德这样的女性反倒可能给予 IMF 这种大型组织以新的面貌。中国也不乏这样的例子,例如目前在国美幕后指挥的杜鹃、接管山木教育集团的李木子。这些女性领导人如何在组织危机中行走于峭壁?或许给她们最好的祝福是波伏娃 20 世纪的美文:

"她的双翼已被剪掉,人们却在叹息她不会飞翔。让未来向她开放吧,那样她将不会再被迫徘徊于现在。"

第六章 政商关系

> 权力在空中飘荡，经常打在肩上
> 突然一个念头，不再跟着别人乱走
> 虽然身体还软，虽然只会叫喊
> 看那八九点钟的太阳
> 像红旗下的蛋
>
> ——崔健，《红旗下的蛋》

从精英们阅读的书目往往能够看出他们思考的大问题。

奥巴马在竞选总统时读得最多的是《对手团队》一书。这本书讲述前总统林肯如何吸收政治对手进入内阁班底，也直接指引奥巴马邀请对手希拉里出任国务卿；

巨人集团失败时，史玉柱读得最多的是《毛泽东选集》，其中农村包围城市的策略让他在营销脑白金中大获成功；

李东生在收购欧洲汤姆逊失败后，常拿曾国藩的书来读，学习他如何认定目标后就坚忍不拔地去实现；

而中国企业家读得最多的一本书可能要数高阳的《胡雪岩》，这位"红顶商人"在清末恶劣的商业环境中奇迹般地崛起，又迅速地没落，可以说是揭示了中国商场关系最大的"潜规则"——政商关系。本章我们就来讨论企业家如何处理这一最棘手的关系。

第一节 "刺猬距离"[①]

《南方周末》在评选中国的十位"商业启蒙家"时就认为：中国商业环境与西方相比，最重要的特殊性就在政商关系。"在西方，政府与市场的边界清楚，'上帝的归上帝，恺撒的归恺撒'，商人与政府打交道，规则与内容基本上是简单透明的。在中国，政府与市场的边界模糊，政府往往同时扮演裁判员与运动员的角色，并且掌握着巨大的商业资源，对商人而言，这是巨大的机会，也是巨大的陷阱。"为此，最挑战中国企业家智慧的就是如何处理政商关系。

从历史上看，"士农工商"的社会阶层排名，使企业家沦落于社会底层。即使腰缠万贯，中国最聪明、最有成就的徽商也要求后代学而优则仕，通过获取功名才能赢得社会地位，他们和胡雪岩一样清楚，"企业家需要官的保护，需要从官员那里获取资源，也只有与官相连，才能获得社会的合法性"。这种思维一直延续至今。

有中国特色的政商关系

改革开放以来，典型的官商关系可以分成三个阶段：

第一阶段：官商庇护阶段。从改革开放到20世纪90年代初期，官员对新崛起的工商阶层采取支持、鼓励的态度，"让一部分人先富起来"的倾斜政策，也让商人在政府的庇护下取得合法性，但大胆的民营企业还是需要通过戴"红帽子"，以集体企业的身份，才能获得银行贷款，进入一些原来由国有企业垄断的行业。

第二阶段：官商联盟阶段。20世纪90年代中期，市场机制成为主流。"唯GDP主义"的发展模式，将官员的考核、升迁与GDP的增长挂钩，也与招商

[①] 孙黎，"保持'臂距原则'"，《中欧商业评论》，2010年第10期。

引资、发展地区经济联系在一起，而作为新崛起的利益集团，企业家也有欲望通过各种便捷的途径获取廉价的土地资源，进入钢铁、石化、汽车等特许产业，这也造成了一个官商结合的利益结构，建立起各种腐败网络，为独特的权贵资本主义建立起基础。这个时期的官商关系呈现以下特征：

第一，官商关系的交换性。官员开始熟悉利用行政权力"创租"，然后利用市场机制选取利益。最典型的是深圳市前市长许宗衡曾对媒体表示要做"一个清廉的市长，不留败笔，不留遗憾与骂名"。而在私下，他的真心话是："不能给他们白干，一定要钱。深圳的情况从来没有白办的事，这是市场的规矩。"吴敬琏、许小年提出这是十分危险的权贵资本主义（Crony Capitalism）："经过30年的改革开放，政府在市场中成为特殊的利益集团，对这个利益集团而言，目前这种半市场半管制的状态是最理想的，通过管制和审批'造租'，然后拿到市场上'寻租'，就是在市场上把审批权套现。如果推动市场化的改革，就会限制它'造租'的能力，但它也不会取消市场，没有市场，手中的审批权就没地方套现。权贵转化为经济利益，这样的市场经济发展下去很危险，这是印度尼西亚苏哈托的路子，菲律宾马科斯的路子，压制民众的权利和企业的权利，与邓小平的市场化改革方向是背道而驰的。"

第二，官商关系的依附性。众多企业家也熟悉行政权力"创租"的潜规则，对权力官员投怀送抱，依附于官员的庇护之下。例如，商务部对投资的一系列限制，使官员郭京毅们设立了一系列的"双向收费站"：针对外商在华设立投资公司，针对民营企业赴海外以红筹形式上市等；而黄光裕们则心领神会，通过行贿买通海外上市的通告。在华外商也不得不接受中国市场的"潜规则"，例如美国司法部依据《海外反腐败法》对朗讯、戴姆勒等公司起诉，许多中国公司也卷入权钱交易的行贿案。而据调查，在华外企的 CEO 需要花费 20%—50% 的精力处理与政府的各种关系（Paine, 2010）。

第三，官商关系的普遍性。权钱交易的广泛存在，使腐败网络化、合法化。苏哈托家族的广泛索贿，使其成为"10% 先生"，即每笔交易其家族都要收取

10%的权钱交易费。而《财经》在报道郭京毅案的判决书时,以"新贵之盟"命名,该案还涉及邓湛、许满刚、邹林、刘伟、张玉栋、刘阳等一群技术官僚,这场集体贪污腐败系列案展现了由"链"变"网"的系统性制度腐败。目前,中国的这种腐败已经从随机性腐败在向遍布性腐败演化(Rodriguez, Uhlenbruck & Eden, 2005)。而研究表明,在随机性腐败中,企业可以拒绝行贿,而遍布性腐败则使企业家无时不处于是否行贿的压力中(Lee & Oh, 2007)。中国改革基金会国民经济研究所发布的《灰色收入与国民收入分配》正是一记警钟,该研究发现:2008年中国居民"隐性收入"高达9.3万亿元,其中"灰色收入"达5.4万亿元,主要存在于20%的城镇高收入家庭。这表明,权钱交易形成的灰色收入,正在侵蚀我们的道德准则,腐蚀社会的伦理标准。

第四,官商关系的破坏性。不透明、不受监督与不受控制的官商关系扭曲了市场竞争机制。例如,由于一家互联网防病毒公司的创新技术即将入市,瑞星公司对北京市公安局原网监处处长于兵行贿420万元,制造了一起彻头彻尾的冤假错案。于兵曾掌管北京市的互联网信息安全工作,负责全市所有防病毒公司软件销售许可证的发放,他还逼迫另外三家防病毒公司作伪证。2010年8月20日,于兵以贪污罪、受贿罪、徇私枉法罪被判处死刑,检方认定其涉案金额高达千万元。同时,在这种不受监督的权利的庇护下,企业家可能蔑视正式的规则,在权力的支持下肆无忌惮,事实上这会断送企业的前途。例如紫金矿业的环境污染事件中,叶檀评论:"事实已经证明,紫金矿业并不是民营企业的刺青,而是官商结合企业的红字。"她揭露:紫金矿业的多位董事、监事、总裁来自官场,该公司第一大股东是代表福建上杭县国资委的闽西兴杭国有资产投资经营有限公司,持有28.96%的股权。2009年,紫金矿业对上杭县全部财政收入贡献达到近60%。紫金矿业的多名董事与高管是前政府官员。这些官商庇护关系都为紫金矿业蔑视环境保护奠定了基础,如果不是中央政府与传媒的强烈指责,紫金矿业的高管可能没有动力为清除环境付出更高的成本。这种扭曲的官商关系对整个社会的影响可以用如图6-1所示的一个简单的经济学模型来解释。

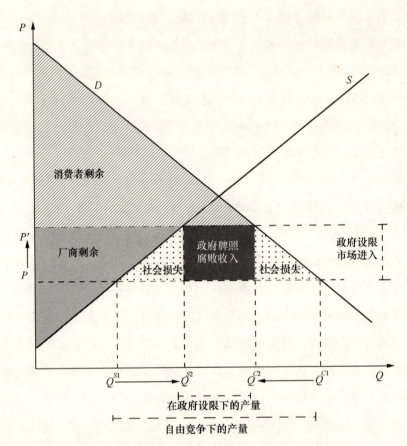

图 6-1 扭曲的官商关系对整个社会福利的净损失

图 6-1 是一个经济学中最常见的均衡模型，在自由竞争的商业环境中，厂商产量为 $Q^{c1} - Q^{s1}$，产品售价为 P。在政府创租活动中，厂商通过寻租，使产量缩减到 $Q^{c2} - Q^{s2}$，产品售价提高到 P'。与创租前相比，浅灰三角形的面积就是厂商多赚的利润，深灰矩形面积是政府通过创租，例如拍卖牌照可以获得的租金，如果租的交换过程不透明，这部分也可能形成腐败收入。消费者在这场创租—寻租活动中损失最大，必须以更高的价格购买产品。最令人瞩目的是两个带点三角形部分，厂商、政府、消费者谁也没从这部分得益。那这部分成本到哪去了呢？经济学上称其为 Deadweight Cost，姑且将其翻译成"死载成本"，是指在供给关系的平衡不是帕累托最优时所造成的经济效率的损失。由此可见，

扭曲的官商关系虽然让企业、官员得益，却会造成整个社会福利的凭空损失，更不用说对社会道德、良心准则的负面影响了。经济学实证也表明，在47个国家的样本研究中，35个存在企业精英与政治的关联。一般来说，在严格管制政治利益冲突的国家中，这种关联较少。此外，高度腐败的国家、高度限制外商投资的国家，就较多存在这种联系（Faccio, 2006）。

中国特色的政商关系何处去？

金融危机后，国进民退的大潮、国家资本主义的争辩（Bremmer, 2009; Huang, 2010），预示着中国特色的政商关系正在向第三阶段迈进。根据战略学中制度理论的开山大师彭维刚教授在2003年的预测，转型经济国家在经济发展中，第一阶段由于市场机制尚未完全建立，非正式的关系（例如关系网络、权钱交易）可能在交易中占据主导地位；而在第二阶段，当产权制度、合同制度全面建立时，政府应该从各种经济交易中退出，这时，以臂距原则为基础的市场竞争机制会主导企业的各种交易（Peng, 2003）。据此，我们可以为第三阶段的政商关系作出两种不同预测（Walder, 2003）：

一种前景，是陷入吴敬琏、许小年等人一再警告的"权贵资本主义"的深渊。复旦大学经济学教授韦森指出："政府统御市场、各级各地政府几乎无任何权力约束的参与市场，已经导致政府成了当今市场运行中的一个最大'player'。这种政府行为的市场化，既为各级各地的经济增长尤其是'政绩工程'提供了巨大的推动力，也为各级各地政府官员运用手中掌握的权力和掌控的资源进行层层寻租提供了巨大的空间和可能。由此而论，各级政府官员的层层寻租，既为过去30多年的经济快速增长提供了机会和动力，也是当今中国种种社会问题不断发生且不断积累的最终制度根源。"这种政商关系可能变成中国未来经济增长的障碍，使中国变成菲律宾、印度尼西亚、希腊等腐败横行的国家，企业家只好通过移民、转战海外等退出方式躲避政府权力的盘剥，企业也不可能做强做大。

另一种前景，是将权力关进"笼子"，权力受到制约，这样才有可能建立透明的官商关系。一个理想状况是公共政策决策过程的透明化、民主化，让多方利益集团可以相互协商、讨价还价，而非行政一刀切，只满足某个利益集团的寻租要求，降低不当政策出台的概率；同时，公共政策执行过程和执行效果也需透明化、公开化，让权力置于公众的监督之下。在这样理想的制度安排下，企业可以平等地参与市场竞争，通过透明的商讨渠道影响政府决策过程，同时，保持行为操守的良好公民企业不会因其他企业的权钱交易而遭遇"劣币驱逐良币"。

在转型经济现实中的企业，应如何处理官商关系呢？我的建议是：

第一，企业必须有自己的行为准则的底线，坚持与政府官员保持臂长距离。例如万科的王石将"不行贿"作为企业的道德底线，虽然企业在各地跑马拿地中可能处于竞争劣势，但却使企业关注于房地产的核心竞争力，成为行业老大。一个可以遵行的准则就是臂距原则。根据维基百科全书的解释，臂距原则是指交易参与方之间独立和平等的关系，他们所从事的交易被称为"臂长距离的交易"，即交易参与方之间虽然可能存在共同利益，或由于关系过于紧密而无法被视为完全独立方（如亲戚、同学、朋友关系），但他们仍然可以利用这一原则签订符合法律审查要求的合同，从事交易。例如，跨国企业在不同国家拥有产业链不同环节的研发、加工、制造、营销等，都会影响对东道国的纳税水平，为了确保跨国企业内部以市场价值为基础确定内部交易价格，经济合作组织在《经济合作组织税收协定范本》第九条中采纳了臂距原则，要求企业内部交易价格应与正常交易价格相同，以防止跨国公司将利润转移至税率最低的国家。臂距原则为政府制定合理税率以及企业避免利润遭双重征税提供了法律框架。中国企业在跨地区购并企业中遇到的问题就是与不同地区政府的纳税问题，通过臂距原则就可以清楚地解决属地纳税问题以及地方政府最为敏感的政商关系问题。

两只困倦的刺猬，几经折腾，终于找到一个合适的距离：既能互相获得对方的温暖而又不至于被扎。这就是刺猬法则,指人际交往中的"距离效应",与官员保持一定的距离,既不会使你过分卑微拍马,也不会使你与官员互相混淆身份,这可能是政商关系中的最佳距离。

臂距原则也是防止政府过度干预企业的出发点,国有企业、民营企业、外资企业在政府心目中可能有不同的亲疏关系与发展权重,但通过臂距原则分配支持资金、给予优惠政策、引导优先产业才能更大程度上解决竞争的公平性,杜绝权钱交易。

企业家也可以应用臂距原则对待政府官员的个人关系问题:在侵权法律中,为了避免对他人造成攻击性或有害性接触,一个人应该同另外一个人保持一臂长的距离。如果某人未经允许距离另一人过近,就有可能造成殴打或攻击等后果。与他人保持一臂之长的距离更是对他个人尊严的尊重。与官员保持这种一臂之长的距离,可以使企业不会因这位官员的双规、调查而影响运营。

《南方周末》记者张华总结中国民营企业家处理政商关系的类型时将其大致分为四种,第一种是"伴君如伴虎型",外表风光,却常心生歉歔;第二种是"同床共枕型",利益勾结,共谋"大业";第三种是"不倒翁型",环境恶化抑或决策失误后,总有"贵人"相助;第四种是"紧松分明型",各有所需,但从不越界。

第二,企业应将可持续发展的长期目标优先于短期的利润。例如,在联想发展的早期,许多中关村的企业都是买批文、买外汇,然后再进口,这种做法属于半灰色地带的走私,联想也做过这些业务,但不是通过这种方式去获利,而是通过买进元器件,继续从事计算机业务谋求发展。柳传志总结的经验是:"我也可以不发展自己的品牌和技术,一味地赚钱,为赚钱而赚钱,但是企业目标的设立与追求是另外一条路。企业家脑子里一定要很清楚两者的区分。企业家要不断有更高的追求。但是在具体的行动上,则要做到有理想而不理想化,不然事情很难有进展。"

对中国企业而言,以前企业往往利用非正式制度中的一些"潜规则",行走在制度边缘,"遇到绿灯加速跑,遇到黄灯赶快跑,遇到红灯绕道跑",这种"野蛮生长"的方式在正式制度缺失的情况下可以说是大胆创新、敢为人先,或者说是"坚持发展才是硬道理",但在灰色地带上,企业家要有长期的理想追求,克服个人的贪欲与赌性,避免像黄光裕一样因犯罪而锒铛入狱。同时正如冯仑所说的:"坚持正确的价值观和理想,让你算到算不清的账",应用这些理想,才会有大智慧建立企业家跟政治家的关系,"在基本上的道义、制度、根本方向上一致,这样才能赢得绝大多数政治家的支持,而不是把它堕落成为社会行政之间的关系,所谓政商关系处理好了,今天的民营企业就能发展得很好"。

第三,理解政治意图,敢于舍得与放弃。在中国政商关系中,可能最难解决的就是国企改制,这其中许多风云人物折戟沉沙,例如伊利的郑俊怀,但联想、张裕等企业都成功实现改制,而在政治钢丝中走得最好的是联想的柳传志与TCL的李东生。李东生把TCL的成功归结为两点:第一,没有违反任何法律法规;第二,兼顾了各方利益,所有人都从改制中受益。2004年1月,TCL整体上市时,公司由一个国有绝对控股的公司,变成一家股权多元化的公司,李东生本人持股5.59%。同样,在2001年国家明确可以进行股份制改造时,财政部决定,将联想的净资产按1997年时的净资产作了评估,其中的35%打折后卖给员工。这35%股份的分配对象包括柳传志和所有的创业元老,共10个人左右,柳传志将这35%股份中的35%,也就是占整个股份的10%左右,分成15份,自己得3份,其他的人有的得1份,有的得1份半,有的则是半份;35%中的20%,也就是整个股份的百分之六七,分给了公司的所有员工,每个人所得股份的多少则按他们的工龄和贡献、担任职务、所受奖励打分而定;另外的45%则留着分给后来的人。舍得将国企改制的巨大利益与员工共享,而非独吞,就很好地理解了政府的意图与政策,而非通过买通政府官员而行自己的私欲,后者正是郑俊怀们管理层收购失算的原因。

在理解政治意图的同时,更不要将政治目标当做企业目标。当年,坐落于珠海郊区的巨人大厦最初的设计方案是38层，就因为市长的一句鼓励，史玉柱将其加高到70层，结果巨人大厦导致了史玉柱当初的破产。

当我们为胡雪岩的长袖善舞、左右逢源击节赞赏的时候，更要警惕的是：正是他层层投靠、结交权贵的官商关系，最终使企业失去了靠山。

 复盘窗口

企业家处理政商关系的"解毒剂"

与政府的关系处理

1. 你的业务发展战略有多少和政府的规划合拍？中央政府与地方政府经常有不同的发展目标，你的整体战略是如何与之协调的？如何处理其中的不相容处？

2. 你的企业有可持续发展战略吗？如何成为一个良好的企业公民？你考虑企业对地方社区的长期发展的贡献了吗？在处理社区的不同利益方的冲突时，你是否会过分借助政府的行政干预？

3. 你是否思考过各级政府（中央政府/地方政府）可能会以什么样的方式干预、影响你的业务？你如何与之对话？如何影响这些官员的决策过程、制定政策过程？

4. 你在帮助、影响各级官员制定政策的过程中，是否保持了透明的方式？是否遵照了企业的行为准则？

5. 在项目不成熟的时候，例如与社区不同利益方无法协调或者政府给予太多压力时，你是否准备有所放弃？

与政府官员的关系处理

1. 你在与官员交往的过程中是否保持了"臂长距离"？

2. 你是否有清楚的企业行为准则，是否在你的员工中建立起相应的伦理标准，建立起相应的制度，明确了对某些行为（例如行贿、受贿）的零容忍？

3. 你的紧密业务伙伴，例如供应商、采购商，是否也有相应的行为准则？当这些企业因为涉嫌权钱交易、领导人被调查时，是否会影响你的业务？

4. 当你遭受对手不正当的竞争手段，例如通过行贿影响招投标结果时，你是否有清楚、透明的反击策略？

5. 当你遭受某位政府官员的不公正待遇或政治压力时，你是否有清楚、透明的申诉渠道？

第二节 制度悬崖上的伦理决策[①]

《财新》总编辑胡舒立的文章《马云为什么错了》，剑指阿里巴巴的马云未经股东授权转移支付宝所有权违背了契约原则。这篇文章的发表，适逢超过25家在美上市的中国企业存在会计问题，面临退市危机。与当年娃哈哈的宗庆后与法国达能的争议笼罩在爱国主义的旗帜下不同，胡舒立更强调契约与产权一道构成市场经济的基石，马云在支付宝股权转让上有失国际诚信。王冉更是认为马云直接揭穿了"外资协议控制"（VIE）这件皇帝的新衣。

媒体有更广泛的社会责任，投资银行家则有自己的行业利益，但他们都更须理解中国企业家在各种战略决策中的两难困境，尤其是在伦理决策中。即使是马云这样的企业家也不得不走在制度的悬崖边缘。

笔者所说的"制度悬崖"，是指旧制度往往禁锢企业家的创新与发展，而新制度的建设又历经艰难，迟迟跟不上形势的发展。在新旧制度中间，充满了边缘模糊地带。这些险恶的悬崖地带，使中国的经理人在决策时，比西方经理人有更多的两难，成王败寇，就在一念之间；"合规"与"合理"的区别，就是迂腐与机变。

---

① 孙黎，"企业家如何与制度博弈？"，《IT经理世界》，2011年7月5日。

在这些模糊地带，马云对支付宝的决策，其实秉持了他的创业者法则——客户第一、员工第二、股东第三这个理念。当支付宝的牌照成为服务客户的达摩克利斯之剑时，他选择了背离股东利益。胡舒立与王冉如果能考虑到当事人对优先利益相关者的排序，可能更能理解马云在两难选择中的决策过程。事实上，管理学家如西蒙在《管理决策》等经典著作中，早就指出企业家在决策中，在手段和目的的关系上不可能达到完全的统一。因为人的理性是有限的，受主观认识能力、知识、价值观念等方面的限制，不可能达到"最理想"、"最优化"的决策，只能追求在当时条件下"令人满意"的决策。而各种不同的利益相关者对"令人满意"又有不同的理解与追求。

支付宝的两难决策其实涉及企业家如何与制度博弈这一深层次的问题。从这一更广阔的角度看，企业家如果碰到马云这样的问题，该如何行动？

新游戏规则的建设者

笔者对"制度悬崖"的行走提出如下建议：

第一，企业家可以通过各种对话改变政策。由于各种制度、规范可能会以各种方式干预、影响企业的业务，企业家应思考各种对话途径，试图影响官员的决策与政策制定的过程。在美国，支付宝的对手 VISA、万事达、PayPal 们就组成了一个名为"电子支付联盟"的行业组织。从该组织的网站（http://www.electronicpaymentscoalition.org/）上看，主要目的其实就是影响美国国会的政策制定。在金融危机中，许多消费者因利用信用卡的额度过度消费而破产，奥巴马政府为此专门制定了一些限制信用卡的政策，为此，"电子支付联盟"成为游说国会、影响政策的对话机制。马云可以学习的是，利用支付宝的行业影响力，组建一个民间行业组织，对电子支付的各种接口、协议与行业规则进行建设，挤出一些不规范的公司，而央行实际上也欢迎这种行业自律行为。因为一项政策的生硬出台，往往都会有不可预见的负面效果（例如工信部对 VIE 的默认实际上与央行的规则不一致）。马云实际上可以通过各种对话机制的建立,使央行的政策出台更加稳妥。

第二,企业在与政府官员打交道时,应保持刺猬距离(见上节,指交易各参与方之间独立和平等的关系),在影响各级官员制定政策的过程中,应保持透明的方式,遵照企业的道德行为准则。例如联想享受了很多政策优惠,但董事长柳传志数十年屹立不倒,与当年同时期创业的很多企业家在政商关系上"折腰"形成鲜明的对比,就是他与各个级别的官员都保持一定的距离。而马云则一直强调自己要做一个透明的公司。这样的"臂长距离",能使企业即使遭受某位政府官员的不公正待遇或政治压力时,仍然有清楚、透明的申诉渠道。这也是胡舒立指出马云应争取国务院特批的合理之处。

第三,企业家自己应有清楚的行为准则,从而在员工中建立起相应的伦理标准和制度,明确对某些行为(例如行贿、受贿)的零容忍。最新的组织研究发现,在像阿里巴巴这样高调的企业中,内部员工往往会"好心办错事"——为了企业的利润目标而做一些不道德的事情,因为他们在认同自己所在的优秀企业的同时,反倒可能会降低道德标准(Umphress & Bingham, 2011)。阿里巴巴B2B公司直销团队的一些员工,为了追求高业绩、高收入,故意让一些涉嫌欺诈的公司加入阿里巴巴平台,虽然这只占到客户总量的0.8%,但马云高调铁腕整肃"客户第一"的价值观,将近百名销售人员开除或处理,CEO、COO更是引咎辞职。而马云在支付宝事件中,可能同样要有他在2011年年初时对B2B团队的要求:要拥有"面对现实、勇于担当和刮骨疗伤的勇气"。这样,才能在社会中建立起敢于承担责任的企业家精神。

第四,企业家对"合理"的思考应超越"合规"的空间。企业家应从各种利益相关者更广阔的空间思考"合理"与"合规"的模糊地带,很多时候甚至走在"合规"之前,有些管理学者更提出要重视那些弱势的利益相关者的问题(Hart & Sharma, 2004),普拉哈拉德更提出要重视金字塔底层的消费者,这些消费者市场往往成为创新的来源。例如在汽车行业,2010年美国汽车销量1 150万辆,召回2 000万辆;中国以破纪录的1 806万辆销量保持世界第一,而召回汽车只有 117 万辆，勉强达到美国的 1/20。跨国车企在国外召回汽车数量远大于中国，国内自主品牌则较少有召回案例，这正反映了国内车企还局限于"合规"内的利润，而放弃了更长远的品牌建设与消费者体验。同样，百度在互联网版权问题上（不论是音乐还是文学作品），也可以为弱势利益相关者——创作者——提供更好的平台。

市场经济的基石

回到胡舒立的议题，诚信与产权是市场经济的基石，这是不可否认的常识。但笔者还要指出的是，企业与政府透明对话机制的建立，不是书生意气的理想状态，而是一个开放社会的基本秩序。诺贝尔经济学奖获得者诺斯在 2009 年出版新著《暴力和社会秩序：一个解读人类历史记录的概念框架》(*Violence and Social Orders: A Conceptual Framework for Interpreting Recorded Human History*)，他提出一个开放社会的基本秩序特点是：

（1）政治和经济的发展；

（2）经济体经历更少的经济负增长；

（3）繁盛、充满活力的民间组织构成市民社会（Civil Society）的基础；

（4）更大的政府，但也更下放权力；

（5）普遍传扬的非个人化的（Impersonal）社会关系，包括法治、产权保护、公平、平等——在所有方面都视每个人为平等。

特别是第（3）、（4）点，据统计，在公共方面，美国在 1997 年有 87 504 个正式政府单位（包括 1 个国家，50 个州，3 043 个县，19 372 个区，16 629 个乡镇，13 726 个学区和 34 683 个特别区）。在私人组织方面，则有 1 188 510 个免税组织，其中包括 654 186 家宗教和慈善机构，139 512 家社会福利机构，31 464 家退伍军人组织，80 065 家纳税或免税的农民合作组织，77 274 家商业联盟，以及 91 972 家互助慈善团体。这些非营利组织构成强大的社会"第三种力量"，在各种政府对话、政策咨询、社会救济、互助与慈善、传扬信仰与道德等方面成为稳定社会的基石。虽然社会学家罗伯特·普特南在《独自玩保龄》中断言美国人近年来的社会参与度在下降，减弱了市民社会的力量，减少了社会资本，但统计表明，在美国，每160人就有一家非营利机构。这也是美国这个多民族国家最核心的维稳力量。在营利机构方面，美国有2 365万家组织，也就是说每60人就有一家正式的商业企业。目前，中国仅登记注册的中小企业数量就有4 000万家左右，这个数量已经远超过美国的企业数。但中国社会的"第三种力量"却极度缺乏。当阿里巴巴这样的企业帮助众多中小企业创业时，马云更应该考虑的是，如何通过"第三种力量"，在网商行业、第三方支付行业上自我规范、良性建议，与行业主管部门一起，共同成为C时代的建设性力量。

中国的改革历程，引用一句广东人的经验语，就是"遇到红灯绕着走，遇到黄灯闯着走，遇到绿灯抢着走"。互联网行业在中国的发展也是同样的路径，协议控制就是一个典型的"遇到红灯绕着走"的怪胎。互联网行业在下个十年的深入发展，制度更应应时而变，担负起支撑企业创新的责任；而支柱企业们在战略上，也应改变以往从混沌中杀出一条血路的江湖法则，更成熟、更自信地成为新游戏规则的建设者。

第三节　创新如何不被腐败扼杀[①]

阅读厚厚一本招股说明书向来是件赏心悦目的事情，尤其在这个收获的季节。

看似枯燥的财务数据，显示的是行业绚丽的前景、创业团队忙碌的身影；重床叠架的控股结构，反映的是控制人的苦心孤诣；频繁的重组与购并，显示的则是各位股东为利益争斗的刀光剑影。但手中这家香港上市的名叫微创医疗

---

① 孙黎，"创新如何不被腐败扼杀"，《IT经理世界》，2010年10月5日。

科学有限公司（00853）的招股说明书，最让人眼前一亮的则是 52 项中国专利与 2 项欧盟专利（包括 13 项发明专利），还有 83 项专利申请待审批，18 种产品处于不同的开发阶段。中国公司很少有这样重视研发投入的（每年的研发投入高达 15.4%），而且仅仅创业 12 年，就将这些创新市场化，获得 5.6 亿元的年销售额！

成功上市后，微创的市值将高达 65 亿元港币以上，为此而投入风险资本的上海张江投资也进入收获期，这些都让人为中国企业的创新而骄傲。但兴奋之余，也为该公司一再公布的"特别事项"而焦虑，连带焦虑的还有那些未能通过上市聆讯或正在为上市而努力的中国创新型企业。

这就是 IPO 中的"腐败折扣"。

IPO 中的"腐败折扣"

在香港上市与在内地上市的不同之处是，港交所在决定一家公司是否具有上市资格时比较关注公司是否牵涉到重大诉讼，并且重大诉讼是否会对股东利益不利。律师要对所有可能影响未来上市公司的各种行业监管、法律事项、经营风险等进行核查，对投资者进行广泛告知，否则，投资者可以以诈骗罪起诉。在微创的招股说明书中，一再出现的是"本集团可能曾从事违反中国法律或有违本集团声誉的活动"——腐败的风险。

微创招股书披露，药监局医疗器械司前司长郝和平，于任内多次向包括微创医疗在内的各医疗器械制造商索取不当礼品及钱款。微创创业中的拳头创新产品 Firebird，要推向市场，就必须通过药监局审批。郝和平曾向公司一名前高级管理人员索贿，公司创始人、董事长常兆华为此考虑数月，考虑到郝和平大权在握，可能会故意延误批准时间，推迟微创新产品上市的时间，不得不以个人资金向郝和平提供 22 万元，该前高级管理人员也向郝和平提供 4 万元，并由公司报销。

郝和平最后于 2005 年 7 月被捕，2006 年被判处监禁 15 年。常兆华曾作为证人而被法院传召。由于在微创的上市中，常兆华是重要的技术领导人与董事长,君合律师事务所出具的法律文件一再试图洗刷企业家的"原罪",认为常兆华"并无意牟取不正当的利益或权益(根据《中华人民共和国刑法》,此为一般情况下构成行贿罪的要素)……其行为不应被视为行贿罪"。

而董事会也确认,常兆华在中国医疗行业声誉卓著,例如在2008年当选中国人民政治协商会议第十一届全国委员会委员,2009年被国务院侨务办公室认可为全国归侨侨眷先进个人,还担任了上海理工大学医疗器械学院教授及副院长。

另一事件可能导致上市价格折扣的是:在2003年、2004年,微创曾为590万元的销售收入支付了50万元的医院赞助费和非法回扣,被工商部门处以30万元的罚款。

另外,招股公告书还披露曾于2007年收到3封匿名投诉信,分别指控集团根据伪造合约编制财务报表、为符合上市要求更改会计项目及常兆华令该公司采购高价但劣质的原材料。律师指出公司已进行内部调查,认为这些指控均没有法律根据。

微创自曝家丑,反映的正是医疗行业无处不在的腐败陋习,官员索贿、医院索贿、经销商索贿已经见惯不怪,它们正在扼杀微创这样的创新型公司。微创本来计划在2007年赴美国上市,估计正是这些层出不穷的腐败事件抵消了其在监管森严的美国上市的念头。2002年安然事件后通过的《萨班斯-奥克斯莱法案》规定,如果公司CEO/CFO事先知道违规事项,但仍提交承诺函,最多可以判处10年监禁,以及100万美元的罚款;同时美国最近也加强了《海外反腐败法》的执行力度,即使腐败行为发生在海外,美国上市的外国公司仍可能要经受美国司法部的调查。相对而言,香港的投资者们似乎更了解内地有关腐败的情况,对微创这样毛利润率高达87.2%的创新型公司也就睁一只眼闭一只眼了。但微创的招股书如此自曝家丑,也说明香港证券市场在经历创维黄宏生、物美张文中、国美黄光裕等事件后,对CEO涉及腐败事件的监管也愈加严格。

创新型公司如何应付腐败？

微创的案例说明，无处不在的腐败才是中国企业追求短期利润，无法顾及研发的长期投资，甚至逼上"山寨"梁山的原因；而不受限制的权力则使官员的手越伸越长——北京市公安局网监处于兵等人利用行政权力打压微点的创新产品，更只是骇人听闻的假案一角。官员们在鼓吹自有知识产权的创新时，更重要的是应该检查自己的行业监管是否透明，是否滥用权力为官商勾结制造了土壤，扼杀了中国企业创新的嫩苗。

对企业家而言，又如何应付无处不在的腐败？

研究发现，行贿受贿、权钱交易的隐秘性质会将一些企业家与政治家网罗在一个内向的紧密网络中，互相庇护，但也限制了企业外向成长的发展路径，尤其是公开上市融资，需要向微创一样严格地经受投资者、媒体以及监管机构的层层考验（Tonoyan, Strohmeyer, Habib & Perlitz, 2010）。这可能也是许多中国民营企业不想上市或者无法上市的原因，同时也是柳传志在回忆当年联想创业时的两难："但实际上，办企业真的是千难万险。那个时候在计划经济体制下，我们科学院所办的企业不是计划内的企业，拿不到必须办企业的某些指标，比如说生产批文、进口批文，非常麻烦。那样的日子很难，对一个想做好人、好好做企业的人是很难的……在那种情况下我们不断注意着，不能完全在道路的中间走，要踩在红线的边缘上走，不然的话那条路一定是走不通的，但是踩过了红线就会出很大的危险，因此怎样要有理想而不理想化地前进确实是非常困难的事情。"

但要想企业长治久安，冯仑所谓的"野蛮生长"还是要让位给"文明生长"。事实上，微创的董事会已经从腐败事件中汲取了教训：2007年，该公司开始改进内部控制，并专门聘请了两家咨询公司对内部控制与程序进行培训、检讨与改进。其中一家名为甫瀚投资管理咨询的公司对微创进行检查后，发现了企业的多处制度漏洞，例如缺乏权责授予制度，在重大程序和交易的审批上缺乏结构指导。为此，在其建议下，公司建立起权责授予的制度，规定各类权利类型、委派原则、日常监控及定期报告制度，公司总裁张燕亲自担任"合规官"。公司在2007年制定了商业行为守则，其中专门规定了对匿名举报不当行为与投诉的处理程序，并于2009年更新。2009年9月，微创还采纳了全面的反腐败手册。同时，公司还制定了一个全面的文件管理系统，该系统包括所有合同与重要商务文件，从而有助于公司管理层对各类重要文件进行有效的审核与监管，并将公司与经销商、供货商的合约进行标准化，将有关遵守适用法律的声明及保证纳入在内。

同时，公司也对所有员工提供广泛而持续的培训，使所有员工了解公司的内部控制、程序与政策，确保所有员工明白自己的合规责任，并和与外界各方（例如医院管理人员、医生及药监局官员）有经常往来的员工讨论如何在不涉及违规行为的情况下与这些关键的利益相关者维持亲密的合作关系。这些培训也针对常兆华与其他董事会成员。2009年起，微创更是就反贿赂问题为经销商提供每年一次的培训。为了更好地上市，2010年年初，微创再次委托甫瀚重新评估，进一步完善了公司的内部控制制度。

腐败，会像鸦片一样腐蚀企业的肌体，侵蚀社会的道德水准。如果像微创这样追求透明、正义、可持续性发展的上市公司越来越多，这个"野蛮生长"的社会也就有了更多进化的希望。

第四篇

创新无极

复盘全球化下的新世界

诺贝尔经济学奖得主罗伯特·福格尔在《外交政策》上发文预测：2040年中国国内生产总值（GDP）将达到123万亿美元，相当于全球GDP的40%，远超过美国（14%），GDP规模压倒性地居全球第一位。他还预测2040年中国人均收入将达8.5万美元，是欧盟的2倍以上。虽不及美国，但超过了日本。

中国果真能站立在世界各国的巅峰之上吗？

笔者认为这要取决于两个驱动创新的重要因素，一是中国是否能在经济、政治以及环境保护等各个方面继续向全球保持开放的态度。这个态度，就是长江商学院项兵教授所提出的"从月球看地球"的角度：全球化是个巨大的转型时代，充满着不确定性，整个社会都在思考变革之道。变革中最难丢掉的就是自身固有的思想与难以丢弃的传统思维方式。因此，新的时代需要新的思维，而新的思维来自于新的视野——从月球看地球的视野——从而积累和形成"以全球应对全球"的资本及优势。

二是教育。过去中国政府对教育领域的庞大投资没有给予足够重视。1998年，一部分是出于解决社会就业问题方面的考虑，中国扩大了对高等教育的投资。短短4年内接受高等教育的学生和海外留学生分别增加165%和152%，而且从2000年至2004年大学入校生猛增，每年增加约50%。福格尔分析称："越是受到良好教育的劳动者，生产效率就越高。"但是这些对教育的投资能变成创新的引擎吗？本篇的两章重点讨论全球化与教育问题。

第七章 全球视野

> 山也多,水也多,分不清东西
> 人也多,嘴也多,讲不清道理
> 怎样说,怎样做,才真正是自己
> ——崔健,《新长征路上的摇滚》

中国经济融入全球的过程,与中国企业国际化的过程一样,充满长征路上的艰辛、迷茫、痛苦与胜利的喜悦。复盘这个漫长的过程,我们建立起了什么样的全球观?

第一节 是谁拖累了全球经济?[①]

带着诺贝尔经济学奖的桂冠,克鲁格曼在中国到处演讲,赚足了出场费,但不妨碍他批评中国的人民币政策。他在 2010 年 1 月 1 日的《纽约时报》上发表专栏文章《中国人的新年》,称由于人民币低估,美国损失了 1.4 万个工作机会。随后在另一篇文章《中国天鹅的哀号》中,他建议美国财政部将中国命名为货币操纵国家。还有一篇专栏文章则更加高调地宣称中国将人民币与美元挂钩,拖累了全球经济的复苏:如果没有中国的外贸顺差,全球经济将增长 1.5 个

---

① 孙黎,"对冲基金为什么唱空中国",《IT 经理世界》,2010 年 7 月 20 日;孙黎,"是谁拖累了全球经济",《IT 经理世界》,2010 年 4 月 5 日。

百分点。

在美国民主党主导的国会中,作为经济"军师"的克鲁格曼有着重大的影响力。之后,130名国会议员就一起致信给美国财政部部长盖特纳和商务部部长骆家辉,要求把中国列为汇率操纵国之一,并呼吁对中国输美产品征收反补贴税。

虽然温家宝总理在2010年的"两会"上就人民币升值问题对美国作出反击,但美国国会议员对美国的施政方针有着重大影响力。2005年,纽约州参议员查尔斯·舒默提出《舒默法案》,威胁道,如果人民币不升值,那么所有进入美国的中国商品将被加征27.5%的汇率税。当时的总统布什当然不会让这样的法案通过,但2005—2008年,人民币对美元升值超过20%。

人民币汇率之辩

但征收人民币汇率反补贴税实在荒谬。中国对美国贸易顺差的源头主要来自两类企业,一类是占出口企业数80%的民营中小企业,这些企业尽管创造了中国68%的出口额,但大都在产业链的低端生存,平均利润也就2%—3%。更重要的是,克鲁格曼在贸易均衡的经济学模型中从未考虑过中国出口的制度约束:这些出口企业很难从国有银行贷款,很难从经济刺激的"四万亿"中得益,而民间贷款的利率至少在20%以上。相反,中国将对美国的大部分贸易顺差都购买了低于3%利率的国债、房利美和房地美的债券。房利美和房地美是美国政府撑腰的两大住房抵押贷款机构,也就是说中国的外汇储备使美国人在贷款购房时只要支付5%左右的利率,比许多蜗居的中国人更便宜、更早地圆了拥有住房的"美国梦",更不用说这些出口企业让沃尔玛、塔吉特(Target)等商场可以满足美国消费者的需求了。

另一类创造贸易顺差的是美国在华投资的跨国公司,这些公司将全球供应链延展进中国后,利用中国劳动力的低成本,可以实现更强的国际竞争力。美国在华投资项目累计达5.7万个,据中国美国商会《2009年中国商务环境调查报告》显示,74%的在华美资企业实现盈利,91%的在华美资企业选择继续扩大在华业务规模。这些企业对中国的总投资达 610 亿美元，每年至少获取 800 亿美元的回报。这些回报可以轻松地抵扣美国需支付中国 1.6 万亿美元国债的利息！

克鲁格曼的专栏名称为"自由主义者的良心"。就良心而论，谁补贴谁，以上数字一目了然。为此，代表美国商界利益的《华尔街日报》2010 年 3 月 18 日的社论指出：中国抵制人民币升值的要求是正确的，人民币升值，尤其是大幅升值会损害中国的经济增长。中国已经从日本 20 世纪 80 年代的日元升值中汲取了教训。事实是日元从 360 日元兑 1 美元升值到 1995 年的 80 日元兑 1 美元。正如斯坦福大学经济学家麦金农·罗恩的研究所表明的，这一结果就是日本连续 20 年的国内通货紧缩和经济发展停滞。与此同时，日本国际贸易持续顺差，因为经济增长的缓慢使进口需求下调。《华尔街日报》认为，中国领导着全球经济摆脱衰退，全球经济需要中国的火车头作用。

克鲁格曼在《纽约时报》上的论调为什么与《华尔街日报》截然相反呢？奥巴马在 2009 年年初宣布 7 870 亿美元的经济刺激计划时，克鲁格曼认为这一计划远远不够，金额至少要加一倍。而一年以后，美国的失业率仍然在 9.7%的水平徘徊不下，国民对奥巴马政府的支持率跌至最低。为了给奥巴马《医疗保健改革法案》保驾护航，"军师"克鲁格曼当然要为经济没有实现预期的复苏找替罪羊，而最好的敌人就是意识形态不同的中国。

外交一向是内政的延伸，增加税收会造成选民反弹，而缩减支出又会造成公务员的裁减及社会福利预算的缩减，引发中产阶级的不满。于是，将人民币汇率作为转移议题的焦点，以贸易保护主义为重点来限制别国贸易及增长，就成为眼下主政的民主党的主要经济方针，虽然这一方针可能损伤提倡自由贸易的跨国公司商界的利益。

可以预料的是，克鲁格曼与民主党国会议员将人民币作为替罪羊的挑衅一直会延续到美国的总统选举。更代表商界利益的共和党如果能在选举中扳回一城，美国国会与奥巴马政府才会更加理性地对待人民币升值。《华尔街日报》就一直认为美元保持强势地位，才能更好地刺激美国国内消费，更好地激励企业投资，维护美国跨国公司的对外投资。

但从长期来看，人民币升值不可避免。另一位诺贝尔经济学奖获得者约瑟夫·斯蒂格利茨的见解要比克鲁格曼深刻得多。他出版的《自由落体：美国、自由市场与下沉的全球经济》一书，注定与他前几年出版的批判IMF政策的《全球化及其不满》一样引起争议。斯蒂格利茨认为，当前世界最大的问题是需求与供给的不均衡，发达国家如美国消费过多，而发展中国家则需求过少，供应过多。在这个大格局下考虑，人民币汇率问题为什么会成为中美两大经济体争议的核心，就非常清楚了。美国《时代》周刊上刊登的文章"未来十年的十大主张"指出：美国和中国将成为全球治理不可或缺的轴心，这并不意味着双方结成像美日、美英那样的联盟，这种既竞争又合作的独特关系，将影响世界经济的总体走向。国富则币强，这是硬道理。

复盘窗口

斯蒂格利茨：世界经济面临六大挑战

斯蒂格利茨在《自由落体：美国、自由市场与下沉的全球经济》一书中对当前的全球化进行复盘：

第一，全球性的供需失衡，同时存在着大量未满足的需求和大量的产能闲置，其中最大的闲置是人力资源，金融危机减少了失业人口接受培训的机会，使得这一问题更为严重。

第二，环境和气候变化的挑战。长期以来，环境资源被视为免费，由此带来价格扭曲，并导致资源的不可持续式利用，转向可持续发展成为当务之急。

第三，贸易失衡。一些国家的消费超过收入水平，另外一些国家消费过少，这种情况还不是最可怕的，因为这毕竟是市场的一种常态。最可怕的是美国目前上万亿美元的外债水平是不可持续的，有可能导致汇率的巨变。美国现在应该为婴儿潮一代存钱，而不是借钱。

第四，制造业谜题。20世纪制造业成为欧美中产阶级的支柱，但近几十年随着生产率的极大提升，制造业扩张而就业率不升反降。

第五，收入和财富分配不平等。中国、印度缩短了与发达国家的差距，但非洲国家的差距扩大了。目前世界上仍有近10亿人生活在每天1美元的贫困线以下。这种分配的不平等也存在于大多数国家内部。钱从那些愿意花钱的人那里，涌到了已经超过自己所需要的人那里，这种情况限制了全球总需求的扩张。

第六，稳定。尽管声称国际金融机构的水平和经济管理知识提升，但是经济危机发生得更频繁、更严重。

这些变量之间存在互动关系，一些问题导致另一些问题的情况恶化，所以针对某一个问题的方案或将影响到针对另外一个问题的解决方案作用的发挥。例如，金融危机导致世界范围内工资下降压力增大，很多非熟练工作者很可能被抛入失业大军。美国低收入人群的财富大多投入到房屋中，而他们的房屋在金融危机后迅速贬值。全球贸易失衡的原因之一是亚洲金融危机后东亚国家对外汇储备的大量需求。而此次金融危机也会导致很多发展中国家倾向于持有更多外汇储备，进一步加重全球失衡的态势。

中国的应对之道

那么，中国应如何应对人民币升值这一难以避免的国际政治压力？

我们的分析从两个层面展开：国家层面上，将其诉诸国家主权当然只会显示"中国崛起"的冲突面。这里日本的经验仍然值得学习：日本的外汇总体储备高达5万亿美元，其中3/4是民间的对外投资。日本民间的对外投资非常多元化，其投资回报也远高于官方储备，例如日本企业对美国的投资累计高达2 300亿美元，仅次于英国。

对比之下，中国的官方储备高达2.5万亿美元，但民间对外储备与投资仅

1 000亿美元。由于官方储备的谨慎原则，只能购买低风险、高流动性的国债，使其投资回报率非常低。相比官方对美国的1.6万亿储备美元，中国民间企业对美国的累计直接投资也只有31亿美元，是美国企业对中国直接投资的5%，也是日本企业对美国直接投资的1.34%。也就是说美国、日本企业都有着具有丰厚回报的海外投资，中国独戚戚然。

为此，中国的应对方案就很清楚了：不管是人民币逐步升值还是一步调整到位，更长远的战略是开放民间对外投资，鼓励企业走向海外，为人民币自由兑换打下重要的基础。2009年，中国非金融行业的对外投资达到430亿美元，同比增长6%，但与当年4 000亿美元的外汇储备增长幅度相比，这一投资数额并不多。智库中国国际经济交流中心研究员徐洪才指出：中国应将部分外汇储备用于海外资源的战略性收购，加大力度收购海外石油、铁矿石和其他重要原材料行业的企业股权。但显然的是，这种政策性的倾斜受益的又将是国有企业。而没有了国内市场的垄断地位，国有企业是否能在海外市场攻城略地而不会有代理问题，国有资产管理部门能否实现成熟的监管，等等，都是国有企业在对外直接投资上的难题。为此，更重要的是鼓励有着更好治理结构的股份制企业、民营企业走出去。让创造中国68%的出口额的民营中小企业拥有用汇、结汇、对外投资的自由，将是更基础的经济政策。

而在企业层面上，对于人民币的长期升值趋势，中国企业应当保持"危"中有"机"的现实态度，对它们来说这同时意味着更高的国内生产成本和更便宜的进口消费以及更多的海外购并选择。从中美关系对全球经济供需关系再平衡的大格局出发，你就会发现人民币的升值、国内消费的扩张、海外购并空间的提升，都将为中国企业在全球价值产业链上往微笑曲线两端的高增值部分（研发与市场）扩展奠定基础。对真正的企业家而言，人民币升值所带来的全球资源的重新配置，将是未来十年最振奋人心的机遇！

"国富"是暂时的，人民币一旦被迫升值，国家的外汇储备就面临价值缩水；而"民强"，有更多的消费选择，让民间企业自由投资，为外汇创造更高的回报，通过海外直接投资与购并，为东道国创造更多的本地就业，提升中国在高端产业链上的价值创新能力，将是对克鲁格曼挑衅的最好回答。

中国的红色警报

随着中国经济越来越国际化，对冲基金开始出炉报告唱空中国也就不奇怪了。例如，美国著名的对冲基金经理查诺斯和美国GMO投资公司都预警中国泡沫可能破裂。麦嘉华资产管理公司的"末日博士"麦嘉华放言："中国经济增速将放缓，甚至可能在未来9—12个月内崩盘。"英国著名对冲基金经理亨德利说，中国目前的经济增长是被前所未有的信贷洪水推动的，而信贷洪水最终会毁了中国经济。据闻，50%的对冲基金看空中国。这些掌握着2.5万亿美元资产的对冲基金会有什么举动？它们背后有阴谋吗？它们有什么办法做空中国，从中盈利？它们对全球大宗商品（例如石油、煤矿、玉米、大豆等）的价格走势会有什么样的影响？如果说20世纪90年代的亚洲金融危机是索罗斯等对冲基金无情摧残的结果，那中国经济的未来会否受这些举足轻重的基金经理的影响？

国际宏观经济研究与顾问Steven Drobny最近出版《看不见的手：对冲基金的隐秘记录——反思真钱》（*The Invisible Hands: Hedge Funds Off the Record-Rethinking Real Money*）一书，匿名访问了12位全球著名的对冲基金经理。这或许能帮助我们揭示对冲基金的隐秘世界，理解他们的运作模式。在金融危机前，Drobny曾将对基金经理的系列访问汇集成《钱屋内部：对冲基金金牌交易员如何在全球市场获利》一书出版（参见他的网站www.drobny.com）。

在本书中，Drobny首先回顾了金融危机前捐赠基金（Endowment）的崛起。哈佛、耶鲁作为私人大学，校友捐赠是资金的主要来源。这些捐赠基金数额庞大，由专业基金经理打理。1985年，耶鲁基金为13亿美元，到2008年增长到228.7亿美元。耶鲁基金首席投资官David Swensen声名鹊起，在2000年出版《领航组合管理：机构投资者的非常规方法》（*Pioneering Portfolio Management*:

An Unconventional Approach to Institutional Investment）一书，在投资界成为《圣经》般的读物。在2008年前，耶鲁基金每年的回报率高达16%，不是因为像巴菲特那样选股思路超群，而是由于捐赠基金没有互惠基金那样的变现压力，后者的大部分资金都必须投资于流动性非常好的股票与债券，捐赠基金则可以投资私募资本与房地产，这些资产的流动性低，但长期回报却高。1998—2008年间，耶鲁基金组合中私募资本的回报最高，达35%；房地产资产其次，也高达18%，这些低流动、高回报的资产使耶鲁基金在同期每年的回报率高达16%。这一组合策略也使其他大型养老基金趋之若鹜，纷纷加大对私募资本与房地产的投资。结果大家都知道了，金融危机一来，私募资本与房地产资产遭受重创，耶鲁基金在2009年的回报率惨到-24.6%，哈佛基金更是惨到-27.3%。对比之下，宏观对冲基金平均仅损失-0.2%。就1991—2009年的平均回报而言，宏观对冲基金以每年回报14.1%的水平成为冠军。也就是说，如果你在1990年为宏观对冲基金投入1美元，20年后的2009年你可以拿回11美元，而如果投资S&P 500（美国最大的500家上市公司），你只能拿回3美元。

对冲基金为什么这么厉害？《看不见的手：对冲基金的隐秘记录——反思真钱》集中揭示了其投资策略，最重要的是，Drobny在面谈中更试图发现这些基金经理如何应付2008年的金融风暴，以及他们如何控制风险（如表7-1、图7-1所示）。

表7-1 哈佛、耶鲁捐赠基金与其他基金绩效比较（1991—2009）

	哈佛	耶鲁	S&P 500	摩根士丹利全球	雷曼 AGG	大宗商品	HFRI Macro	HFRI FOFs
回报率	11.9%	13.4%	7.3%	3.3%	7.0%	0.3%	14.1%	7.9%
波动性	13.4%	13.5%	17.2%	15.6%	4.5%	18.1%	11.9%	8.7%
夏普指数（5%）	0.58	0.68	0.22	-0.03	0.47	-0.17	0.81	0.37
最好年度	32.2%	41.0%	34.7%	22.0%	14.0%	46.6%	44.9%	21.0%
最差年度	-27.3%	-24.6%	-26.2%	-31.2%	-1.3%	-46.0%	-0.2%	-15.2%

注：HFR（Hedge Fund Research, Inc.）是一家对冲基金研究的数据库公司，该公司的指数全球宏观对冲基金指数（HFRI Macro），可作为全球宏观积极型策略的代表；HFRI FOFs是指基金中的基金，可以看做全球对冲基金的平均表现。

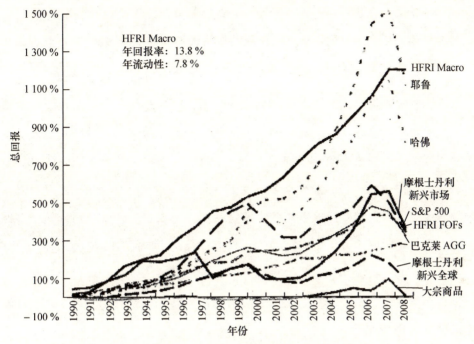

图 7-1 全球宏观对冲基金每年均能实现稳定增长

资料来源：Bloomberg, HFR, *CalPERS Annual Reports*, http://www.calpers.ca.gov/; Mcbane Faber, *The Ivy Ponfolio*（Wiley）。

大胆假设　小心求证

这 12 位基金经理的共性是特立独行，非常崇尚独立思考。他们也阅读同行大量的研究报告，快速适应世界的变化，但从不人云亦云（中国的教育要能培养出伟大的基金经理，就需要培训学生这方面的能力）。在投资界，"华尔街教父"本杰明·格雷厄姆的一则寓言经他的学生巴菲特的传扬而广为人知：

> 有一个石油大亨，死后要进入天堂，天使在天堂门口拦住他说："天堂留给石油业者的地方已经住满了，虽然你有资格，但我没有办法安排你了。"这位大亨灵机一动，就朝天堂里面大喊一声：地狱发现石油了！
>
> 话音刚落，天堂的门一下子打开了，一大群人蜂拥着朝地狱奔去，天使对这位石油大亨说，"好，现在你可以进去了"。

孤单一人的石油大亨此时面对空荡荡的天堂，心想：大家都跑过去了，莫非地狱里真的发现石油了，于是，他也急匆匆地向地狱跑去。

这个夸张的故事揭示了投资界的本质，许多投资者都是随机而动，一看耶鲁基金投资私募资本回报率高，立刻蜂拥而上，使私募资本在金融风暴前筹集了大量的资本，能够从事大规模的杠杆购并，但购并价格过高，降低了私募资本的回报率。中国投资有限责任公司曾在2007年私募"老大"黑石（Blackstone）上市时进行投资，股价至今不到IPO时的一半。但对冲基金经理面对这种羊群效应，则经常冷静地思考事物的另一面。例如，对冲基金经理鲍尔森在次贷产品全盛时期反方向做空（当然，也把撮合这一产品的高盛公司拖入丑闻的泥潭），2008年第四季度和2009年第一季度开始买入深受打击的金融股；另一位对冲基金经理泰珀则在饱受打击的美洲银行与花旗银行上押下重注，2009年盈利高达70亿美元。

这些基金经理如何刀口舔血呢？他们和对冲基金的先锋索罗斯一样，善于大胆提出各种假说，构造因果关系，利用各种金融数据与模型作出预测。然后，在实践中不断修正这些假说。他们针对这些假说而做的投资仓位，通常会通过各种手段对冲风险；一旦如果发现这些假说错误，他们立刻毫不留情地斩仓。美股2011年5月6日的崩盘，据说就是由于Universa对冲基金下了一张750万美元的大单，跟着巨量抛盘推波助澜作用，多种因素合力酿成了"黑天鹅时刻"，引发一连串灾难性后果。同样，《经济学人》前记者Sebastian Mallaby的新著《富比上帝：对冲基金和新精英的形成》（More Money Than God：Hedge Funds and the Making of a New Elite）也对基金经理的特立独行有出色的描绘。

对冲基金对各种看法是非常开放的，所以有50%的对冲基金经理看空中国，也就意味着另外50%的基金经理看好中国。Drobny的新书也有多处在和他们的对话中谈到中国——宏观基金怎么能不关心全球第二大经济体？这些基金经理的鸦鸣蝉噪其实对中国的政策制定者也是很好的参考。

对冲基金经理十分看重各种经济指标，他们发现中国经济中一个最大的不健康因素就是固定资产的投资扩张在GDP中占据了50%以上，而相应的投资回报率并没有提高，例如为抵御金融风暴，中国通过借贷支撑起一个"400年经济史上前所未有的"基础设施扩张计划。资本被胡乱配置，只有泡沫破裂之后，这种错配的恶果才显示出来。对比之下，印度的投资扩张占GDP的比例从25%提高到30%，但GDP的增长只比中国低1个百分点，不管其基础设施如何不足，印度的投资回报率要比中国高许多，这就比较健康和具备吸引力。

投资扩张所造成的产能过剩大部分要通过出口来实现，而中国的主要出口市场又在美国，如果美国去杠杆化的时间至少需要5年，未来不能实现经济增长，中国经济就存在巨大的隐患。如果在未来5年内中国无法改变这种结构性的失衡，可能会造成另一次亚洲金融危机，这时，依赖亚洲地区的众多大宗商品公司将面临破产。为此，亨德利专门成立了一家独立的基金，在国际市场上购买可能受到中国产能过剩影响的20家公司企业债券的信用违约互换（CDS）产品或期权，这些公司的共同特点是，背负巨大财务杠杆、过度依赖亚洲和大宗商品。如果中国经济崩盘，这些公司将股价大跌或止付债息，由于CDS的杠杆十分高，亨德利就可以从中获得大利。

当然，另外一些基金经理则存在相反的观点，从历史上看，正是因为中国加入WTO后，扭转了大宗商品的价格在20世纪90年代持续滑落的趋势，使澳大利亚、海湾国家、俄罗斯、巴西等资源丰富的国家在出口中盈余颇丰。中国经济体现在已经十分庞大，如果人民币能实现自由兑换，中国的内需市场将带动亚洲经济巨量增长，这些增长将持续提高大宗商品的价格。例如美国增长投资信托（US Growth Investment Trust）的掌门人拉塞尔·克利夫兰（Russell Cleveland）就看好中国未来的成长。部分对冲基金推高大宗商品价格，也会激励中国越来越多的能源企业走出去，在国际上购买更多的矿山与能源。

不管这些观点如何相互矛盾，市场越分歧，也就会有越多的波动，对冲基金就可以从波动中赚取更多的利润。Bremmer 与 Keat 曾在 2009 年出版《肥尾：战略投资中政治知识的力量》(*The Fat Tail: The Power of Political Knowledge for Strategic Investing*) 一书，该书认为，未来国际政治与经济将更多地交织在一起，在宏观上波动将更为显著，创造出更多的"肥尾"（指"高度不可能事件"对国际政治、经济关系的重大震撼，参见《站在美国阳台看中国》），为宏观对冲基金创造出更多的机会。中国要想在未来 10—15 年实现人民币的自由兑换，第一个要对付的就是这些翻手为云、覆手为雨的宏观对冲基金。虽然中国有 2 万亿的外汇储备可以与之"对撼"，但最重要的是培养出本土的对冲基金人才。这方面，只有将金融业向国内民间资本开放，中国新一代的对冲基金经理才有望从民间私募资本与国有金融企业的竞争中出现，这时，自由兑换的人民币才会在众多"看不见的手"的货币战争中稳若磐石。

第二节 如何打倒"新帝国主义"？[①]

郎咸平推出了两本新书——《郎咸平说新帝国主义在中国》和《产业链阴谋 III——新帝国主义并购中国企业的真相》。帝国主义论，在国际企业的研究中并不新鲜。1602 年，荷兰皇家特许成立东印度公司，就是为了开拓亚洲商道、殖民亚洲，才会有后面郑成功打败荷兰帝国主义，收复台湾的爱国故事。但再给今天的跨国公司戴上"新帝国主义"的帽子加以批驳，很可能把孩子连洗澡水一起泼出去，不仅抹杀了跨国公司在技术转移、产业升级方面对中国企业的促进作用，更否定了改革开放中外资在开放市场竞争、提高人力资源质量以及税收等各方面的贡献，更不用说非洲肯尼亚嗷嗷待哺的饥民是如何地渴望跨国公司（包括来自中国的投资）给他们工作机会了。

---

① 孙黎，"如何打倒'新帝国主义'"，《IT 经理世界》，2010 年 3 月 5 日。

"新帝国主义论"之谬

复盘窗口介绍的三篇国际主流学术研究的发现,揭示了东道国的制度如何影响跨国公司的盈利能力(按郎咸平的逻辑就是"掠夺能力"),东道国的制度开放如何提升本土企业的竞争能力(按郎咸平的话说就是如何打倒"新帝国主义")。这些主流学术理论背后都有极强的方法论与数据支持,他们给出的药方与郎咸平对全球化的批评完全相反。在发展中国家,支持市场经济的体制改革,是提升本土企业相对于跨国企业的竞争能力的重要催化剂。这种制度的催化功能,可能比单纯的技术、人力资源、产业链等方面的提升更为重要!

郎咸平认为,帝国主义的新特点是使用一体化技术开发能力(IPD)与集成化供应链管理,例如通过偷走中国的大豆苗,就能用强大的基因工程能力开发出转基因大豆,并通过一体化的市场渠道来推广这个大豆。其实 IPD 根本不是什么新特征,邓宁早在 20 世纪 60 年代就揭示了跨国企业将产业链内部化是重要的竞争手段。现实里,全球农作物的产量至今未能全面满足世界人口的需求,许多发展中国家的人民都在挨饿。虽然"绿色革命"大幅提高了印度、孟加拉国等国的农业生产率,但相对中国而言,其自给自足率仍然相当低。这正是当前全球农产品价格提升后可能引发全球粮食危机的背景。转基因将是回应这场新粮食危机的重要技术创新。至于对 IPD 的批评,只要看看单靠印度农民为何无法改良稻米品种就明白了。印度政府一直为某些稻米品种提供财政补助,结果等到发现这些品种退化、产量下降时已经来不及了。印度每年为农民提供的各种燃料、粮食和肥料补贴在政府总支出中所占比例超过 10%,酿成 20 年来最严重的财政赤字,最近不得不进行削减,以适应市场经济的改革。对比之下,中国强有力的杂交水稻种子公司,如隆平高科,同样是 IPD 的高手,却不需要政府对农民进行行政补贴。

研发、供应、销售、后勤、服务的一体化是推广新技术的创新的必然手段,例如,华为正是利用这种手段回应跨国公司的竞争的。中粮的宁高宁学得更快,将中粮五十多项业务归类、收缩于贸易、粮食加工、食品、地产、中土畜、糖和番茄、包装、肉食、金融保险等大的业务群,并提出改造中粮的"全产业链"战略。这一战略的提出,不是来自跨国公司的竞争压力,而是中粮从雨润、双汇、汇源等本土竞争对手那里学到的。

集成化供应链管理也不是新现象,在当今世界,技术创新早已使模块化成为趋势,供应链外包有利于本土企业吸收外包方的技术,进而向研发、市场营销等微笑曲线的两端提升。郎咸平只要跨过深圳的罗湖桥,到华强北一带走一走,就可以看到经由模块化组装的山寨手机如何打败了阿尔卡特、西门子甚至摩托罗拉等大型跨国公司。

郎咸平指出新帝国主义的金融寡头已经从传统银行转变成了现代"投资银行",控制着产业资本和传统银行资本。但对我国的许多新兴产业来说,如果没有海外风险投资早期对新浪、腾讯、百度、阿里巴巴的投资,我们可能完全生活在 MSN、雅虎、谷歌、易趣构成的完全"帝国主义"的世界里。而为什么本土投资者无法享受新浪、腾讯、百度、阿里巴巴等优秀本土公司的投资收益?原因正在于行政垄断的国内证券市场。

 **复盘窗口**

东道国的制度如何影响跨国公司和本土公司的竞争力?三项研究

1. 第一项研究①

20 世纪 70 年代,智利由一批芝加哥学派弗里德曼的弟子开始推动市场化改革,成为拉美国家结构性改革的领先者,该国的企业最早发展壮大,较早地实行了与中国企业类似的"走出去"战略,加大了在拉美其他国家的投资。该文发现,在经济自由化早期,智利"走出去"的跨国公司在拉美国家中比这些

---

① J. Kogan & Del Sol, P., Regional Competitive Advantage Based on Pioneering Economic Reforms: The Case of Chilean FDI, *Journal of International Business Studies* 38 (6): 901—927.

国家的本土企业有着更高的盈利能力，但后期，这种差别逐渐减小。也就是说，经济体制改革提升了本土企业对"新帝国主义"的竞争力。这对我们的启示就是：我们现在对越南、缅甸、孟加拉、非洲国家等经济体制落后的国家进行海外投资，将享有暂时的"制度领先优势"。

2. 第二项研究①

该文对中国汽车业从20世纪80年代初到21世纪第一个十年中期的研究表明：跨国公司往往在新兴经济体的东道国中组建复杂的政治网络，形成镶嵌型的关系，从而获得在东道国的长期竞争优势。但有趣的是，近年来这种政治性的镶嵌网络价值在下降，甚至成为负值！这说明制度越开放，像比亚迪、吉利这样的本土企业的崛起将使得跨国公司再也无法利用政治资源来参与竞争。

3. 第三项研究②

该文分析了拉美最大的500家公司1989—2005年的业绩表现，结果发现支持市场经济的改革能产生积极的效果，显著地影响发展中国家的本土企业的盈利能力。原因是这些改革可以减少外部监督企业的代理成本。在这个框架下，该文的两位作者认为，本土企业从支持市场经济的改革制度中获得的收益是不平等的，因为不同所有权的公司所遭受的代理问题各有不同，本土的国有企业最受益于经济体制改革，其次是本土的私营公司，最后才是跨国企业在本土的分公司（这一发现可以与第一篇文章的发现相印证）。两位作者随后又在《管理国际评论》上发表"结构性改革与企业出口"一文，发现发展中国家国内的市场经济改革越彻底，外资公司在这些国家的出口能力就会越高，而本土民营企业的对外出口竞争能力也相对提高。这一现象也可以在中国观察到。

---

① Pei Sun, K. Mellahi & E. Thun, The Dynamic Value of MNE Political Embeddedness: The Case of the Chinese Automobile Industry, *Journal of International Business Studies*, forthcoming.

② A. Cuervo-Cazurra & L. Dau, Promarket Reforms and Firm Profitability in Developing Countries, *Academy of Management Journal* 52 (6): 1348—1368.

什么是最好的竞争战略？

博斯公司全球高级合伙人谢祖墀博士在其2010年推出的新书《中国战略：如何利用全球增长最快经济体的力量》中，勾画出了一个中国各个产业的竞争格局图。这张图的右上角，是市场经济体制改革彻底的地方，也是本土企业竞争力最强的地方，而图的左下角是所谓有着"国家利益"的垄断行业，这些依附于权力体系的行业垄断公司供养着高收入的高管，却无法与跨国公司竞争。当前的"国进民退"现象，正是来自左下角垄断部分对右上角开放竞争部分的渗透与蚕食，长此以往，必然是本土企业整体竞争能力相对于跨国公司的倒退。

全球化的世界里，我们所看到的"新帝国主义"的真相，是不开放的制度与垄断抑制了本土企业的成长空间。在"国进民退"的号角中，与"新帝国主义"为虎作伥的垄断企业（包括房地产）正腐蚀中下游企业的利润空间，最终伤害本土企业的整体竞争力。

从制度对全球企业竞争战略的影响看，郎咸平发现了病症，但开错了药方。只有进一步加速改革，进一步开放市场，让民营企业有着与跨国公司一样的平等竞争机会与市场准入，才是本土企业战胜跨国公司的机遇所在。

对内开放，将是最好的对外开放与对外竞争的战略。

第三节 决胜于半全球化时代[①]

世界是"无边界的"，世界是"平坦的"——在西奥多·莱维特（代表作《全球化市场》）、托马斯·弗里德曼（代表作《世界是平的》）等人的鼓吹下，国家和地域之间的差异和限制似乎已经变得不再显著和重要了，各个角落的人群都可以轻而易举地抓住全球化浮现的各种机遇。对此，IESE商学院教授潘卡

---

① 孙迦勒、石维磊，"决胜'半全球化时代'"，《IT经理世界》，2010年6月5日。

基·格玛沃特提出了针锋相对的观点,并作了系统而深入的论证:广泛的观察和案例分析表明,国与国之间文化的、政治的、地理的鸿沟仍然存在,地缘经济的差异仍在很大程度上影响全球战略。例如,始于 2009 年年底的希腊财政危机,迅速蔓延到南欧的西班牙、葡萄牙等国,引起勤俭的德国民众质疑是否值得救助奢华的希腊人,而保持"大欧洲"的理想;2010 年英国大选中则兴起脱离欧盟的逆流,美元因此获益走强,而人民币则失去了在一篮子货币中增加欧元比例从而变相升值的机会。

国际商业的一些新动向表明,地缘优势依然是跨国经营中的重要因素,这对格玛沃特的观点形成了有力的支持。例如,AlixPartners 的一项研究表明,2005 年,中国制造产品的平均价格比墨西哥低 5% 左右,到 2009 年已经高出 20%。这使许多跨国公司将制造业务从中国转移回美国的邻国墨西哥。另一个变数是维修和设备更新成本。对于复杂的电子产品,这种成本可能会更高。Celestica 公司的安德拉德说,像电信交换机、电脑服务器这类高端电子产品的生产已开始向美洲回归,这样供应商就能更靠近美国用户。而印度的塔塔咨询公司(TCS)则加速了对美国、欧洲 IT 服务公司的购并,例如以 5.5 亿美元收购花旗集团旗下商务处理外包子公司 Citigroup Global Services,以求用更近的距离服务客户,增加自己产品与服务的价值。

格玛沃特的理论说明,印度在软件外包、钢铁等业务上,相对于中国企业在欧洲和北美的国际化进程中更有竞争力,这主要是基于它们同欧洲和北美企业的制度距离和文化距离相对较小。加入 WTO 后,中国的外贸依存度相当高,但中国受 2008 年国际金融危机的影响较小,也说明中国与东亚/东南亚区域经济的融合,缓冲了欧美经济衰退对中国的影响。

既然"半全球化"(Semiglobalization)才是当前这个时代的真实写照,那么企业应当如何分析自己所面临的竞争环境,并制定相应的制胜方略?就这一关键问题,在战略管理协会的华盛顿会议上,笔者有幸与格玛沃特交谈,请他对"半全球化"作出复盘。

孙黎：您在获得年度"麦肯锡奖"的文章中讨论全球领先者的区域策划，并提出"半全球化"的重要概念。这一概念提出的基础是什么？对跨国企业的全球战略有何影响？

格玛沃特：人们往往将国际市场的看法极端化，一种是认为各国市场是完全孤立的，另一种是认为各国市场是跨界整合的。但回顾一下各国市场整合的经济历史就会发现，这两种看法都不全面，所以我提出"半全球化"这一概念，描述国际间市场整合的不完全状态。更具体地说，就是全球市场一体化的程度在过去十年中已连创新高，但仍远远低于经济理论中完美融合的理想状态。"半全球化"的视角，可以提供一个对全球跨国经营环境的思考框架。它还呼吁企业要注意地点的重要作用，全球战略与一般的公司战略或主流战略不同，正在于国际企业在不同国家、不同地点上的特殊布局。全球战略的功能，也主要表现在企业如何适应市场的跨国界整合上；从"半全球化"的另一面看，就是如何利用跨国界整合中的障碍，扩大企业自身的竞争优势。

孙黎：这副全球化的图景有点像中国的《易经》阴阳图。《纽约时报》专栏作家托马斯·弗里德曼似乎更热情地推广"世界是平的"的观点，您在《外交季刊》上发表的论文反驳了这种观点。但从2008年金融危机在全球迅速蔓延来看，似乎更表明了全球化的影响力？

格玛沃特：你看看美国最大的贸易伙伴，第一是加拿大，第二是墨西哥，这两个国家都与美国接壤。我的数据表明，两个国家如果有共同的殖民（或被殖民）历史，双边贸易会增长188%；如果两个国家有着共同的边界，双边贸易会增长125%；如果两个国家有着共同的货币，双边贸易会增长114%。这些都说明，文化距离、制度距离、地理距离、经济距离，都深刻地影响着跨国界整合。距离越近，整合越容易；距离越远，整合越困难。"世界是平的"的观点，缺乏实际数据的支撑，可以说只是一种对全球化的信仰。全球化是有极大的影响，但现在还远远不到时候，而且全球金融危机后，这个世界更加错乱，全球贸易、投资会更加崎岖不平。

全球化使距离缩短但不太可能消失。美国与加拿大相邻的界线号称是全球最长的边界。按理说这两个国家在语言、文化等各方面都有极高的相似性，彼此间交流应更胜他国，藩篱不该是问题，但在《北美自由贸易协定》正式生效前，加拿大境内贸易的规模足足是对美国际贸易的20倍。等到《北美自由贸易协定》终于在1988年启动后，一直到20世纪90年代中期，加拿大境内贸易与国际贸易的比例才终于下降到10∶1；2008年《北美自由贸易协定》启动20周年时，其境内与对外贸易的差距仍维持在5∶1左右，而且这个统计数字的涵盖范围仅限于商品，如果加上服务的话差距还会更大。

我在2007年就预言"2008年最大的全球化故事将是：世界迅速实现经济一体化的步骤将放慢，人们将认识到更多的动荡和不确定性"。这个预测现在依然有效，全球化还有很长的路要走。

孙黎：20国集团（G20）匹兹堡峰会曾设定在2010年完成多哈回合谈判的目标，从您的这一观点出发，现在很不乐观。但2009年欧盟与韩国达成了自由贸易初步协议，您认为WTO的框架更有利于全球化，还是欧盟与韩国这种双边协议更容易改善跨国市场整合？

格玛沃特：有胜于无吧。双边协议可以加速区域个别市场间的相互整合，虽然这种整合的结果可能反倒给全球统一的框架设置障碍，因为受益于区域个别市场间的整合更容易计算，而受益于全球统一的WTO框架反倒要受多方利益博弈的制约。我的研究表明：共同的贸易区、共同的语言、共同的货币、共同的边界、共同的殖民地传统，都会极大地促进双边贸易与FDI。区域经济的整合速度未来可能快过全球的整合。

企业的应对方略

孙黎：在这种更加崎岖不平的复杂世界里，企业应如何制定战略？

格玛沃特：不可否认，通信科技的进步的确削减了通信费用，改变了我们的生活，但地理的距离仍旧影响企业的运营，看看谷歌在俄罗斯受到的待遇就明白了。沃尔玛模式在海外复制最成功的例子也不过三个地区：加拿大、英国和墨西哥，这三地不是与美国有地缘关系就是文化相近，而沃尔玛进入德国后就水土不服，最后不得不出售离场，沃尔玛在韩国、中国的利润率也很低。距离美国阿肯色总部越远，沃尔玛的运营利润率就越低，这说明沃尔玛应该深入了解不同市场的独特性才能与当地业者竞争。

为此，我建议企业：第一，建立一个正确的全球战略框架；第二，将这一战略贯彻到企业的各个功能领域（例如研发、制造、营销、渠道等），例如华为借鉴美军参谋长联席会议的组织模式，在功能与片区上执行战略；第三，对非市场战略要像市场战略一样重视；第四，对全球化要考虑其各方面的收益与成本，不能挂一漏万；第五，努力用自己的力量影响全球化的方向。

孙黎：沃尔玛购并了一家中国本土零售企业，但整合不佳。您在《决胜于半全球化时代》一书中提出了一些方法与策略，这些适合中国企业吗？中国企业目前大量收购海外资产，您认为中国企业目前最紧迫需要的全球思维是什么？

格玛沃特：中国企业在国际化中，不能根据本国的基准，或者根据一个放之四海而皆准的基准来制定战略。中国企业可能要交许多学费才能认识到这一点。

在国际购并中，最重要的是能否创造价值，这也是我提出的"ADDING 模型"的要义：扩大规模（Adding Volume）、降低成本（Decreasing Costs）、差异化（Differentiating or Increasing Willingness-to-pay）、增加产业吸引力与谈判能力（Improving Industry Attractiveness）、优化风险（Normalizing Risk）以及创新知识（Generating Knowledge）。

半全球化，意味着企业在国际化中要善于调整（Adaptation）业务架构，快速反应当地市场的特殊需求；同时通过国际标准化实现区域的集群优势（Aggregation），赢得规模经济与范围经济；同时还要善于专业化，开发不同国家的多元化优势，从经济不平衡中套利（Arbitrage）以赢得绝对的经济优势。

对话结论：如果对华为在这次经济危机中的战略进行复盘，可以说是贯彻 3A 战略的典范：调整（Adaptation）：让第一线听得见炮声的人，来呼唤炮火，拥有更多的决策权，以适应情况的千变万化；集群（Aggregation）：华为借用了美军参谋长联席会议的组织模式，对片区进行管理，用全球化的视野，对战略实施进行组织与协调，灵活地调配全球资源对重大项目的支持，使用"蜂群"的迅速集结与撤离的一窝蜂战术；套利（Arbitrage）：2008 年华为的收入 75% 来自海外，但 2009 年首次出现了下降，比重降到了 53.5%。在海外市场萎缩的背景下，华为适时加强了中国市场，使其成为业绩持续增长的顶梁柱，超越了多年的竞争对手中兴。而到 2010—2011 年，华为借助终端的设计与开发能力，通过与电信运营商良好的合作关系，低调并快速地实现了新的增长。

第四节　中外合资：终结与新生

王子爱上灰姑娘的故事，结尾总是"他们幸福地共同生活着"。

1996 年的娃哈哈员工不足 2 000 名，年销售规模 10 亿元，偏安于华东市场，与可口可乐、百事可乐、雀巢等攻城略地的巨头相比，委实是灰姑娘的样子，而法国的食品巨子达能此时进入中国，向多家饮料食品企业暗送秋波，确实是位腰缠万贯的王子，一甩手就是 4 300 万美元的礼金，而灰姑娘陪嫁的，除了设备车间外，还有那阴阴阳阳估值 1 亿元人民币、最终无法过户的"娃哈哈"商标。

可惜，这种对内合资企业的结局更多的是分手。结婚 11 年后，王子有了更多的风流韵事，而灰姑娘也开始攒存自己的私房钱，最终同床异梦，王子开始监视灰姑娘的场外经营，而灰姑娘也感觉从王子手中无法获得更多的技术或市场技能，双方终于撕破脸面，互相揭短，让新闻记者大赚稿费。两年漫长的打斗中，多家法院与仲裁庭的调解和审判、理性的计算终于让二者和平分手，据闻，灰姑娘付出了 3 亿欧元的分手费，终于取得了自由身。

对内合资时代的终结

达能与娃哈哈的童话故事，显示了当今中国中外合资企业的现状和未来走向的重要信号，从中我们至少可以得出以下结论：

第一，是本土灰姑娘面对国际群狼竞争的日益自信与进取。2006年年底，宗庆后曾与达能方面草签协议，同意将其控制的非合资公司51%的股份一起出售，协议转让价格为40亿元左右。不过，四个月后，宗庆后又开始反悔，与达能开战；而到了2009年11月，宗庆后反倒将达能51%的控股权收入囊中，其中的媒体战略（包括公关、博客）、诉讼战略、顾问结盟都可圈可点，虽然达能也揭露他的各种手段与算计，但强龙最终压不过地头蛇。同时，娃哈哈在市场上依然攻城略地，2008年销售额高达328亿元，2009年更是将销售目标定到500亿元——一季度营收103亿元的数据表明这个目标正在实现。这让宗庆后在谈判桌上更加自信顽强。娃哈哈2008年68亿元的利税，可以使企业评估价值高达600亿元，除去一半未进入合资企业的资产，合资企业价值如果包括商标也应达到300亿元，以30亿元收购51%的控股权，可以说取得了完胜。宗庆后大胆博弈的气魄，赢得了国内各地的诉讼，可以说为最终的胜利奠定了基础。换一家国有企业，面对自己本土品牌被合资企业"雪藏"，可能就没有这种长期抗争的勇气。

第二，显示了法国王子的合资战略在中国的失败。20世纪90年代，达能急于在中国布局，以赶超可口可乐等先行者，更多选用了合资战略，培养本土企业家，而自己派出的管理团队仅在董事会层面控制。从国际企业的"外来者劣势"（Liability of Foreignness）理论出发，这种股权控制型的投资策略，无法从合资企业中学习、积累中国市场的管理经验，也就无法克服"水土不服症"。2000年起，达能先后投资乐百氏、深圳益力、上海正广和、光明乳业、汇源果汁等一系列公司，但中方合作伙伴光明乳业的王佳芬评价达能的管理人员"真是一条'黏虫'，在我面前吃了闭门羹后便开始搞后台进攻……他们的野心和为达到目的不择手段的做法肯定后患无穷"。

达能将"信任"作为集团公司与附属公司的管理准则,在公司总部甚至专门设计有"信任"的商业比赛,用于达能的员工招聘,以使公司的价值观和经营方式一致,并进一步改善其"雇主形象"。但在国际经营中,达能却缺乏远见,经常将短期商业利益凌驾于合资伙伴的"信任"之上。例如,达能进入印度时,和中国战略一样,在1995年通过合资收购不列颠工业公司,与合资伙伴Wadia家族签署的协议中,达能同意在印度境内未经Wadia家族同意,不得经营其他食品品牌。但在市场增长的诱惑下,达能又移情别恋,投资印度的另一家食品公司Avesthagen,结果遭到Wadia家族的起诉。2007年11月,达能在印度输掉了这场官司。

当然,纯粹从财务型投资的角度看,在娃哈哈的个案上,到离婚风波前的2006年达能已累计分得红利超过35亿元,加上分手费近30亿元,13年前4300万美元的投资回报率也是相当高的。但经娃哈哈一役后,达能未来在中国将很难找到强有力的合资伙伴,例如与蒙牛乳业的合资协议本已签署,但最后遭到蒙牛方面的解约。

第三,从更广的视野看,娃哈哈与达能的离婚代表着一个中外合资时代的终结。在20世纪80年代,中外合资企业不仅代表着令人艳羡的海外资金,还代表着新的资金、新的人才、新的海外订单;到了90年代,合资企业还成为地方政府官员招商引资的政绩考核,民营企业或在香港的窗口企业将资金在海外周转一圈回来后,在地方上再合资,可以享受超国民的待遇,例如减税、低价收购国有企业等。但到21世纪,中国加入WTO后,当中国企业(尤其是民营企业)可以直接走出国门,参与全球竞争后,合资企业的光环逐渐消散。随着国内制度的成熟,跨国公司也不再需要国内合资伙伴打通"政治通道"或特权保护,纷纷收购合资伙伴手中的股权,图7-2正清楚地显示了这段潮起潮落的历史:2000年后进入中国的外资企业,大都采取了全资拥有(Wholly Owned Subsidiaries,WOS)的模式(Xia,Tan & Tan,2008)。

达能与娃哈哈的童话故事带给我们什么样的启示呢?

第一,合资企业的经营控制权有溢价价值。在很多中外合资项目中,我们

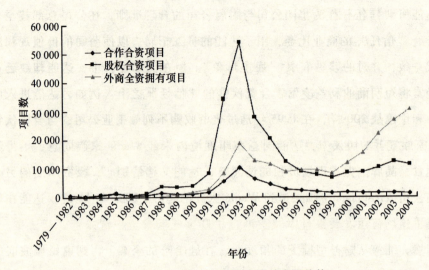

图 7-2 对内合资与外商全资的发展趋势

资料来源：商务部；Xia, J., Tan, J. & Tan, D., 2008, Mimetic Entry and Bandwagon Effect: The Rise and Decline of International Equity Joint Venture in China, *Strategic Management Journal*, 29（2）: 195—217。

主动放弃了经营权，结果自主品牌被"雪藏"，而中方也丧失了从合资中学习的能量，这正是我们目前在众多的汽车项目合资中应密切注意的，并应对"市场换技术"政策进行检讨。同时，经营控制权与品牌资产的管理、公司价值的增长、市场细分战略等都紧密相关（Lau & Bruton, 2008）。娃哈哈正是控制了经营权，所以才能让中方品牌价值迅速增长，而离婚时，也没给达能多少资产溢价的空间，取得了完胜。如果是股权接近的合资，则更要对经营权的分配作细致的划分，这样才能保证事后的合作。例如，光明乳业当初与达能在酸奶产品上刚开始合资时，双方仅花了一点时间讨论了市场分工的议题：光明和达能按照各自的特长进行品牌分工，光明重点做玻璃瓶、纸盒、塑料杯领域的产品，而达能则在塑料瓶产品方面重点发展；在产品上，光明集中做果味、果料等，达能重点做菌类。结果王佳芬回忆道："后来在经营中，偏偏是产品包装形式和品项定位成为我们冲撞的焦点，直至最后成为我们分手'离婚'的导火线，这大概是除了达能外的所有当天参会者始料未及的——在和跨国公司合作的过程中,任何细节都不能放过。"

在经营权无法具体划分的领域,在"婚前协议"中应该明确市场独占权所有方、竞争冲突时的解决方案、离婚条款等,例如,印度 Wadia 家族就在合资协议中要求有明确的反竞争条款,就没有像娃哈哈那样陷入达能另恋乐百氏后的被动。这也是 2009 年获诺贝尔经济学奖的威廉姆森教授所揭示的交易成本经济学背后的道理:对专属性资产划分得更加清楚,可以减少交易成本。

第二,随着中方管理人员的成长,未来的中外合资中,私募资本(PE)模式的进入将成为主流。例如在 2006 年汇源集团上市前,法国达能集团、美国华平投资集团、荷兰发展银行以及香港惠里基金共同投资汇源果汁 2 亿多美元,换得 35% 的股份,其中达能获得 22.18%。达能当时承诺"将帮助汇源完成渠道整合、工业技术提高以及供应链整合",在亚洲范围内帮助汇源果汁走出国门。事实上,达能在汇源上市后做得最多的就是一位财务投资者所做的事情——将其股份以更高的溢价卖给可口可乐。对汇源而言,其收益主要体现在达能在国际资本市场的"背书",提升了其品牌在资本市场上的影响力。

第三,向外方收购合资公司的股权方兴未艾。从万得金融数据库整理的图 7-3 看,自 2006 年以来,中国国内的上市公司开始大量收购外商持有的合资公司股份,到 2008 年购并件数达到 88 件,交易价值高达 367.8 亿元人民币。这不仅反映了国内企业开始利用资本市场,不再受制于 10 年前的资本短缺,更反映了中方管理层对经营的日益自信,对控制权更加重视,不再仅仅是外方收购中方的股权。同时,10 年前合资高潮中的许多项目的合资年限临近期满,这个时候,也是像娃哈哈一样对过去的合资经验做总结的时候,复习自己在合资功课中学习到的经验与教训,从而为新一轮的合作或单飞作出战略性的新选择。

第四,对外合资时代的开始。从全球战略看,娃哈哈与达能的分手,也昭示着一个新局面的开始——这就是中方企业对外合资时代。大量中国企业已开始购并海外资产与股权。在这些购并中,很多项目是保留被购并方的管理团队,或者被购并方继续持有部分股权。根据汤姆森 SDC 的数据库,笔者发现在 2000 年到 2008 年间中国的 634 项国际购并中,中方在购并后的公司中平均持股

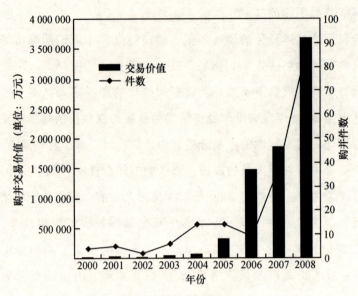

图 7-3　中国购并大幅增加

72.20%；而同期，印度公司的894项国际购并中，印方的平均持股是85.16%。这意味着中国企业必须将对内中外合资中积累的经验，迁移到对外合资项目中去，例如如何在合资项目中建立激励机制，如何架构合理的、双方信任的治理模式，如何深入学习研究对方国家的经营环境，为未来的全资拥有WOS模式建立基础，这才是有效的全球战略。

分手，是为了双方都能更幸福地活着。

对外合资时代的开场

如果说娃哈哈与达能历经两年痛苦的离婚史宣告20世纪90年代大量的中外合资历史的终结，而新的一轮中外合资的浪潮已经开始。如果说旧一轮的中外合资以"市场换技术"为目标，以中国本土市场为主，称为对内合资（Inward International Joint Venture）；则新一轮的中外合资反转以"技术换市场"，以全球市场为竞技场，我们称其为对外合资（Outward International Joint Venture）。这一轮新的合资潮呈现出显著的不同特点，笔者用表7-2作出总结。

表 7-2 对内合资与对外合资的比较

	对内合资时代	对外合资时代
时间与背景	大量成立于 20 世纪 90 年代初,10 年后大部分解散、离婚	全球金融危机后,中国企业开始走出去
口号	市场换技术	技术换市场
中方合资动机	• 获得外方先进技术 • 提升自己的管理经验 • (国有企业)摆脱上级的死板管理 • (民营企业)通过外方股东实现曲线管理层收购 • 享受合资企业的税收优惠	• 适应国际多变的制度环境,克服"外来者劣势" • 进入国际市场 • 吸引国际人才 • 建立全球品牌 • 更好地发挥中国的成本优势
外方合资动机	• 找到当地政府部门的合作支持 • 积累进入中国市场的经验 • 消灭本土市场的竞争对手 • 利用中方伙伴接触低成本劳动力市场	• 对接中国的供应链,将更多的制造环节外包到中国 • 利用中国低成本的工程师,提高研发效率 • 获得中国高速成长市场的"门票"
合资成果	• 培养出一批有经验的国际化人才 • 有些中方学习到先进营销、管理经验,在国际战略联盟的谈判能力与技巧也得到提高	• 中方可以接触到更高级的技术,深耕国际市场 • 更好地利用国际资本市场
合资冲突	• 中方的品牌被"雪藏" • 外方不再输入最新技术与管理经验 • 外方控制原材料供应、供应商与客户,偏向自己的利益,使中方利益受损	• 中方与外方各自的核心利益犬牙交错 • 中外管理层在全球更加混合,需要更强的沟通能力 • 中方的组织结构随着对外投资的增加更加复杂,必须应付更高的管理挑战
股份结构	外方占据主导权,即使股份没有 50%,也能通过董事会、技术供应等控制合资公司	中方更加自信,占据主导权,但也需承担更多的责任
公司治理	中方学习到董事会中对公司战略的控制,审计的透明度,对合作的信任度提高	中方继续学习如何提高公司的透明度,了解多个利益相关者的需求,增强企业社会责任
离婚管理	外方收购中方企业在合资企业的股权	• 中方未来可能进一步收购合资方的股份 • 合资企业也可以在国际市场上市,让外方实现退出
典型案例	宝洁、可口可乐、百事可乐、达能	比亚迪、上海汽车、联想、华为

第一，通过合资进入更广阔的国际市场，扩张市场份额。例如，日本市场一直以相对封闭著称。联想集团最近宣布，与日本 NEC 共同组建一家合资公司。日本目前为全球第三大个人电脑市场，NEC 是日本个人电脑市场的龙头企业，拥有强大的销售、市场营销及分销实力；联想则在日本东京设有销售办事处，在横滨的大和实验室（Yamato Lab）是其全球三大研发中心之一。两家公司将各自的个人电脑业务合并，新成立联想 NEC 控股公司，共同生产、开发产品并销售个人电脑。联想集团向 NEC 公司增发价值为 1.75 亿美元的股票，从而实现对合资企业控股 51%，这样联想可以将市场占有率从原本在日本的 6% 加上 NEC 的份额，迅速增加到 26%。

第二，杠杆自身的技术领先优势。戴姆勒-奔驰和比亚迪于 2010 年 5 月成立合资公司，双方共投资 8 780 万美元，联手开发电动车。新公司将结合戴姆勒在电动车结构和安全性能方面的经验以及比亚迪的电池驱动系统技术，开发出属于合资品牌的电动车型。与以前中外合资车企不同，国企能合资靠的是《汽车产业发展政策》的规定：同一家外商只可在国内建立两家整车合资企业。而比亚迪靠的是真刀真枪的铁电池技术。2012 年，深圳民营企业温斯顿全球能源控股有限公司（Thunder Sky）和俄罗斯国有纳米科技集团 RUSNANO 宣布建立合资企业 Liotech，建造世界最大的锂离子工厂。Liotech 在西伯利亚占地面积超过 4 万平方英尺，每年能生产 50 万不同容量的电池，如支持最大行驶距离 300 千米的汽车电池，能在 20 分钟内充满 70% 的电量，寿命超过 600 000 千米或运行八年。温斯顿的技术优势在于稀土锂钇和稀土锂硫两大类可充电电池，这项对外合资也是典型的技术输出。

第三，增加自己在合资企业中的话语权。2009 年年底，上海汽车集团斥资 8 450 万美元收购通用汽车在合资企业中 1% 的股权，实现对上海通用的控股。这是中国大陆合资汽车公司中，第一家突破合资双方 50∶50 股权比例的并购行为。同时，双方还成立新合资公司，共同开拓印度市场，双方计划利用通用汽车在印度的品牌、销售网络、两个整车厂和一个发动机工厂，在印度当地生产并销售由上海通用、泛亚汽车技术中心、上汽通用五菱主导开发的小型和微型车产品。显然,合资重组后,上海汽车将在合资企业的董事会中增加一人,同时可以更好地发展自主品牌。2010年,上海汽车还积极参与到通用破产后的重新IPO,出资5亿美元,购买了0.97%的股份,进一步加强了双方的合作关系。

第四,延伸企业的经营范围。2007年,华为与杀毒软件商赛门铁克组建合资公司,针对的是全球电信运营商和企业的分销安全及存储应用高达230亿美元的市场。华为为新公司注入其电信存储和安全业务,包括超过750名员工,持股51%;赛门铁克则注入部分企业存储和安全软件许可,另加1.5亿美元现金,拥有剩余49%的股份。目前合资公司年增长速度高达70%,2009年实现3亿美元的销售收入;2010年合资企业发布了云战略,为客户提供领先的端到端云基础架构解决方案,帮助赛门铁克推出首款硬件产品NetBackup 5000;2011年年初,合资企业又推出硬件产品FileStore N8300。合资企业也帮助两家企业都拓展了新产品市场。2011年,华为树立了云战略后,该合资企业在华为整体作战版图的地位得到提升,华为以5.3亿美元收购赛门铁克在合资公司中所持49%的股份。从这一案例可见,合资模式成功地帮助了华为对新领域的先行探路。

第五,合资谈判技术更加娴熟。凭借当年购并IBM PC业务积累的资本市场经验,联想在与NEC的合资中完全占据主动权,并以达能-娃哈哈的离婚事件为鉴,更好地实现离婚管理。在双方的合作协议中,联想在未来五年将有权选择是否收购合资公司剩余股权。方式是,在香港上市的联想向NEC授予认沽期权,NEC也向Lenovo BV授予认购期权,两者均可于交割日期届满第五年后行使。联想给NEC设计了激励目标:若NEC在商业和政府方面的销售收入达到设定的目标,如果联想愿意,可以以2.75亿美元购买NEC在合资企业中49%的股权。

这些事件,都代表着一个"技术换市场"的新时代开始了。

在这个新时代,游戏规则更加复杂多变。企业家应更善于对别人的教训进行复盘,从风险投资的交易结构与策略中学习国际化的规则。

第五节　向风险投资家学习跨国购并[①]

萨博汽车破产了。

庞大集团也随着公告，决定停止收购萨博汽车股份的交易，将参与破产法律程序，并按照相关会计准则就4 500万欧元的购车预付款提取坏账准备，预计这部分当初相当于为购并支付的定金在很大程度上是打了水漂。而这场国际购并的另一位合作者青年汽车更投入上亿美元的过渡性贷款支持，虽然后者认为当初为购并投入的资金已经换回一些技术，萨博全新开发的凤凰平台技术可以在一定程度上提升青年汽车的技术水平。从这场损失近4亿元人民币的国际购并看，中国企业可以学到什么样的教训呢？

避开国际购并中的"地雷"

最近几年，中国企业趁西方发达国家经济衰退，对一些陷入困境的企业进行收购整合，比较成功的例子是吉利支付福特13亿美元，实现对沃尔沃的购并；金风科技以4 120万欧元收购全球最早研发直驱永磁风力发电技术之一的德国VENSYS公司；湘电风能买入破产的Darwind资产，获得了5兆瓦直驱风机的技术以及2兆瓦风机生产线，这些国际购并在很大程度上提升了中国企业的研发创新努力。但国际购并也充满陷阱，尤其在买入濒于破产的企业时风险更大，如TCL在购并阿尔卡特手机、汤姆逊电视业务等时都交出了巨额学费。学术研究也发现，在国际购并过程中，68.7%的交易遭到了放弃或者失败，中国企业的失败率就更高了，更不用说购并后的整合了（Zhang, Zhou & Ebbers, 2010）。

对于如何降低国际购并的风险，提高成功率，庞大集团的庞庆华不妨进修

[①] 孙黎，"向风险投资家学习跨国购并"，《IT经理世界》，2012年1月5日。

一下我们商学院的风险投资课程,就不会使公司成为 2011 年跌幅最大的新股了。风险投资被称为"失败的艺术",就是指风险投资家通过各种金融工具、技术手段,避免投资中的各种不确定性,平衡各方面的利益关系,降低投资风险。庞庆华可以学习的策略有:

第一,向风险投资家学习尽职调查(Due Diligence)的技术,避免"地雷"。风险投资家在与目标企业达成初步合作意向后,往往会要求进场,对目标企业的各种历史数据和文档、管理人员的背景、产品市场、管理组织、技术状况、财务状况以及供应链等作一个全面深入的审核,通常需要花费 1—2 个月的时间,有的甚至更长。为了避免投资中的各种地雷,风险投资家会详尽地考察企业的各个利益相关者。例如在对萨博的购并中,庞大集团与青年汽车其实只要调查一下萨博的供应商,考察一下零部件的供应周期、库存、短缺状况,就可以估算出萨博有多捉襟见肘,再看一下萨博的经销商,就可以算出需要投入多少资金才能避免萨博的破产。但庞大集团与青年汽车都是见猎心喜,没有审慎调查,也没有雇用可信的中介机构,结果成为对方的待宰羔羊。

第二,通过里程碑管理,降低风险。风险投资家可能与创业者对企业估值产生分歧,最好的解决方案就是对公司的运营设定若干阶段性里程碑(参见笔者的《轻资产运营》一书)。如果目标公司在一定时间内能达到阶段性目标,风险投资家可以再决定加大资金投入,或者给创业家奖励部分股份。在购并中也可以应用这一技术克服不确定性所带来的风险。例如联想在收购 NEC 的 PC 业务中,就汲取了当年与私募资本一起购并 IBM PC 业务所积累的经验:在双方的合作协议中,如果 NEC 在商业和政府方面的销售收入达到设定的目标,联想将有权选择是否收购合资公司剩余股权。这种"谋定而后动"的做法,可以充分降低购并中的风险。

据《证券日报》报道,庞庆华表示,"当时由于不懂得收购细节,对方要求我们打款也就打过去了"。同样,青年汽车在与萨博的谈判过程中,也一直被萨博牵着鼻子走,先是投入 1 300 万欧元缓解萨博汽车工厂困局;然后通过一家境外投资机构，以购买技术为名，为萨博汽车提供7 000万欧元的过渡性贷款支持；随后又支付1 100万美元的过桥贷款；2011年12月14日，青年汽车又向萨博汽车提供500万美元资金，用于支付税收开支，并在随后支付2 000万欧元用于支付工资。可见，在这场中方本来可以占上风的谈判中，一直没有与对手签订有条件、有抵押的进程条款，没有步步为营，只能是越输越多。

第三，通过限制性的股份、保护性的条款，保护自己的投资权益。风险投资家在购买公司股份时，一般要求是优先股，这些优先股在一定条件下可以按照约定的转换价格转换成普通股，同时这些股份还伴随有反稀释条款（在后续融资过程中防止股份价值被稀释）和优先购买权，在破产时还有优先清偿权、股份回购权等。

在萨博进入重组保护前，庞大集团已向萨博汽车支付了4 500万欧元的购车预付款，按照瑞典当地法律，由于该笔款项并不是在重组保护期间投入的，就不能得到优先偿付，庞大只能和萨博汽车的所有欠款供应商一样，作为"一般债权人"向法院申请补偿。按照优先清偿债务的顺序，萨博汽车破产清算后将优先向欧洲投资银行和工会还债，以清偿银行贷款和工人工资；其次才轮到像庞大集团、青年汽车和萨博汽车供应商这样的"一般债权人"。没有像风险投资家一样，明知萨博有可能破产，却没有通过优先条款、资产抵押等措施保护自己的购并定金，是庞大与青年汽车的深刻教训。

第四，善于平衡各种合作伙伴的关系，既给予激励也施以控制。风险投资家在投资后，非常重视各种利益相关者，例如对董事会就要求保持投资人、企业、创始人以及外部独立董事之间合适的制衡，同时又给予创始人与该员工足够的激励，从而将饼做大，创造更多的财富。而在对萨博的收购中，庞庆华已经知道购并计划需要通用、供应商及欧洲银行的同意，但却没有料想到来自通用方的阻力如此之大。与吉利当初收购沃尔沃不同，福特当初是急于回收现金，并使沃尔沃能生存下去，使员工能满意，即使与未来的竞争对手做交易也不足惜。而通用已经将大部分萨博股份都卖给了瑞典汽车，对萨博的破产不会有太多的责任。更重要的是,在整个通用汽车国际部中,中国区贡献的利润在50%以上,是通用汽车保证10亿美元现金流的关键,在中国发展的战略对通用而言比福特要重要得多,当然不允许青年汽车这样的未来竞争对手染指了。通用强硬地表示,考虑到通用与中国现有企业的合作关系以及通用在全球其他市场的竞争优势,通用不会支持瑞典汽车将萨博卖给中国企业的计划,逼得青年汽车在最后关头放弃了购并。事实上,庞大与青年汽车在谈判一开始就低估了通用这位重要的利益相关者。

当然,破产后的萨博,资产与知识产权更为干净。知止而后有定,希望青年汽车在静观其变后,反倒能汲取经验,收购到有效的研发资产。

在大洋的另一方,AT&T购并T-Mobile美国未能通过美国反垄断机构的审查,遭到同样的失败,AT&T将向T-Mobile美国赔付30亿美元的定金、七年期的漫游协议和部分频谱,可谓赔了夫人又折兵。AT&T的失败倒不是在缺乏经验上,而是掉入了所谓过去成功的"经验陷阱"。在2004年,AT&T收购了Cingular,成功说服国会,为此,AT&T对自己在华盛顿K街游说的本领相当自信。但在AT&T购并T-Mobile美国后,用户总人数将达1.3亿,远超过Verizon(9 400万用户)和Sprint(5 300万用户),这场购并将极大地影响竞争格局,Sprint甚至针对AT&T的收购行动提起了反垄断诉讼。AT&T的购并与中国企业收购萨博类似的是购并方都低估了关键利益相关者的反应。陈明哲教授的察觉—动机—能力理论在购并方面也可以提供一个分析框架,收购方经常需要揣摩的是:对手是不是察觉到自己的行动,对手是不是有动机来回应,以及对手有没有能力来回应(Chen,1996)。

未来,缺乏经验的中国企业将会有更多的海外购并,如何应用风险投资的流程、工具与技术,降低购并中的风险与不确定性,将是中国企业家的必修课。

复盘报告

中国铁建在麦加项目中的教训[①]

阿灵顿德州大学 EMBA2009 班学员

麦加轻轨是沙特国内 50 年来第一个轻轨铁路项目,中国铁建在 2009 年 2 月与沙特城乡事务部签署了总承包合同,截至 2010 年 9 月 30 日,预计总成本达到 160.69 亿元,合同损失为 39.99 亿元。加上财务费用 1.54 亿元,总亏损额预计为 41.53 亿元。

1. 从战略的制度观出发,结合你可以收集到的其他资料(例如上市公司的报告)分析:哪些制度因素导致了中国铁建麦加项目巨亏?

企业的全球战略受到制度、文化、伦理的深刻影响,任何一项优秀的战略都要受到正式与非正式制度、有形与无形制度的考验。

中国铁建承建沙特轻轨项目本身性质特殊、政治色彩浓厚,因此必须从始至终遵循当地政府和社会的法律、文化、伦理、习俗。正是这些正式或非正式的制度很大程度上使中国铁建无法适应,受到限制,导致巨亏。

第一,中国铁建麦加项目中,采取了典型的"关系交易"(Relational Contracting)模式,在成本效益比上存在较大风险。

"制度",本质上是一种游戏规则,无论它是正式的还是非正式的,是规章、规范还是认知,其目的都是或多或少地降低交易的不确定性,增加企业在作出战略决策时的可预期性。通常而言,能够降低经济交易不确定性的制度可以分为两类:"公平交易"——由第三方执行的、正式的、以成文规则为基础的非个人交换,或称"基于正式制度的交易";"关系交易"——非正式的、以

[①] 本报告是笔者在 2010 年 11 月给阿灵顿德州大学的 EMBA 授课时,根据八个小组对中国铁建麦加轻铁项目进行复盘,在各自报告的基础上,进行综合的结果。对这些 EMBA 学员的辛勤工作与努力表示感谢,特别向贾涛、方浩、贾丕星、林立清、王琮、何青、王占峰、田应雄等八位组长致谢!

关系（如"友谊"）为基础的个人交易。

中国铁建麦加项目是一个典型的"关系交易"。它并非通过公开竞标招标的方式而达成，而是基于中沙两国政府发展经贸关系的共识，换句话说，基于中沙两国的"友谊"。中国铁建认为，"麦加轻轨是穆斯林朝觐的专业铁路项目，在穆斯林世界里举足轻重，朝觐者涉及数十个国家十几亿穆斯林，影响力比较大"。在这种情况下，无论是决定承接项目，还是在项目进行过程中面对业主方无理变更施工要求，中国铁建的应对都是非经济性、非商业性和非理性的。其对制度因素的基本假设是：

（1）作为"关系交易"，前期为了维持"关系"，大成本投入（甚至不计成本）是可以接受的和必须的，即使前期亏损，但可望在把握市场后通过后续项目实现高回报低成本的持续利益；

（2）业主方（沙特政府）对于该项目的"关系交易"特性也是有所认知的，因此会投桃报李，在"两国友谊"的前提下照顾中国公司的利益。

可惜的是，中国铁建的以上两点设想，迄今为止都落空了。沙特政府决定中国铁建承接项目，似乎更多的是基于经济考虑（中国铁建的报价畸低且接受超出行业正常水平的短工期）；而目前为止，也没有看到中国铁建可以借此在沙特或者中东地区获得长期回报的迹象。

总之，以"关系交易"的思维履行商业项目，并且设想对方亦会遵守"关系交易"下的不成文规则给予回报，结果事与愿违，未能避免交易的不确定性，是中国铁建本次巨亏的又一制度性因素。

第二，从正式制度角度看：中国铁建在 2010 年 10 月 25 日发布的公告中称，2009 年 2 月与沙特城乡事务部签约时，约定采用 EPC + O&M 总承包模式（即设计、采购、施工加运营、维护总承包模式），由中国铁建负责设计、采购、施工、系统（包括车辆）安装调试以及从 2010 年 11 月 13 日起为期三年的运营和维护。中国铁建虽是总承包商，但没有掌握设计主动权，给土建和系统工程施工造成极大的被动局面。该项目土建采用美国标准，系统采用欧洲标准，设计分包商均是由业主指定的西方公司和当地公司,直接听令于业主。

由于苛刻的合同条款,业主对建设标准和建设要求变更频繁,对设备和材料审批滞后,并指定了设计、系统和土建等关键环节的分包商,导致中国铁建没有掌握项目控制的主动权,却要承担总包商的终极责任,责权严重不对等。

另外,中国铁建对当地劳工签证、设备材料审批等规则也不熟悉,这也造成了劳工签证迟缓,设备、材料审批拖沓,造成工期拖延。中国铁建第一批用于该项目的劳务指标在签约五个月后的2009年7月才办理完毕。中国铁建高层就此事特地于当年8月拜会中国驻沙特大使杨洪林,希望中国驻沙特大使馆在保证施工人员安全和来沙工作配额指标上给予帮助。根据中国铁建的公告,直到2010年下半年,麦加轻轨项目才进入大规模施工阶段,同时实际工程量比签约时大幅增加,中国铁建为此紧急从国内调配大量人力、物力、财力奔赴沙特,以确保项目能够于2010年11月开通运营,这也导致成本大幅增加。

第三,从非正式制度角度看:

(1)中国铁建作为项目的EPC总包商,对于当地政府的办事程序不熟悉,也没有经验。项目实施中,连房间墙壁的颜色等都需要业主代表(城乡事务部副部长)亲自选择才能决定,导致大量本应通过正常流程决定的事情,需要经过若干次反复才能最后批复,审批进展滞后。

(2)此项工程由于涉及宗教问题,时间非常紧迫,公司面临的商业风险很大。中国铁建在麦加轻轨项目上,在变更索赔未获落实的情况下,从全系统15家单位调集人员驰援现场进行"不讲条件、不讲价钱、不讲客观"的会战,以确保按时保质完工。公司之所以打破行业惯例,主要是考虑到麦加轻轨是穆斯林朝觐的专业铁路项目,在穆斯林世界里举足轻重,影响力较大。

(3)未足够关注对外投资的制度距离。全球化背景下,从事全球经营战略还必须关注制度距离的作用。制度距离是指两个国家间基于管制层面、规范层面和认知层面的制度的异同程度。当企业决定进入国外市场或从事对外直接投资时,一定要平衡好制度距离以及自身能力的关系。自身能力不够的企业一定不能进入制度距离大的海外市场。很多公司实施跨国战略遭遇失败,很大程度上是因为没有充分分析制度距离约束下的自身能力的局限。

中国铁建投资麦加轻轨项目,是属于制度距离较远的对外投资项目,本来应当非常谨慎决策,但却因为国家政策鼓励大型国有企业走出国门、做大做强而忽略。邓宁"国际生产折中理论"中的内部化理论,解释了跨国公司对外直接投资的动机与决定因素,却无法解释为什么很多发展中国家的企业在没有自身所有权优势来内部化的情况下,依然大量从事跨国并购和跨国合资行为的现象。战略的制度观则发现,这些企业的此种战略倾向,与国家的赶超政策将企业做大做强的制度压力有关。麦加轻轨项目得到了中沙两国元首和政府的高度关注,中国铁道部、商务部和国务院国有资产监督管理委员会给予了大力支持。中国铁建高层曾多次在公司内部表示,这一项目是政治工程。优质、高效地建设麦加轻轨,已经超出了企业间的商务行为,上升到了国家层面,具有重大的政治意义。因此中国铁建在参与此项目时,采取了低报价策略,不惜一切代价拿下并完成此项工程。

2. 从战略的资源观出发,结合你可以收集到的其他资料(例如上市公司的报告)分析:哪些资源因素导致了中国铁建麦加项目巨亏?

战略的资源观可以回溯到彭罗斯1959年发表的《企业成长理论》;1984年,伯格·沃纳菲尔特继承了这一理论,发表了经典性论文《企业资源基础论》;20世纪90年代,普拉哈拉德和哈默尔提出核心竞争力理论更是把这一流派发扬光大;《全球战略》则主要以巴尼提出的VRIO框架作为资源成为竞争优势来源的分析框架:资源是有价值的(Valuable)、稀缺的(Rare)、难以模仿的(Inimitable)以及组织化的(Organization)。我们用表7-3从战略的资源观来分析中国铁建麦加项目。

表7-3 中国铁建麦加项目战略的资源观分析

优势	劣势
• 稀缺性：中国国有企业特有的高性价比、高效率竞争优势，可以为业主提供最短工期加最低报价，这种资源优势几乎是独一无二的。 • 模仿性：同样，中国国有企业的高性价比优势基于其独特的体制优势，几乎不可能为他国竞争对手所复制。 • 组织性：中国铁建组织运营大型建设项目的丰富经验，尤其是在短时间内集中调度巨量资源"会战"的组织模式，是屡屡创造工程奇迹的一大资源优势。	• 与竞争对手相比，中国铁建在技术上并无特别优势，即欠缺价值性资源优势因素。 • 在报价竞争上，难以模仿性也会带来一些劣势。公开资料显示，麦加轻轨项目是迄今为止世界轨道交通建设史上同类项目施工难度最大、建设工期最短、设计运能最大的工程。加之业内EPC项目报高不报低的惯例，项目投标价格理应偏高，而中国铁建最终仅以17.7亿美元的价格中标（据称沙特当地最大的建筑公司曾为该项目开价27亿美元）。 • 中国铁建在组织性上表现出来的优势，几乎都基于一个前提：良好的、有效管理的、命令上通下达执行得力的宏观环境。而本案例的东道国，不具备这种条件。

在本案例中，中国铁建在麦加轻轨项目上的亏损，与业主的多变和拖延有关，但更根本的原因在于中国铁建自身在前期对项目风险的评估不够充足，在实施中按照欧美标准建设海外工程的经验不够丰富，在发现问题时通过合同维护利益、减少风险的意识也不够充分。更深层次上，这与中国铁建长期承接国内铁路工程形成的行政思维和相对粗放的管理有关，把这种海外大单当成了自己的"面子工程"，未形成对工程安全、质量、工期和成本的总控机制。走出国门之后，面对复杂的国际环境，依靠惯性思维和国内的传统做法不仅难以维护自身利益，反而可能招致损失，带来更多麻烦。

国内传统做法、习惯，直接抵消了中国铁建在资源因素上的诸多优势。例如，作为EPC项目的总承包商，中国铁建理所当然应当对于工程的设计、采购、建设负有全责也拥有全权。而在拥有总承包商应当有的权力的情况下，中国铁建的组织性优势将极大地发挥出来，必将以惊人的高效完成项目，从而进一步激发出稀缺性和不可模仿性的优势。但是，在实践中，中国铁建却受制于业主方沙特政府，听任业主方剥夺其作为总承包商对于多数问题的决定权。多头分散而且不熟悉的分包商、效率缓慢的审批流程等直接瓦解了项目的组织性，从而在根本上动摇了中国铁建的资源性优势。最终，中国铁建的资源性优势只能在被动的、不惜血本的追赶工期上发挥出来,而这种"发挥"不但不能促成效益,反而造成了无奈的巨亏。

因此,盲目相信和依赖自己的传统资源优势,却忽视了这种优势所基于的宏观条件,在不熟悉的环境中不注意创造条件,最终导致自身的资源优势荡然无存,这是中国铁建麦加项目在资源性因素上的主要战略失误和教训。

3. 中国铁建采取了什么样的跨国进入模式(Entry Mode)?这一模式与其他模式相比,有什么优势与劣势?

跨国进入模式第一步可以分为:"股权模式"和"非股权模式"。前者主要是通过直接投资拥有某种海外股权;而后者则可进一步分为:出口、合同性协议两种模式。中国铁建的麦加项目,采取的即是"非股权模式"下的"合同性协议"模式,更具体而言,则属于交钥匙工程合同模式。

企业决定跨国进入模式的战略考虑因素首先是进入的规模。"股权模式"属于大规模进入,而各种"非股权模式"进入规模则较小。一般而言,面对全新的、陌生的市场,企业在缺乏经验的情况下,会考虑首先采取小规模进入的"非股权模式"进行"试水",通过首先在该市场进行产品出口或者参与合同项目,"边干边学"(Learning by Doing),逐渐积累对该市场环境的了解和经验,从而逐步缓和"外来者的水土不服症"的影响,最终在条件成熟的情况下进行大规模的股权式进入。"股权模式"和"非股权模式"的优劣对比如表7-4所示。

表7-4 "股权模式"和"非股权模式"的优劣对比

股权模式进入	非股权模式进入(如中国铁建麦加项目)
高投入、高成本、高战略承诺、高风险	投入规模相对较低、风险可控
所有权优势——拥有对当地资源的所有权或直接控制,这是跨国公司的主要优势之一	对当地资源或者没有控制,或者只能以契约的形式获得,存在不稳定性
内部化优势——通过横跨两国的单一组织将两国市场资源协调从原来的外部市场关系转化为单一公司集团内部的关系,从而降低跨国交易成本和降低效率,这是跨国公司的主要优势之一	与当地资源之间的联结仍通过外部市场关系(合同关系)维系,跨国交易成本较高

（续表）

股权模式进入	非股权模式进入（如中国铁建麦加项目）
在当地市场维持长期、战略性的存在，发展顺利可有效占领市场，甚至排斥其他竞争对手的后续进入	通常会在交易或项目结束后退出，如果不能发展到股权模式，则在当地市场的存在是暂时性的。另外，伴随着技术、管理输出的合同模式（如"交钥匙工程"）还可能培养起当地的竞争对手
可能面临市场准入限制，在一些特定行业、领域不可行	在特定情况下有可能进入存在直接投资市场准入限制的领域

交钥匙工程的优势有：

● 能够充分体现公司的竞争实力，比较容易在进入国家树立良好的形象，打造国际化的品牌。

● 有利于整合母公司的各种资源，充分发挥公司的资源优势。

● 能够减少大规模资本性投入，使公司集中精力做好主营业务，为下一步发展打下良好基础。

交钥匙工程的劣势有：

● 直接与国外竞争对手进行竞争，需要公司投入大量的人力、物力和财力。

● 容易遭遇进入壁垒（制度、法律、风俗），容易造成"水土不服"。

● 不利于利用国外的优势资源和优秀人才。

● 由于没有实现资本融合，无法使自身利益与当地政府和企业的利益相一致，造成管理、协调方面的困难，也不能通过母公司内部各子公司之间的交易来降低成本。

以中国铁建麦加项目为例，如果中国铁建在业主提出临时变更和追加要求后，果断按照合同规定和行业惯例停工谈判，那么实际上就可以利用"非股权模式"中的"低风险"优势。这种场合下，即使谈判不成功项目合作破裂，中国铁建损失的也只是一纸协议和前期的投入，损失相对可控。但是在实践中，中国铁建没有这样处理，反而增大了资源投入以片面满足业主方的要求，自缚手脚,将优势变为劣势。中国铁建的这种反常态的选择,很大程度上是由于该项目客观存在的"高承诺"(两国政府间合作的样板项目),这种"高承诺"因素实际上决定了中国铁建并不适合采取这种"非股权模式"运营这个项目,如果最初能够选择采取与当地合作伙伴(例如沙特铁路公司)联合投标的模式,可以对当地资源有更高控制性,则可能可以避免最终的这种尴尬。

在决定以"非股权模式"进入后,企业通常面临二次选择,即采取哪一种具体模式。本案例中,中国铁建选择的BOT项目模式,与出口(包括直接出口和间接出口)、特许权经营(或连锁经营)、研发合同、共同市场合同以及交钥匙项目合同相比,有一个优势,即由于在项目建设完成后还会继续负责项目的运营和维护,因此可以保持在当地市场的较长期间存在,从而一定程度上弥补了其他"非股权模式""干完就走"、对当地市场缺乏长期性影响的弊端,同时也有利于今后的索赔。

总之,中国铁建麦加项目采取了边干边试水、小规模进入的"非股权模式"进入沙特市场,但是在实践中却没有利用这种模式的优势,反而使得大量资源投入深陷其中,最终既没有取得对当地资源的有效直接控制,又未能控制成本和风险,导致巨亏。

4. 运用棘轮机制治理、中外合资与战略联盟等知识,结合实践,中国铁建在今后承建海外项目时应采取哪些措施克服项目风险,减少亏损?

总结中国铁建本次麦加项目巨亏的主要教训,亦可为其未来的海外项目找到一些可以借鉴的经验。

第一,对存在较高不可控风险的投资目标地区,应采取战略联盟的模式进入,与当地合作伙伴合作,减少进入壁垒与外来者的水土不服症。

以麦加项目为例,中国铁建可以采取寻找当地合作伙伴一起投标,建立战略联盟;在条件允许的情况下,中国铁建也可以采取股权式的合作方式,与业主方建立中国铁建控股的合资企业,通过控制合资项目公司掌握项目建设和经营的主导权,从而发挥自己在组织性和稀缺性方面的资源优势,并为沙特乃至中东地区后续的铁路建设项目打下基础。

当然，股权式战略联盟，尤其是其特殊方式——合资企业，需要一定的外部条件。例如，当地市场准入制度允许、当地政府的鼓励，等等。由于股权合作方式扎根于当地，会为当地留下大量有形和无形的、无法带走的财富，事实上，这种模式在中国铁建的许多海外项目中应该是可以为所在国政府所接受甚至鼓励的。

第二，利用棘轮条款激励当地合作方、保护自身的投资利益。

棘轮机制包括"向上的棘轮机制"和"向下的棘轮机制"，如果同时使用，则类似于一种"对赌条款"。这种机制的基本原理是：合作双方（投资人和企业家）约定，如果项目盈利达到一定预期，则投资人允诺企业家可以分享更多的利益和回报（通过投资人向企业家让渡一部分股权）；而如果项目盈利未能达到预期，则企业家允诺无条件向投资人让渡一部分股权。前者是向上棘轮机制对企业的激励作用，后者是向下棘轮机制对投资人的保护作用。

棘轮机制通常运用于典型的"资本"与"创业"结合的模式，如私募股权基金投资和风险投资等。中国铁建的海外项目，尤其是在发展中国家或地区进行的项目中，往往兼具投资人和运营人的双重身份，因此并非典型的棘轮机制的适用案例。但是，中国铁建可以考虑在条件允许的情况下，借鉴棘轮机制加以变通，保护自己的投资利益。例如，中国铁建可以考虑与当地合作方在合资企业合同中约定，如果在当地合作方有效提供资源和组织的配合下企业业绩达到预期水平，中国铁建承诺给予当地合作方一定的股权激励，使其享受较多的经营回报（向上棘轮机制），但是同时，如果一段时期内企业业绩无法达到预期，则中国铁建同样有权无偿从当地合作方处接管一部分股权，从而加强对企业和项目的控制（如从非控股或者对等控股转为控股），可以在经营风险出现时，通过接管项目、加强对项目的直接控制而规避风险（向下棘轮机制）。

第三，创新模式，发挥中国技术与标准。

中信集团自20世纪80年代开展海外业务，集团董事长常振明在总结中信海外投资的经验时认为：一是谈判时坚持商业原则，保持盈利模式，不能互相压价，大规模压缩利润空间；二是要创新模式，为项目所在国提供承包、咨询、运营为一体的"一揽子"服务，以工程换资源；三是带动中国技术和标准走出国门，提升承包效率。这或许能为中国铁建提供很好的借鉴。

5. 如果你是中国铁建的公司负责人，你对于建立全球化具有怎样的见地？

中国铁建是一家具有悠久历史和特殊背景的大型国有企业。在中国目前的特殊环境下，势必承担着许多商业公司之外的职责，例如麦加项目这种高政治性、高承诺性的"样板项目"。

但是，作为中国铁建的公司负责人，应当意识到企业同时也是上市公司，除了对国家、对部门利益负责外，也必须对股东负责，必须进行商业化、企业式的战略考虑。

中国正在迅速成长为具有全球影响力的经济体，特别是对于非洲、中东、美洲、东南亚、东欧等新兴市场，中国发挥影响力的主要方式是经贸和投资合作。中国铁建势必将继续承担大量此类任务。然而，这并不意味着中国铁建具体承接任何一单业务时可以"不讲条件、不讲价钱"，仅以片面完成项目为目标。企业的盈利和战略得失同样也是必须考量的因素。

因此，作为中国铁建的公司负责人，应了解全球化背景下的各国正式制度和非正式制度，掌握显规则和潜规则，利用游戏规则中有利于自己的方面，培养自己的竞争能力和竞争资源，学习与对方共生、共存、共同发展，在学习与合作中逐步培养参与制定游戏规则的能力和实力。

（1）充分了解、学习并掌握各国正式制度，对于全球化见地尤为重要。所谓正式制度，是指法律、法规、政策等游戏规则。本次中国铁建项目在没有深入了解规则和有效利用规则方面吃了亏，比如签证问题、加班问题、拆迁等方面造成经济损失和工期延误。

（2）深入了解并运用各国非正式制度。非正式制度包括文化、宗教、价值观、潜规则等。宗教方面，该项目为方便穆斯林前往麦加朝圣所建，有十分浓厚的宗教色彩,由于轻轨有一段要在麦加城内施工,那里是伊斯兰教的圣地,对于非穆斯林人是关闭的,沙特业主方并不会因为麦加轻轨项目而为中国人开绿灯。在富裕的沙特本地找不到穆斯林劳工,不得已委托劳务公司在国内穆斯林地区找来上千名穆斯林农民工送去麦加工地;在麦加圣城管理这些穆斯林工人需要穆斯林工程师,沙特没有专业的穆斯林工程师可用,这些因素都直接导致了工程延期和人力支出的攀升。潜规则:该项目土建采用美国标准,系统采用欧洲标准,设计分包商均是由业主指定的西方公司和当地公司,直接听令于业主,项目利润较大的设备采购订单,相当一部分均与中国铁建无缘,而是由沙特城乡事业部指定分包商完成,造成成本上升,利润下降。从该案例惨痛的教训中可以看出全球化战略中建立制度观的重要性。应建立全球化制度观,在充分研究清楚合作国的正式制度和非正式制度的前提下,做好海外战略的前期调研、工程投标、工程施工的各项前期准备工作。

(3)建立全球战略的资源观,适度使用低成本海外扩张战略,引进全球化高端技术人才、高端技术和高端管理人才,加宽加深"壕沟",提高中国铁建全球竞争力,进而提高中国铁建全球中标率和工程优质交付率。

(4)克服短视心态,树立长期目标。建立长期、持续、平稳的全球化经营战略,避免短期行为;克服"民族化"情绪带来的成本上升,在海外不搞"政绩工程"、"形象工程",即使国家政治需要也不做亏损买卖。

(5)完善治理结构。建立以董事会为核心的全球化决策体系和公司治理结构,真正履行上市公司对股东负责的职责,逐步淡化"铁道兵"和"红色大型国企"的国际形象,将中国铁建打造成能够独立决策的、完全市场化运作的、受公众监督的上市公司形象。

(6)灵活制定进入模式。根据不同的海外市场,制定不同的进入商业模式;减少进入的成本和风险,不同的国家存在不同的正式制度和非正式制度,应充分了解进入国家的这些实际情况,因地制宜,采用投资或非投资等多种商业模式,对于与中国运作模式差异较大的国家,尽可能采用海外市场本地化的模式。

(7) 大力培养全球化人才。人才问题成为中国企业在全球化进程中面临的一个主要障碍，对于依靠承揽工程来推进全球化步伐的企业来说，没有合适的人来推进中外伙伴关系的建立，使企业的全球化运作能力明显不足，由于文化等方面的冲突导致问题复杂化，中标后的工程施工困难重重，麦加轻轨项目就是典型案例。

(8) 承担企业海外社会责任。在全球化的战略背景下，勇于承担企业海外社会责任，无论是对自然环境和人文环境的保护，还是帮助解决当地的贫困和就业，中国铁建都应该发挥积极作用，建立海外国家对中资企业的良好形象和信任，进而融入当地社会，取得认可。

(9) 合理危机公关、积极索赔。充分利用本次"麦加轻轨项目"的影响，采用危机公关，积极应对索赔，在中国铁建经济"巨额亏损"和沙特朝圣"轻轨顺利如期运行"的巨大反差背景下，营造中国铁建重承诺、守信用、能打硬仗、为保证客户利益不计自身利益的良好企业形象，为中国铁建在中东地区的长期发展奠定坚实基础。

(10) 建立风险防范和管控机制。充分做好各种风险防范工作，预测各种不确定风险要素，积极防范；根据不同的目标市场制订风险管控计划和相应的风险防控预案，防范政治风险、法律风险、外汇风险、制度风险等给企业经营所带来的风险。

不积跬步，无以至千里。中国企业面对全球化扩张的宏伟目标，不能仅仅只有领袖挥手式的豪情万丈，而应当以更加科学、更加谨慎的态度对待一个个具体项目的具体细节，才能尽快找到适合本企业的全球战略。

第八章 大学新篇

> 一堵墙……
> 又怎能阻挡
> 千百万人的
> 比风更自由的思想？
> 比土地更深厚的意志？
> 比时间更漫长的愿望？
> ——艾青，《归来的歌》

大学，是知识的策源地，也是创新的发动机。

中国的大学，如何成为中国经济、政治、文化乃至文明的引擎？

第一节 一流大学是如何炼成的？[①]

不同的人读同样的传记，总会有不一样的感受。

读《创新先知：熊彼特与创造性毁灭》（*Prophet of Innovation：Joseph Schumpeter and Creative Destruction*）[②]，一个最大的问题就是：美国的大学为什么

[①] 孙黎，"一流大学是如何炼成的"，《IT经理世界》，2010年9月5日。
[②] 国内有其他译本的熊彼特传记，例如德国人 Schafer 所著的《熊彼特传》，机械工业出版社2009年版。

能超过先行者欧洲？

在第二次世界大战前，全球经济学的重镇，一是在奥地利，二是在英国剑桥。作为与剑桥学派凯恩斯齐名的经济学家熊彼特，是奥地利学派的大师，其创造的企业家与创新理论，至今是经济学、管理学以及新兴的创业学的经典。在阅读这本传记时，一个令人深思的问题是，作为经济学理论的后来继承地，美国哈佛大学是怎样把一个将英语作为第二语言的熊彼特教授吸引到美国的？1932年，熊彼特离开了任教7年的波恩大学，在哈佛又是如何开创他新的研究事业的，例如开创经济周期理论（1938年）、创新理论与出版《经济分析史》、《资本主义、社会主义与民主》？熊彼特如何培养他的弟子萨缪尔森和托宾（均为诺贝尔经济学奖得主）？一个更广的问题：全球经济学的中心如何从英国转移到美国？在第二次世界大战后，美国的大学为什么成了全球知识与创新的中心？

在2008年上海交通大学对全球大学进行的学术排名中，前20名的大学中，美国大学竟占了17名；在前50名中，占了40名。在第二次世界大战后的近70年里，美国大学如何主导了全球知识的生产？这样的格局是如何形成的？作为后进者，中国的大学如何追赶？

哥伦比亚大学前校长乔纳森·科尔（Jonathan Cole）的新著《伟大的美国大学：崛起，不可或缺的国家作用，为什么必须予以保护》（*The Great American University*: *Its Rise to Preeminence*, *Its Indispensable National Role*, *Why it Must Be Protected*）值得一读。这一议题不仅关系到中国教育的前途、知识分子的环境、政治家的制度设计，更关乎上千万家长们的未来选择。

科尔的书分三个部分。第一部分回顾了历史。仅在清教徒踏上北美土地的第16年（1636年），哈佛大学就在殖民地创立了。美国最早的大学是为精英分子、传教士领袖而预备的。一直到第一次世界大战前，英国注重本科的学院制教育与德国注重研究的研究生教育都是美国学习的榜样。美国的许多大学可以说是对这两种模式的融合。私立大学如哈佛、耶鲁在注重本科教育，鼓励更多的毕业生捐款赞助的同时，也注重研究的重要性，创立博士生学位（在1900年全美已经有了 300 名博士生)。最经典的案例，是 1891 年才创立的芝加哥大学，其以研究型大学为定位，创校仅 25 年就以其研究成果著称于世。当时的创校校长哈珀被称为"知识的船长"，一创校就从耶鲁等名校挖了 120 名教研人员，使芝加哥大学创立之初就处于学术前沿。其背后则是石油大王洛克菲勒的慷慨捐赠，他的资助原则就是："必须获得最佳学者"，这样就可以让哈珀遍选人才。洛克菲勒为此非常自豪："芝加哥大学是我一生中所最做的最佳投资。"而 20 世纪 80 年代后芝加哥学派在全球的广为传播，市场机制的广泛创立，从香港的自由贸易到中国加入 WTO 后的成功崛起，可能都要归功于洛克菲勒当年对芝加哥大学的赞助。

芝加哥大学的崛起揭示了美国大学的成功秘诀：生产新知识的人才是流动的，为这些人才建立最佳的研究环境，吸引到最优秀的人才，就可以迅速产出新知识，新的赞助、优秀的学生也会源源而来。其背后正是一种竞争的精神——在最近的《管理学院学习与教育》(Academy of Management Learning and Education) 学报中，彭维刚与德斯教授认为：学术研究其实类似奥运会的竞赛，吸引着全人类的共同追求，学术精神 (Scholarship) 正是追求竞争的人类精神的体现 (Peng & Dess, 2010)。

美国大学当年能吸引熊彼特远涉重洋，除了竞争精神外，另一个因素就是在 1880—1930 年间，美国的大学逐渐建立起一套价值系统，从地方性的社区大学提升到能持世界牛耳的研究型大学。这些价值观包括：(1) 普遍主义 (Universalism)，真理来自于超越个人的评价标准，这样，阻碍更多平民入学的贵族主义就失去了市场；(2) 组织化的怀疑主义，质疑各种传统，必须应用严格的方法检验真理与发现，也有利于培养学生的思辨能力；(3) 创新知识，美国的研究型大学将这一使命推向极致；(4) 创意的自由开放传播；(5) 去除自我利益 (Disinterestedness)，无私地传播知识；(6) 自由探索与学术自由；(7) 国际社区，不论学生与教授来自哪个国家；(8) 同行评价系统，这也是"教授治校"的基础；(9) 为公共物品工作；(10) 权威的治理，虽然校长与系主任在很多方面有控制权，但在评职称、招聘时和其他教授一样，只有平等的一票。这可能是科尔一书中最值得中国大学学习的地方。

科尔还记录了许多教育家的思想与实践对美国大学系统的贡献，印象最深刻的是1951年当选为加州大学伯克利分校校长的克拉克·基尔（Clark Keer）。当时作为"黄金州"的加州，人口大量涌入，而罗斯福1944年签署的《退伍军人权利法案》，使大量的第二次世界大战的退伍军人进入大学，许多大学学生激增，对政府财政支持的公立学校形成巨大的挑战。为了反映这种对大学的需求，基尔在1960年提出了加州高等教育的总体规划。在这个规划中，基尔提出多层次的教育目标（Multiversity），将加州大学分成三类：第一类是像伯克利分校、洛杉矶分校等研究型大学，占到12.5%的加州高中毕业生承载着创新知识的大任；第二类是州立大学，占到1/3的加州高中毕业生承载着传播知识的任务；余下的高中生则可以进入第三类大学——社区大学，这些大学主要提供两年的实用性课程，如果学生想继续深造，可以将学分转入第一、第二类大学，当然，需要在前两年有优秀的成绩。基尔的总体规划得到了州政府的财政投入支持，使许多人的"加州梦"得以成真，结果其他州也开始引入这套系统，以使现代大学的三大功能——传承知识、创新知识和服务社会得以平衡。

需要注意的是，美国联邦政府的教育部事实上对高等教育没有发言权，对公立大学的拨款主要由各州根据经济实力自行承担，而私立大学则依靠社会资金、校友的捐赠，相互之间形成竞争关系——不管是对学生、师资还是资金。这种竞争使学校极其注重自己的声誉，自治与自律成为学校治理的核心。在书中的第三部分，科尔谈到美国未来高等教育的威胁，就来自政府对学校的政治干预，他尤其担心"9·11"之后政治对学校自由研究的破坏。

自治与自律的美国大学从来有着全球最强的创造力，从条形码到DNA，从核物理到生物医学的突破，从线路板到谷歌的算法，大学的创新极大地改变了社会的面貌——当然，Amazon.com上有的书评家可能不同意科尔在书的第二部分对美国大学的热情讴歌：引发全球金融市场风暴的地产市场信贷风险分析的金融工具也同样出自美国大学。

第三部分，科尔分析美国大学所面临的挑战。他担心大学的过分商业化会影响研究型大学的社会目标，例如，哥伦比亚大学从数项专利中每年赚取 1.5 亿美元，斯坦福大学从出售谷歌的原始股中就一次性获得 3.36 亿美元的收入。这也引起了书评家激烈的争论：美国大学是否迷失了方向？

事实上，其他美国学者也都在反思美国大学的未来，例如由哈佛商学院三位教授在调查研究的基础上推出的新著《反思工商管理硕士：十字路口的商业教育》(*Rethinking the MBA: Business Education at a Crossroads*)，以六所顶尖商学院的课程改革为例（除一所法国的 INSEAD 外，其余均为美国商学院），反映了商学院在新经济环境下的改革与灵活的适应力。

《美国新闻与世界报道》大学排行榜的前负责人 Ben Wildavsky 最近则出版《伟大的大脑竞赛：全球性大学如何改变世界》(*The Great Brain Race: How Global Universities Are Reshaping the World*)，讨论这个正在变平的世界如何影响高等教育。从 1999 年到 2009 年，全球在海外上学的学生人数上升了 57%，达到 300 万，而美国的市场占有率最高，达到 22%，而全球各地的其他大学都在相互竞争，例如，2009 年新创立的沙特阿拉伯国王阿卜杜拉科技大学，就得到国王的 100 亿美元的捐赠，使其跻身于全球最富有的六所大学之一。美国研究型大学的知识霸权在全球化中将面临人才全球自由流动的挑战。

中国的大学又如何？钱学森就提出一个尖锐的问题：中国还没有一所大学能按照培养科学技术发明创新人才的模式去办学，没有独创的东西，缺乏创新精神。科尔在书的最后一章也有所点评：中国的大学有极强的野心，想崛起于世界知识之林，国家也为此投入大量的资源，但不给予独立办学的自由，创新精神是无法生长的。另外，要想在科学与工程专业中持世界牛耳，没有社会科学的辅助是不可想象的，美国著名的理工科院校如麻省理工学院、斯坦福大学、加州理工大学，都有很强的社会科学院系，即使有些院系很小。

回顾美国大学崛起的历史，一个强烈的读后感就是：如果中国的大学要致力于培养出诺贝尔奖的获得者,制度变革几乎是唯一的选择,去行政化最快、最好(也可能是最激进)的办法就是撤掉约束大学过多的高等教育机构,而代之以校长们组成的委员会,行使预算、学位授予、课程规划的功能,给大学以自由的权利与自律的空间,不能再由权力的铁链任意禁锢思想,而应让万物霜天竞自由(我们裁撤掉了纺织工业部,中国的纺织工业成为出口最有竞争力的产业;我们裁撤掉了冶金工业部,中国钢产量现在是全球第一)。

美国的人口不到中国的1/4,却有着4 300所注册的从事高等教育的机构,其中的600所提供硕士以上课程,其中的260所可以称为研究型大学,而中国仅有约1 500所大学,这说明其中有大量的竞争空间,如果让更多的私人投资、捐赠大学,也可以让公立大学在"去行政化"中走得更快。

当年,弗里德曼的经济学知识开启了中国改革开放的大门,而今天,熊彼特的"创造性毁灭"也正在重塑全球产业的新格局、国家经济的新竞争。美国大学的伟大思想改变了世界的面貌,而中国的大学,为了21世纪的未来,准备好变革的勇气了吗?

第二节 美国商学院课程的新趋势[①]

《阿凡达》在全球能突破20亿美元的票房纪录也有笔者的一点功劳。在2010年春季的"国际企业"的课程上,第一堂课后的作业就是观摩《阿凡达》,笔者要求这些美国学生回答以下三个问题:

(1)潘多拉星上纳维人与地球人在文化和技术上有什么不同?

(2)纳维人是否应该接受全球化(或者"宇宙化")的浪潮?

(3)如果您是RDA公司在潘多拉星的外派经理,你将如何推进全球化?

结果学生看完电影回来,90%的人认为纳维人没必要接受地球人的全球化。

---

① 孙黎,"美国商学院课程新趋势",《IT经理世界》,2010年3月25日。

看来笔者的这门课会被导演卡梅隆误导，不要全球化，为什么还要上"国际企业"课程啊？1999年的"西雅图骚乱"，就使反全球化运动以一种狂暴的姿态进入人们的视野，好莱坞的电影当然要在隐秘中表现这种暗流。对于熟悉中国改革开放进程的笔者而言，将1979年邓小平访问美国后的中国接受全球化的历史进程展现给美国学生，让他们自己去判断是什么力量推动了中国成为世界的第二大经济体，可能是更重要的任务。

当然，我们在课上讨论的也不仅是历史，更是"国际企业"课程中的核心伦理内容——"种族中心主义"是什么？这一心态会如何影响RDA公司在潘多拉星的外派经理？跨国企业如何在利润诱惑与商业道德坚守之间摇摆与平衡？《阿凡达》为文明世界在与不发达世界之间的商务接触提供了很好的伦理课题，如何"不作恶"？如何尊重不发达世界的文化？当学生开始深入体验影片男主人公杰克在地球人思维与纳维人思维之间切换时，笔者希望他们能深入理解与探求全球化的文明难题：如果你尊重纳维人的文化与智慧，那是否也意味着对你眼里可以定义为"野蛮"的一些文化行为也应一并尊重，并从商业利益的角度出发予以服从，从而换取更多的利润？

伦理课程成为商学院的核心课程

在各种功能性课程中添加伦理的内容，不是笔者的独创，而是国际管理学院联合会（Association to Advance Collegiate School of Business，AACSB）对课程的普遍要求。在美国近百年的商学院历史基础上（一般将沃顿商学院在1881年创立作为商学院教育的开端），AACSB提出全球最负盛名、最具学术公信力的评价标准。笔者所在的达拉斯德州大学在全美MBA课程中排名前50位以上，内容自然要遵照AACSB的标准。在"国际企业"课程的期末考试中，AACSB专门要求考核学生对国际企业商业伦理内容的理解与应用。

而加州大学的纳瓦罗教授对世界排名前50位的美国商学院进行研究（见表8-1），发现商学院正进行改革，其新特征可归纳如下（Navarro，2008）。

表 8-1　排名前 50 位美国商学院 MBA 的核心课程

分类和课程	在 50 所商学院所占的比例（%）
功能性课程	
市场营销	100
公司财务	100
会计	98
运营与供应链管理	96
企业战略	92
管理/成本会计	66
管理信息系统	50
运筹学	14
分析性课程	
管理经济学	92
定量分析（包括统计）	88
决策分析	42
软技能课程	
管理沟通	60
组织行为学	56
一般管理	36
领导	34
人力资源管理	28
组织架构与设计	12
谈判	12
职业生涯规划	10
创业	8
社会责任课程	
企业伦理/社会责任	40
商业和政府	24
商法	4
全球课程	
宏观经济学	66
全球战略管理	18
国际企业	16

资料来源：Navarro，2008。

(1) 多学科集成。课程建立于一个多学科和综合性问题解决的基础上,而不是孤立的"功能性竖井"(Functional Silo),使学生更多地在跨学科的通识教育上理解商业。

(2) 体验性学习。至少部分取代或补充传统的"粉笔加演讲",注重与现实世界中的实际问题相联系,增加实践性的练习,形成以学生为中心的学习环境。

(3) 软技能开发。恰当地强调这些技能:沟通、领导、谈判、创业、团队建设和人际关系技巧,与传统的数据分析、管理工具等同样看重。

(4) 全球性的视角和信息技术。在一个技术迅速变化的世界,国家间的贸易、投资与金融日益相互融合与依赖,学生应对这个世界的新变化有良好的触觉,并培养出相应的世界观。

(5) 企业伦理和企业社会责任。在后安然的世界,商业道德和企业责任必须置于未来领导者决策的中心位置。

在纳瓦罗教授 2008 年的研究中,还只有 40% 的顶尖商学院将"企业伦理/社会责任"指定为核心课程,而最新的英国《金融时报》"2010 年全球 MBA 排名"中则专门对商学院的企业社会责任课程进行了排名(见表 8-2)。

表 8-2 企业社会责任课程排名

1	圣母大学门多萨商学院(University of Notre Dame:Mendoza)
2	加州大学伯克利分校 Haas 商学院
3	耶鲁管理学院
4	墨西哥伊帕德商学院(Ipade)
5	弗吉尼亚大学达顿商学院(University of Virginia:Darden)
6	杨百翰大学麦里特商学院
7	西班牙 Esade 商学院(Esade Business School)
8	密歇根大学罗斯商学院(University of Michigan:Ross)
9	北卡罗来纳大学克南-弗拉格勒学院(University of North Carolina:Kenan-Flagler)
10	雷鸟国际工商管理学院

圣母大学能排名第一,是因为该学院对商业伦理的教育与研究都处于全球

顶尖位置，例如该学院的 Georges Enderle 教授是国际企业、经济学和伦理学学会前主席、欧洲经济伦理学网络创始人。在圣母大学的 MBA 招生中，就专门设计了一些道德测试问题，用于申请者面试，使本性善良的学生更易入学，更能领导团队。该学院还与联合国全球契约办公室（UN Global Compact Office）联合主办讨论会，与 AACSB 协会共同推动一个名为"商业与和平"（Peace through Commerce）的项目，旨在提高商学院促进和平的意识，《阿凡达》电影中 RDA 公司在潘多拉星的外派经理或许首先应该参加这一项目。

小马在哪里？

与以往的经济衰退期类似，自 2008 年全球金融危机后，美国经济放缓，金融市场经受深刻的结构性变化时，全日制 MBA 课程的申请人数却在 2009 年激增。研究发现，MBA 入学人数是反经济周期的，也就是说，它往往与经济景气程度背道而驰。

惠而浦公司（Whirlpool Corp.）负责领导力及竞争优势的副总裁南茜·泰能特（Nancy Tennant）说，她负责安排 500 名员工参加遍及全球的高级经理培训班，2010 年仍在考虑如何开展培训工作。"大家真的想学一些能用在刀刃上的东西。"惠而浦公司及其经理们现在更想学习如何在经济低迷时增强创新能力。

纽约大学斯特恩商学院（New York University's Stern School of Business）则推出了一个为期五天的领导力智商（IQ）提升班，目的是向逆境中的高级管理人员提供培训，培训内容包括如何在扑朔迷离的经济形势下实施管理以及怎样理解情商等课题。纽约大学的安娜特·里奇纳（Anat Lechner）教授在 2008 年冬天设计了该课程。她说，这个课程能帮助管理人员应对前所未有的变幻不定的局势，防止公司领导者在经济下滑期"惊慌失措"。"一个最棘手的问题是让这些领导者了解自己，设定好目标，并能做好日常管理。"不过，由于许多企业削减培训预算，商学院的高级经理培训课程注册人数不升反降。而美国商学院预算的紧绷也使美国大量的博士毕业生只好到亚洲崛起中的大学寻找教职,在英国《金融时报》"2010年全球MBA排名"中,更多的欧洲大学挤入了全球前100名。但金融危机后的重建,未尝不是美国商学院在痛苦中反思、革新课程的机遇。

哥伦比亚大学商学院针对全球金融危机,提供了一门新的课程,名为"未来的金融服务"。教授者是前总统布什的经济顾问迪安·哈伯德。他的课程将注意力集中在经济动荡所带来的新机遇上,而不是简单地讲授哪里出了问题,否则的话,结果还是换汤不换药。

在新学期的第一堂课上,哈伯德引用了里根经常说的一个笑话:一位乐观的小男孩被带到一个房间,里面的马粪堆到天花板。这个小男孩爬上了马粪堆顶,兴高采烈地开始徒手挖掘。有人问:"你在干什么?"兴高采烈的男孩回答说:"根据这么多的马粪,小马必然会在这里的某个地方!"

是的,商学院里到处可见换汤不换药的马粪,当然,小马也在这里的某个地方。

第三节 亚洲商学院的崛起[①]

澳门博彩业的启示

在世界第十高(338米)的澳门观光塔环顾全城,新崛起的美高梅金殿、永利等大厦正在重塑这个城市的天际线。而2010年12月初在此举行的亚洲管理学院会议(Asia Academy of Management Conference),则显示着亚洲管理学者们的勃勃雄心。

这次会议吸引了来自中国内地、中国香港、中国台湾、韩国、日本、新加

---

① 孙黎,"亚洲大学的崛起",《IT经理世界》,2011年1月5日。

坡、印度的300多名管理学者，当然，也有一些远远来自英国、德国、美国的学者，在济济一堂中，也让笔者有近距离观察亚洲管理研究的机会。

最抢眼的当然是主办方澳门大学了，在横琴岛一平方公里的新校址上，澳门特区政府将投资60多亿元，让这家目前仅7000人的大学成长为万人以上的研究型大学。得益于内地蜂拥而入的旅游人口，澳门在全球经济危机中反倒财力充沛，赌桌数量在四年内翻了一倍，政府博彩特许权上的收益，使澳门人不仅免征个人所得税，而且每人每年还能得到政府"分红"5000元。澳门美高梅酒店（MGM Grand Macau）总裁Grant Bowie致大会开幕词时总结澳门经济繁盛的原因，一是开放博彩特许权，让美高梅、金沙、永利等国际大鳄纷纷进入，一改何鸿燊的葡京总揽赌权的天下，极大地激励了经济增长。虽然在金融危机中，新加坡、韩国也开放了博彩业的投资，但澳门目前的博彩业营业额已经是拉斯维加斯的两倍。既然在澳门就可以享受美式服务的周到，亚洲客人为什么要远赴拉斯维加斯呢？二是对人力资源的投资，这也是这个只有40万人口、200平方公里的城市建有面积1平方公里的大学的原因吧。

在三天的会议中，与亚洲同行不断交流，最有意思的是饭桌上热烈讨论的"魔术数字"。这个数字已经越来越与美国的研究型大学接轨：这就是为拿到终身教职（或者说从助理教授提升到副教授），需要在国际顶级学术刊物上发表文章的数量。1996年我刚就读香港中文大学的时候，可能连一篇都不用。但今天，香港城市大学、香港理工大学的标准都是至少三篇。这已经基本上是美国排名在50—100名的研究型大学的标准了。

国际顶级学报的标准又是什么呢？达拉斯德州大学给出了24种学报的名单，由于这个名单又覆盖会计、财务、营销、运营等不同领域，不严格划分，留给管理学的也就七八种左右，例如对研究战略管理的学者来说也就是《管理学院研究》、《管理学院学报》、《战略管理学报》、《管理科学季刊》、《组织科学》五种，每年总共不过发表200篇文章，考虑到战略管理的教员在全球有上万名，这个发表文章的竞争是十分激烈的，更不用说在盲评（Blind Review）中过五关斩六将了。

和《商业周刊》、《华尔街日报》对商学院进行的商业化排名不同,达拉斯德州大学对全球研究型大学有个特别的排名,这就是在这些顶级学报上发表文章数量的排名。这个排名不仅很客观(无法造假),而且促进了大学间对管理研究的竞争。一项发表在《营销学报》(也是 24 种顶级学报之一)上的研究表明:一所大学在达拉斯德州大学 24 种学报名单上发表三篇单个作者的文章,可以使当年学校整体排名提升一位;发表一篇单个作者的文章,可以使该学校的 MBA 毕业生在第一年的起薪中增加 750 美元(Mitra & Golder, 2008)!管理学术研究的增强,直接提升了毕业生的竞争力。

有趣的是,根据达拉斯德州大学的 24 家学报名单,可以列出历年前 100 名大学的榜单(见表 8-3)。在 1990 年,该榜单上只有 4 所非美国的大学,它们是加拿大的大英哥伦比亚大学(第 18 名)、以色列的 Tel-Aviv 大学(第 47 名)、英国的伦敦商学院(第 47 名)与法国的 INSEAD(第 64 名),没有一所亚洲大学。而根据 2009—2010 年的排名,共有 29 所非美国大学闯入榜单,其中亚洲的大学占了 9 所!

表 8-3 达拉斯德州大学全球商学院 100 强中的亚洲大学
(根据研究贡献 2009—2010)

全球排名	亚洲大学	篇数	分数根据作者数折算	国家
13	香港科技大学	57	33.39	中国
34	新加坡管理大学(李光耀商学院)	34	17.43	新加坡
40	国立新加坡大学	25	15.54	新加坡
51	南洋理工大学	25	12.95	新加坡
72	香港城市大学	22	9.16	中国
73	香港理工大学	17	8.58	中国
80	香港中文大学	20	7.72	中国
84	香港大学	16	7.19	中国
92	韩国大学	18	6.11	韩国

在这 9 所大学中,最引人注目的是中国香港就占据了 5 所。这个只有 600

万人口的城市，近年来的管理研究在国际竞争中突飞猛进，最重要的原因就是香港科技大学在20世纪90年代的成立，引进了新的竞争，打破了原来香港大学与香港中文大学的双寡头垄断，并且引进了国际标准，招揽了更多国际一流的教授（包括来自中国内地的海归），也使刚从学院改成大学的香港城市大学、香港理工大学奋起直追。新加坡也是一样，成立没几年的新加坡管理大学（李光耀商学院）异军突起，在论文发表量上直接超越了老牌的国立新加坡大学与南洋理工大学。

从这份排名表的变化可以清楚地看到，是竞争，提高了大学的创新产出，也提高了本地人力资源的质量，加强了城市或国家的竞争力。对比之下，缺乏开放竞争的日本、中国台湾地区，虽然有相对较高的人均GDP，却在这场国际管理研究的竞争中败下阵来。

中国内地大学的出路：开放竞争

中国内地的大学又如何？在这次会议上，也碰到许多来自西安交通大学、复旦大学、中山大学的同仁，他们的研究题目、研究方法也逐渐开始与国际接轨，许多博士生操着流利的英语开始接受国际同行在会议上的"拷问"，这是个很好的开始。西安交通大学甚至在教职称的评定上，也开始引进国际顶级学报发表量的"魔术数字"，虽然还是给国内教授与海归教授设置了有中国特色的"双轨制"（即采用不同的评定标准与薪酬制度）。

许多国内有识之士早就意识到大学教育官僚化与大学精神的萎靡不振正在拖内地赶超的后腿。例如，香港GDP每年约14 000亿元人民币，而广州2011年GDP达到1.28万亿元人民币，深圳将达到1.1万亿元人民币，按照每年增长10%的速度，不过三年就可以超过香港。但在大学教育上，广州与深圳却远远落后于香港。一项调查发现，城市GDP位居全国第四的深圳，在高等教育规模上却在全国计划单列市中位列倒数第一名，不如青岛、大连、宁波。这也难怪南方科技大学校长朱清时2010年12月发出公开信，痛陈旧规章制度弊端，称改革不能一味靠等批复，在教育部迟迟不予批复的情况下，开始自主招生、自授学位，重建"敢闯敢试"的深圳精神。

同澳门开放博彩特许权、香港新建科技大学一样，或许只有引进新的竞争者与搅局者，内地的大学体系才能催化更多的革命。开放的路径可能是引进国际一流大学、准许合资合作办学，或者是让更多的南方科技大学杀出一条血路，这些新的竞争者将引发一场熊彼特式的"破坏性创新"。

在澳门观光塔上，澳门大学的朋友特别指出：在向内地租借的横琴岛澳门大学校区，互联网光缆直接与澳门相连，而不归内地的"局域网"管理。这条光缆的一端，连着的是世界无界的创新。

第五篇

创新无限
复盘企业社会责任

《黑客帝国》里，黑客老大墨菲斯对尼奥展开双手，他的手上分别放着两颗药丸。

一粒蓝色的药丸；

一粒红色的药丸。

吃了蓝色药丸会睡个好觉，第二天照常上班、下班，生活依旧；

吃了红色药丸就会知道真相，但会很痛苦。

同样，英国石油公司首席执行官唐熙华在美国国会为墨西哥湾油井漏油事件作证，他轻描淡写地说："我不是妨碍调查，我只是没有参与爆炸前的决策过程。"吃个蓝色药丸总是很轻松的。

而英国广播公司BBC则曝光了英国石油公司一名工人的惊人证词，早在钻井平台发生爆炸前的几个星期他就向公司反映钻井设备存在安全问题，然而这一警告却没有得到足够重视，最终导致灾难发生。红色药丸是痛苦的，很多人不愿意吃。

同样，迈克尔·桑德尔在哈佛大学的著名公开课"公正：该如何做是好？"的第一节课，就提出，对公正的思考，会让我们痛苦，因为复盘中思考可能会让我们疏远我们过去的惯例习俗、预定的假设、固有的观念。面对这些风险时，我们有一个经常的回避方式，就是怀疑主义。康德说，怀疑主义是人类推理的安息之地。在鸵鸟式的怀疑主义中，我们不会彻底地去解决问题，而是逃避对企业社会责任的思考。但在某种意义上，我们却是无路可逃，因为我们就生活在这些问题的答案中。

本篇的思考，从对商业的本质开始，从华为国际化扩张中的"软实力"，到Facebook的理想，笔者希望唤醒一些引发"坐卧不安"的反思，或者如桑德尔所说的"唤醒我们鲁莽的推理，看看我们最后会走到哪里"。

如果说吞下红色药丸会进入真实的世界，那么吞下蓝色药丸进入的则是虚幻的世界。

有时候我们很难理解什么样的生活才是真实的生活，但像《黑客帝国》中的尼奥，或是《阿凡达》的主人公，选择红色药丸，就是选择真实的存在。

第九章 商业本质

> 我们若凭信仰而战斗,就有双重的武装。
>
> ——柏拉图,《理想国》

在《时代》周刊差点将深圳流水线上的女工选为2010年度人物时,《经济学家》则思考"进步运动及其危险",认为18世纪初启蒙时期开始的进步运动已经竭尽全力。18世纪的人们乐观地认为,企业可以带来繁荣、经济增长、科技进步,必然能够带来情感的进步。但哥本哈根没有结论的争吵、融化的冰山、消失的森林,不断消磨对进步运动的乐观态度。

同样,管理也在进步吗?全球商学院近五十年的大发展,培养出大量的管理精英,在各大公司占据了关键岗位。但通用电气公司的总裁杰夫·伊梅尔特却在麻省理工学院发言:"我绝对讨厌专业管理的概念!"更有人将金融危机归结于华尔街的精英接受太多商学院的风险模型。而2009年再版的《清教徒的礼品:在全球经济危机中重振美国梦想》则指出美国企业丧失了竞争力,在于其忘却了其管理文化的根源——清教徒的信仰。

信仰,这个时代还有信仰吗?

第一节 管理有信仰吗?[①]

2009年，美国最大的食品公司卡夫意欲收购英国的吉百利。吉百利的CEO托德·斯蒂茨称，他的公司有着突出的、信守原则的资本主义文化，其源自2世纪以前的教友会（Quaker）创始人的灵感，此后一直自我完善并自成体系。谁破坏这一传统，谁就会"冒摧毁吉百利成长的根本之险"。博思艾伦咨询公司的《战略+商务》杂志将《清教徒的礼品：在全球经济危机中重振美国梦想》评为"2009年关于领导力的最佳读物"，《金融时报》也将该书评为"十大年度商业读物"，显示了产业界重温信仰对领导力的重要性，而放弃进步运动中人定胜天的狂妄。该书作者侯佩兄弟，哥哥肯尼思·侯佩是美国企业中的一名工程师，弟弟威廉·侯佩则是伦敦的一名投资银行家。在钱德勒、德鲁克等大师的鼓励下，他们几乎用了五十年来完成这本书，考证各种史实，可以说是厚积薄发的结果。

清教徒，是指最早一批移民美洲大陆的欧洲人，在17世纪，他们试图在美洲的新英格兰陌生的国土上创建新的神的国。清教徒清楚地明白他们在新大陆的创业是来自神的呼唤，他们的创业与管理，是一件为冥冥之中的神所召唤、所使唤、所命令、所安排的任务，而完成这个任务，既是每个个体天赋的职责和义务，也是感谢神的恩召的举动。为此，创业所赚取的金钱，不是为了自己的私利，而是为了实现上帝安排的任务。该书高度评价清教徒的创业活动为美国建立一流管理文化的贡献，称赞这种信仰所形成的精神正成为美国管理对世界的贡献。

[①] 孙黎，"管理有信仰吗"，《IT经理世界》，2010年1月20日。

清教徒的理想

清教徒有四个方面的特征，构筑起美国的管理力量：

第一，是建造"山顶之城"（as a City on a Hill）的使命感，这种感召形成美国人对未来特有的乐观主义。1611年，清教徒牧师约翰·温索洛普在横渡大西洋时在亚贝拉号船上发表了移民新大陆宣言，说："这次目的，就是与神默契去完成建立'山顶之城'的使命。……我们同主订立了公约来完成这一使命，我们受命而来。主授命我们建立自己的理想社会……如果主高兴听到我们的心声，让我们安全抵达我们的'乐土'，那么主就批准了公约，授予了我们这一神圣使命……"这个宣言引用《圣经·马太福音》说，"我们要成为建在山上的城，全世界的人都将瞩目我们"。清教徒们要建立的"山顶之城"，就是要成为世界之光的城，也就是说，清教徒要把新大陆建设成为世界的光，成为引导全世界走向光明的光。里根非常喜欢这句话，将美国称为自由世界的灯塔，经常在他的演说中使用，以鼓励美国人民；而后续者，如曾竞选美国副总统的佩林、Gooogle的创始人Larry Page与Sergey Brin都将它作为使命。

第二，是愿意躬身亲为的技师文化。清教徒到达新大陆后，任何作物的生长、物品的制造都要从零开始，这就要求每个人都成为多种工作的多面手，放弃旧大陆的等级文化。这种躬身亲为的精神也反映在美国国父富兰克林为自己写的墓志铭上，他不以参与起草美国宪法为荣，反倒强调自己从事的印刷业：

印刷业者本杰明·富兰克林的身体，
长眠于此，做蛆虫的食物。
像一本旧书皮，内容已经撕支，书面的印字和烫金也剥掉了，
然而，他的工作本身绝不致泯灭，因为他深信它将重新出版，
经过美好的校正和修饰，
将成为更新更美的版本。

到美国的清教徒对欧洲人轻视的手工劳作,充满了热情,认为这些作品能作为对上帝的荣耀传承下去。直到20世纪60年代,一位CEO亲自修理自家的水管,他会很自豪地将其记载在自己的传记中,以显示自己是多纯的"美国人"。笔者到美国之前一直不理解为什么美国风险投资钟爱车库里的创新。到了美国买房子时才发现,许多美国人两车库、三车库大的房间,堆满了各种工具,有的美国人索性将其改造成工作坊或制作室,闲暇时间就自己打磨、制造各种器具,而让自己的爱车在外边经受风吹雨打。家居建材连锁超市家得宝卖得最火的也是各种器具,DIY杂志大行其道,孩子从小就在这种敢为、亲为的文化氛围中长大,不像中国孩子将元素周期表背得滚瓜烂熟,却不会自己制造一把椅子。

侯佩兄弟认为,正是这种文化,使大规模制造能在美国脱颖而出,而不是在英国。当时,美国的熟练技工急缺,原材料的开采也少,为此,美国人特别崇尚"机器的机器",比如蒸汽机、车床,比学徒制培养了广泛技工的英国更快地使用这些现代制造业所需的母机,也使各种零部件能够互相通用,这样生产线的原型第一次在19世纪Roswell Lee上校的兵工厂中得以出现,为几十年后的福特制打下基础。

第三,是清教徒相互协作的精神。这也是清教徒在建立殖民地时生存的关键。最早的清教徒培根说:"爱就是与社区绑定在一起。"这种精神至今延续,例如美国童子军是全国性组织,但也是社区的重要组织,它的口号就是"勇往直前,天天向上"(Onwards and Upwards)。但与中国的少先队不同,其管理不是由教育部到学校进行垂直管理,而是一个水平型的组织,更靠家长的参与自主管理,活动包括野外露营,培养儿童在山野户外的生存能力,学习急救和救生,培养骑士精神,提升公民权责,等等。女童子军与男童子军更是相互独立、竞争的组织。美国人虽然有很强的个人主义,但参与社区活动的投入比中国高很多,这就形成了公民社会的基础。侯佩兄弟记录了一位英国钟表产商1857年访问美国后的观感:"如果一位制造商想在美国发明一台新机器,其他人都会积极参与，发现错误就会帮他改正；而英国人正好相反。"这位钟表产商最后把他的工厂从英国搬到美国。这种大规模的协作成为现代大规模制造的基础，并一直持续到今天，例如 Linux、Facebook 等社区协作文化的形成，可能就与这种精神相关，而匿名的 BBS 论坛在美国就没有中国热乎。

第四，是清教徒的系统组织能力。牧师温索洛普提倡："我们一起欢乐，一起悲哀，一起劳作，一起承担。"在清教徒建立早期的殖民地时，必须"众人如一"，用系统的力量组织在一起劳作、垦荒、建造房屋与种植园。正如《华尔街日报》在感恩节刊登的号称一百年不变的社评（笔者总共看到三次）：当时的美洲大陆对这些清教徒来说，是恶劣的自然环境，而非今天的富足资源，美国人应该时常感恩这批乘"五月花号"登陆的先驱所遗留的奋斗精神。侯佩兄弟认为当时的英国也有着水力磨坊、蒸汽机与机床等系统，但美国人更善于系统化，结合创新技能、冒险精神、远见与营销能力，成为清教徒增长经济与财富的伟大引擎。

清教徒的这些伟大礼物，是罕见的创建组织和管理组织的能力，对后世社会有着重大的影响。正如侯佩兄弟所指出的，其对后来国父的政治创举与美国联邦政府的建立都作出了巨大的贡献。随着时间的推移，当年在文明世界的边缘建立的 13 个自己改变命运的殖民地，已经形成巨大的精神力量。与韦伯的《新教伦理与资本主义精神》遥相呼应，侯佩兄弟大胆提出，美国清教徒的管理文化甚至成功地移植到了日本。在第十章，侯佩兄弟列举史实：当第二次世界大战结束后美国占领了日本，对日本进行了罗斯福新政一样的社会改革，其中最重要的就是美国"自下而上的管理"（Botton-up Management），从而建立起日本式管理的开端，并把一个贫穷的、缺乏自然资源的国家送进了世界第二富有的行列。例如，三菱家族的领导人至今保存着当年美国人在麦克阿瑟占领期间翻译的管理文件；而丰田汽车公司的"精益生产"理念中的 14 个原则，许多都传承了清教徒的精神，例如建立质量管理的文化中的一个原则是，通过不断的反省与持续改善，以变成一个学习型组织。

不教授信仰课程的商学院可能不同意侯佩兄弟的历史发现。反过来，侯佩兄弟对商学院所教授的"专业管理"大加鞭挞。他们认为，到了20世纪70年代左右，当利润和损益核算等占据了管理人的主要工作时，"蝗虫开始来了"。在商学院的兴起下，所谓的顾问专家和职业经理人代替了从技术或市场第一线开始提升的CEO，衡量绩效的标准从管理本身指向以所谓的股东价值（或金钱）为中心，这也正是社会学家出身的戴维斯所批评的"金融市场为轴心的后公司时代"。而当经理人的薪酬与华尔街的股价联系在一起的时候，美国的管理已经彻底忘却了清教徒"山顶之城"的理想。

侯佩兄弟对美国管理20世纪80年代开始的堕落义愤填膺，与先锋投资基金的创始人博格一样[1]，猛烈抨击以股东价值为基础的金融资本主义倾向，认为长期资本、安然、雷曼兄弟等丑闻事件的发生，都预示着美国的管理已经脱离了清教徒的传统，因此才造成了金融危机。同样，明茨伯格在最近的《MIT斯隆管理评论》上献言，认为应废弃高管期权。如果经理人纯粹是为了高薪才接受CEO的席位，他必然像安然、雷曼的CEO一样将公司带领到错误的方向。

侯佩兄弟的书虽然讨论的是管理的历史，但对中国的经理人一样有很好的借鉴。一个企业，如果丧失了自己的理想，或者无法建立自己的信仰，必然如行尸走肉、人亡政息。清教徒追求建立"山顶之城"的信仰，与韦伯所强调的"资本主义精神"经济伦理是一致的，这与只谋利益的权贵资本主义有着本质的区别。而今天胡润的财富榜变成企业家的原罪榜，只说明中国的企业家如果只是一味利用特权、与政治权力勾结、进行不合理的投机，不择手段地追求物质，必然也会导致今天美国金融危机一样的命运。

美国历史学教授尼尔·弗格森在哈佛大学讲授的课程名为"西方统治：世界强国的主要推动力"，他认为：在过去500年间，西方获得相对于东方的优势来源于六大因素：资本主义企业、科学方法、基于财产私有制和个人自由的法

---

[1] 参见"够了：金钱、商业和生命的真正尺度"，《IT经理世界》，2009年8月20日。

律和政治体系、传统帝国主义、消费者社会,以及清教徒所代表的工作伦理。中国正在复制其中的大部分,但其中的最后一点,中国传统的儒家文化能改良或补充侯佩兄弟所说的"繁荣的伟大力量"吗?

无论如何,还有一种力量让我们泪流满面,总有一种歌声会让冰雪消融。

当深圳流水线上的女工反映出文明的价值、流水线上的产品体现出信仰的力量时,我们将不用担心再有三聚氰胺的牛奶、含铅的玩具或者注水的肉,"中国制造"将真正提升为"中国创造",而这个文明,也将因为信仰而更加美好,更加感谢管理的伟大力量。

第二节 股东利益与社会责任相冲突吗?[①]

英国石油公司首席执行官唐熙华在美国国会为墨西哥湾油井漏油事件作证,他镇定地说:"我不是妨碍调查,我只是没有参与爆炸前的决策过程。"

而英国广播公司BBC则曝光了英国石油公司一名工人的惊人证词,早在钻井平台发生爆炸前的几个星期他就向公司反映钻井设备存在安全问题,然而这一警告却没有得到足够重视,最终导致灾难发生。显然,英国石油公司像中国山西的许多矿厂一样,为了盈利而削减安全成本,最终为此付出高昂的代价。

墨西哥湾油井漏油事件所反映的一个管理学命题就是:股东价值(最大化盈利)与社会责任(最大化社会福利)经常相互冲突与矛盾,体现在各种战略决策与组织结构中,那么赚钱盈利与社会责任两者应该是怎样的关系?它们是冲突的吗?

西方学者对此有三种回答:

第一种回答,是股东价值论,即诺贝尔经济奖获得者密尔顿·弗里德曼所宣扬的:"企业仅具有一种且只有一种社会责任——在法律或者伦理习俗的社

---

① 孙黎,"股东价值与社会责任相冲突吗?",《中欧商业评论》,2010年第9期。

会基本规则下实现利润最大化。"(《纽约时报》，1970）我们可称其为终极论：如果一个企业的股东都消亡了，企业也就不复存在了。在自由经济的理论下，竞争与利润是企业追求的本质，其他利益诉求都要让位给这一终极理念。为这一理念奠定基础的是西方文化中崇尚理性的利己主义与彻底自由放任的竞争文化。例如俄裔美国哲学家、小说家艾茵·兰德（Ayn Rand）在1957年出版的巨著《阿特拉斯耸耸肩》中，讲述一位女经理挣扎着挽救公司，使其能在复杂的社会环境下生存。① 在该书附录中，兰德表达了她的写作动机："我的哲学，在本质上，是将人类当成英雄一般，以他的幸福作为他生命中的道德目的，以他高尚的行为达成建设性的目标，以理性作为他唯一的绝对原则。"这部反映企业家自由意志的著作十分畅销，初版就印了10万册，根据小说改编的电影在上映后反响平平，但第二部即将于2012年10月上映，如果能由安吉丽娜·朱莉担纲女主角，古墓中的丽影变身艰苦奋斗的女企业家，就会很有看头。②

在小说中，兰德崇尚她理想中的英雄：一个因为其能力和独立性格而与社会产生冲突的人，但却依然坚持不懈地朝理想迈进。个人有绝对权利只为自己的利益而活，无须为他人而牺牲自己的利益但也不可强迫他人替自己牺牲，他有着充分的理性，可以自由选择他们的价值观和行动。从这个意义上说，企业家的"活着"，本身就是对社会最大的贡献！

股东价值论可以解释：当谷歌的企业核心机密遇到破坏时，"云计算"核心基础——用户的安全与隐私可能遭受威胁，寻求政府的帮助追踪黑客线索理所当然。而丰田总裁章男和丰尽管在美国和中国都鞠了躬，道了歉，但企业对待美国客户与中国客户的召回待遇截然不同，最终也是因为企业生存在美国的消费者保护法律下更为不易吧。

就终极而言，股东价值论就是兰德所崇尚的"理性的自私，合理的自利"

---

① 该书有台湾左岸文化出版社的中文翻译版，http://book.douban.com/subject/3435896/。
② http://www.imdb.com/title/tt0480239/。

和强调自由竞争的原则相结合,可以成就美国式资本主义的基础。年轻时期的阿伦·格林斯潘就钟情这一理念,与兰德合著过《资本主义:未知的理想》(*Capitalism: The Unknown Ideal*) 一书。

  第二种回答,则是利益相关者论。这一企业理论认为,企业的生存目标要协调管理好与企业相关的各种组织或个人,包括股东、管理者、雇员、供应商、消费者、社区、政府和社会团体。企业不仅是为股东利益存在,更要致力于履行多元的企业社会责任,所以我们称其为多元论。例如联合利华首席执行官保罗·波尔曼已在《金融时报》上大胆宣称:"我不为股东工作,说实话,我为消费者、为客户而工作。"他明确表示,他不为股东价值这种商业模式所驱动。

  阿里巴巴的马云则在股东大会上宣言:"上市的时候我讲客户第一、员工第二、股东第三,有一个投资者对我非常不理解,股东第三来上市干什么?我说这世界上有很多股东第一的公司,你应该投那样的公司。但是这世界上有阿里巴巴这样的公司坚信客户第一,因为我相信是客户给了我们钱,我们创造价值,对社会作出贡献,我们让客户成长起来;客户付我们钱,客户的钱使我们成长。股东的钱不是我们的收入,股东的钱是对我们的信任,所以我认为公司的目的是你为客户创造价值,客户给你钱。但是员工是让这些目的变成现实的过程,没有员工的创新和辛勤的努力不可能有很好的收入。当然股东利益第三,股东利益是个结果,假如这家公司不挣钱,那它是不道德也不负责任的,但一家公司为了挣钱而活着,我觉得这样的公司意义不是太大。"

  学术界则走得更远,多伦多大学管理学院院长罗杰·马丁在《哈佛商业评论》上指出,股东价值最大化是一个悲剧性错误,"现在是放弃的时候了"。股东价值应该让位给"客户驱动的资本主义",即企业的目标应该是最大限度地提高客户满意度。而明茨伯格最近则大力倡导"社团资本主义"。"社团"(Community) 就是企业的各类利益相关者通过黏合在一起,从而创造更大的利益。他从奥巴马的竞选中看到,当社团的各色人等为变革而凝聚在一起时,就会释放出巨大的能量。"社团是指关怀我们的工作,关心我们的同事,关爱我们在这个星球上的所在,并从这种关爱中受到鼓舞"(Mintzberg,2009)。明茨伯格认为人是社会的动物,谁离开了他人就不能有效地运作。例如,英国石油的 CEO 总是高高在上,就会远离第一线的运作,最终持续数月都不知道如何解决漏油危机。明茨伯格也猛烈批评华尔街的高薪经理,认为一个真正有高度责任心的 CEO 根本不是为高薪而工作的,如果 CEO 要求很高的期权激励,董事会立刻就应该炒掉他,因为这样的 CEO 会指引企业到达错误的方向。

当然,企业不是社会服务机构,它也不可能解决所有的社会问题。同时,多元利益相关者论也引发伦理学中的一个核心问题,这是哈佛大学的 Stanley Hoffmann 所提出的:如果公开提倡企业社会责任的"美德"(Virtues),让一个社会,甚至一个国家都追求某种"美德",是一个非常危险的说法,因为它打破了"公"与"私"的界限,强迫人们有同样的价值观。什么是"美德"?"美德"的标准是什么?每个人、每个企业都会有不同的价值观。但股东价值论就可以成为终极性的理念。为此,又有许多学者与经营者提出平衡论,即企业要平衡股东与其他利益相关者的利益,从本质而言,我们称之为可持续发展论,因为这一理论更注重企业的长远发展。

第三种回答则是可持续发展论,其不仅注重自然环境保护与科技创新,而且也关注企业的管理方法如何深刻地影响人类和社会环境(Pfeffer,2010)。在谷歌进行学术论文搜索,可以找到 20 800 篇"生态可持续性"方面的论文,53 000 篇"环境可持续性"方面的论文,12 900 篇"社会可持续"方面的论文,但以"人类的可持续性"为关键词进行查找时,只有微不足道的 569 篇,为此,组织管理大师 Pfeffer 老当益壮,在新一期《管理学院视野》AMP 中提出人在组织中的可持续发展问题。在美国股东价值论崛起的 20 世纪 80 年代,企业在私募资本的兴起下进行大规模的重组和解雇员工,导致企业过于注重劳动生产率,而把人则看成是额外的成本,这破坏了企业与员工之间的长期承诺,员工忠诚度降低了。而在此轮经济危机中,合同工的比率大幅上升,员工流失率上升,任职期缩短,雇佣关系也从此发生了永久性的改变。Pfeffer 警告美国企业将面临巨大的可持续发展的挑战。

笔者将这三类经营理念在表 9-1 中进行了总结。

表 9-1 三类企业的经营理念

分类	终极论	多元论	平衡论
经营理念	股东价值论	利益相关者论	可持续发展论
企业目标	在法律或者伦理习俗的社会基本规则下实现利润最大化	协调管理好与企业相关的各种组织或个人	注重环境保护与科技创新,关爱人类和社会环境
战略优先	股东利益第一,其他让位于股东利益	社会福利最大化	组织与社会的长远可持续发展
思想基础	理性利己的个人主义自由竞争	利他主义集体主义	环保主义
倡导者与信奉者	弗里德曼,兰德	马丁,明茨伯格	Pfeffer
代表企业	韦尔奇主政时的通用电气	阿里巴巴	印度企业,ICI;反面代表则是英国石油公司

三类企业的经营理念

中国企业也面临同样的挑战,一个典型的例子就是 2008 年年初,河北石家庄天洋食品厂出口到日本的饺子发生中毒事件后,中国警方历经两年,终于查明是一位天洋的员工因对天洋食品厂工资待遇不满,为报复泄愤在饺子中投毒。这位员工进入天洋已经 17 年,多年来一直是临时工而未转成合同工,每月的总收入仍在千元左右,而加班费每小时只有五毛钱。一位泄愤的员工让一家原本效益良好的工厂停产,确实也让我们关注人在中国企业中"持续性发展"的问题;而富士康员工的"17 跳"更是敲响了警钟。

一个可以学习的榜样就是印度。印度企业虽然以家族企业为主,但它们均注重企业的长期发展,为员工提供各种发展机遇,并用实现社会目标激励员工。与美国竞争性的外部劳动力市场不同,印度企业更注重从内部提升员工,提高员工的人力资本。在经营中注重 Jugaad 的精神(Cappelli, Singh, Singh &

Useem, 2010)。Jugaad 这个印度语很难翻译，据奥斯卡奖获得者《贫民窟的百万富翁》原作小说 *Q&A* 的作者维卡斯·斯瓦卢普（Vikas Swarup）的提法：Jugaad 一词传达了印度人的精神，也就是在试错中用尽办法去完成任务，是一种创造性的适应过程。例如塔塔集团推出 NANO 低价车就通过 Jugaad 过程达到 2 500 美元的最终售价，使其价格低于竞争对手 75%，满足社会的需求。印度班加罗尔管理学院的 Rishikesha 教授最近出版了《从 Jugaad 到系统性的创新：印度的挑战》，则更是将 Jugaad 认定为印度企业国际创新能力的开端。在外包巨头 Wipro，每个新进员工有半年到 18 个月的培训期，培训期间不仅给他们上课，同时也给他们项目。另外，每一个小的服务团队里面，给员工配导师。培训、项目与导师三方面帮助员工成长。在这个基础上，每名员工每年也有一定的学习时间，让他们符合新的岗位要求。

英国伦敦经济学院访问学者约翰·凯（John Kay）最近出版了《迂回：为什么我们最好是间接地达成目标》（*Obliquity*：*Why our Goals are Best Achieved Indirectly*）。该书有一章描述了英国帝国化工（ICI）创新的故事。第二次世界大战后，这家英国首屈一指的化学公司看到制药业能为社会创造巨大的贡献，于是招聘了一大批年轻的研发人员，成立制药部门，这个部门一直亏损了 20 年后，终于发现了有效治疗高血压的药物。制药部门迅速实现了盈利，该部门从母公司 ICI 分拆后独立上市，这家名为 Zeneca 的公司市值甚至超过了孕育它的母公司。这一故事充分说明可持续发展与股东利益并不矛盾，或者就是约翰·凯的"迂回"原理。

一个反例则是，英国石油公司为墨西哥湾的石油污染设立了高达 200 亿美元的独立账户，以应付各种赔偿，但股票市值至今已缩减 820 亿美元，一家不注重可持续问题的企业自然也让股东损失惨重。也难怪管理高达 2 000 亿美元的退休基金的加州公务员系统（CalPERS），前段时间特别要求企业必须披露环境风险，从而让退休基金可以更好地评估风险，更好地挑选可持续发展的企业进行投资。

股东价值论、多元利益相关者论与可持续发展论似乎各有所长，如何应用这三种理论到中国企业？中国企业有着许多不同的所有权结构，这些结构性的不同与企业发展历史的路径依赖性，决定了不同的企业应强调自己特别缺失的部分。

例如，由草根成长起来的民营企业，对政商关系特别敏感，但在进入壁垒的限制与寻租空间的诱惑下，往往将这种关系异化为与某些权重官员的结交（或贿赂），而非通过正常的渠道影响政策的制定。它们更需要持久忍耐的可持续发展论，而不是将寻租的财富极大化作为终极目标；它们也需要平衡更多的利益冲突，这可能正是上海世博会上中国民营企业联合馆的主题"活力矩阵"——运用"太极十六式"展现郭广昌所说的"要把虚的做实，把实的做虚"。在美特斯·邦威董事长周成建眼中，"太极十六式"重要的不仅是企业对品牌的表现，而且是企业和社会可持续发展的平衡关系，"回望过去三十年，民营企业更要思考和社会建立共性，社会寄望民营企业更有公信力，更有信任度"。

对国有企业而言，不要以为有了政府部门的撑腰就可以大胆妄为，肆意进入许多垄断行业（例如房地产），与民争利，并只顾着为提高员工福利而努力，而更应强调社区责任、就业责任、环境责任①、国有股东分红责任。它们更需要的是平衡多种利益关系的"多元论"。

对上市公司而言，上市融资所带来的雪花银不是挥霍，而是责任，应当公平地保护中小股东的权利，而非"掏空"（Tunneling）上市公司资产。它们更需要的是创造更多股东价值的"本质论"。

而对许多面临停工威胁、工资成本提高的制造企业而言，不应将工资的提高看成成本的提高，而是从企业的可持续发展出发，将其看做是提升人力资本

---

① 最近的研究报告发现，许多国有企业对环境治理重要性的认识还低于中小企业，许多是当地动不得的排污大户。

的机会，使制造业得以向高端升级与创新。政府则应给予提高工资的企业以减免税收、提供优惠政策的引导，激励整个社会往可持续发展的方向发展，而非充满劳工血泪的 GDP 冰冷的数字。

在数千年前，摩西向上帝祷告时，感叹人一生短暂却常常得罪神，因此他求神指教所有的儿女们关注与思考可持续的未来：

> 我们一生的年日是七十岁，如果强壮，可到八十岁，
>
> 但其中可夸耀的，不过是劳苦愁烦；
>
> 我们的年日转眼即逝，我们也如飞而去了，
>
> 求你教导我们怎样数算自己的日子，好使我们得着智慧的心。

第三节　工会的角色[①]

南海本田汽车零部件工厂工人停工事件掀起了加薪潮。其中一个引人思考的问题是，独立工会在现代组织、社会中应起到什么样的作用？这是我翻看保罗·英格拉西亚（Paul Ingrassia）的新著《撞毁路线：美国汽车业的道路——从辉煌到灾难》（*Crash Course: The American Automobile Industry's Road from Glory to Disaster*）后所想到的。作者是《华尔街日报》驻底特律的首席记者，报道汽车业多年，也出过底特律三大汽车巨头的多本著作。该书虽然也批判三大汽车巨头的高管的傲慢与骄横，但对美国汽车工人联合会（United Auto Workers Union, UAW）的发展历史也着墨颇多，以上百年波澜壮阔的汽车发展史为背景，用各种奇闻趣事描述三大汽车巨头的高管与 UAW 是如何共同葬送美国汽车业的。

---

① 孙黎，"美国汽车工会的沉浮"，《IT 经理世界》，2010 年 8 月 20 日。

美国汽车工会的沉浮

我们都知道底特律三大汽车巨头的寡头垄断,但对 UAW 建立起单一垄断的过程却知之甚少。回溯历史,罗斯福在大萧条中上台,在 1935 年通过《全国劳工关系法案》,为工会的集体议价提供了一个有保障的框架,规定雇员享有自发组织、建立、参加工会,通过自己选出的代表进行劳资谈判的权利。该书记述:自 1936 年起,UAW 开始罢工,最初的罢工可比中国南海工人有策略多了,他们占据工厂,拒绝离开,让工厂无法开工,当地警察试图用催泪弹与大棒逼迫他们离开,但没有成功;44 天后,通用屈服了,随后福特也承认了 UAW。1946 年 UAW 举行大规模罢工,虽然没有赢得对汽车定价、公司政策等的决策参与权,但大幅提高了工资待遇;1970 年,UAW 罢工再次赢得重大胜利,如果工人在车厂工作 30 年以上,退休后可以得到全额工资作为退休金;1984 年,UAW 又与通用达成"岗位银行"协议,如果工人因为新技术替代而被辞退,可以在家待业,通用支付 95% 的原薪酬。许多工人成为待业"银行家",而享受优厚的待遇,极大地加深了三大汽车制造商的成本,最终在与日本、德国甚至后来的韩国车商的竞争中败下阵来(见图 9-1)。

本人在《站在美国阳台看中国》一书中的研究也表明:UAW 使公司背负起沉重的退休工人负担。而在现有美国工会法的限制下,三大汽车制造商每小时要为生产线上的工人支付 29 美元的工资。而德国、日本和韩国等汽车公司在美国投资的工厂,没有工会组织,退休人员很少,相应的责任也相对较小,每小时仅支付工人 14 美元的工资。另外一个现实是,外国汽车制造商的生产基地大部分设在美国南方各州(仰融计划通过投资移民融资而建立的汽车基地也设在南方的阿拉巴马),这些州较为保护企业主的利益,对设立公会组织并没有强制性的立法。

南海本田的停工事件将是新中国工会史上的转折点,同样,本田 1982 年在俄亥俄州开设第一家汽车组装厂对美国而言也具有历史意义。这家当时弱小的、

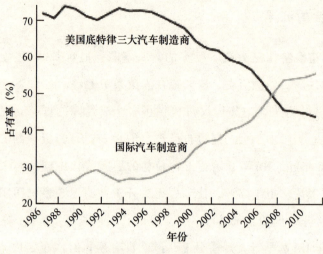

图 9-1 美国三大汽车制造商与国际汽车制造商（日本、德国、韩国）在美国本土的市场占有率变化（2010—2011 年为预测值）

事实上是以摩托为主业的厂商，在日本本土得不到政府的支持，反倒积极寻求国际发展（有点类似于今天中国的民营企业）。本田不是第一家美国本土制造的外国企业，德国大众在费城建厂更早，但其在 20 世纪 80 年代后期退出美国。本田在加州销售最好，摩托车市场表现不错，但本田放弃了在加州选址，是因为当地的反文化传统。而俄亥俄州当时的州长 James Rhodes 以"工作与进步！"为政治口号，听说有家不知名的日本公司正在美国寻找建厂机会，还不知道是哪家，就立刻在第二天飞到日本，拜访丰田与日产，但它们都说没有在美建厂的计划，直到最后一天才找到本田。等到他与本田商讨好合作计划，回国走出机场，离他女儿的婚礼开场只有几小时了（这下可以理解为什么仰融可以在阿拉巴马州找到这么多移民配额了）。本田被其诚意打动，在哥伦比亚市郊区的玉米地上建起了工厂，招聘的员工也是当地淳朴的农家子弟，这些员工要到日本去接受培训，那时才第一次知道机场在哪里。

本田与 UAW 的斗争也很有意思。UAW 的人员曾拜访本田的日本总部，当时本田的 CEO Tadashi Kume 与其见面时已经同意在美国分公司建立工会，但美国分公司总经理 Yoshida 秉持"将在外,君命有所不受"的理念,坚持不与 UAW 合作,因为本田支付给哥伦比亚工厂的工人薪酬与 UAW 的工人待遇相差不多。本田将日本的许多制度移植过来,例如在本田的车间不能吸烟、不能吃零食,比 UAW 工人严格许多,但本田称雇员为"Associate"(伙伴),经理也没有像三大汽车制造商一样有专门的停车场、餐厅。普通员工喜欢这种待遇,发动工人罢工经验丰富的 UAW 在本田员工中活动多时,但一直无法根据法律的要求建立起统一于 UAW 旗下的工会。这与本田在中国给普通员工的待遇形成了鲜明的对比。

UAW 与三大汽车制造商的斗争终于导致通用与克莱斯勒的穷途末路。通用每年要为 UAW 的医疗保健和其他福利支出 500 亿美元。2008 年,在 UAW 强力支持下的奥巴马上台,他没有像当年的民主党总统克林顿一样,刚上台就抛弃了票仓——工会转而支持老布什的遗产——《北美自由贸易协定》,而是建立了一个特别工作组处理三大汽车制造商要求政府资助的问题。2009 年强势的 UAW 因此拒绝接受通用公司方面提出的退休人员医疗基金偿付方案,使通用无可奈何地在创立 100 周年之际耻辱地申请破产。在奥巴马政府的支持下,破产后通用获得政府 301 亿美元融资,大部分的资金用于支付退休金与解雇工人。同时,新公司 60% 的股份将由美国政府持有,12.5% 由加拿大政府持有,UAW 旗下的一家医疗保健信托基金持有 17.5%,无担保债权人持有 10%。UAW 也对工资条款作出了一些让步,以能使通用轻装上阵。

破产重组后,通用汽车卸掉了历史包袱,恢复了竞争力,在 2010 年重新上市,利润达到 47 亿美元,2011 年净利润更高达 76 亿美元(约一半来自中国),这是该公司单一财年的最高利润水平,比 2010 年的利润几乎增加了一倍。2011 年的盈利对该公司工会员工来说是好消息,他们将获得平均分红 7 000 美元。

底特律三大汽车制造商的历史,也可以说是 UAW 的沉浮史。在 20 世纪 70 年代的高峰期,通用雇用了 395 000 名工会成员为其全美 150 个工厂打工;当时 UAW 的会员数高达 150 万人。而在全球金融危机的打击下,通用的工会成员与工厂数分别萎缩到 38 000 人和 34 个；UAW 的会员数也仅剩下 46 万人（包括退休人员）。

《撞毁路线：美国汽车业的道路——从辉煌到灾难》给中国读者的启示，不在于是否建立工会——工会在保障工人权利方面的贡献在全球都是有目共睹的，而在于利益集团取得垄断地位后，就会如何成为社会变革的障碍，从而挟持与绑架社会，使变革陷入死局——这是中国目前更应该警惕的。

底特律的两大利益集团——公司高管与 UAW 也试图改变双方的关系，以提升对外国汽车商的竞争力，最大的尝试是在 1990 年，通用建立土星工厂，试图在该工厂推进新型的劳工关系，这是英格拉西亚比较欣赏的：工人们自我管理，并选举自己的领导者，每一个资方的管理部门、工会代表都能参与组织规划，包括与经销商、供应商以及股东的关系。但德鲁克在 2001 年出版的《21 世纪的管理挑战》一书中认为：UAW 担心土星工厂建立的劳资合作关系会被通用汽车的其他工厂效仿，就开始破坏在土星工厂成功形成的新型劳资关系。历史确实如德鲁克所料：2003 年，土星工厂工人废止了创新的合同，又回到 UAW 的老合同；2009 年，土星品牌被通用放弃，工厂则被卖给了新兴的新能源汽车公司 Tesla。

正如德鲁克的智慧所揭示的：如果组织固守着昨天的成就，就会毁掉它们的未来。但 UAW 的沉浮同样表明：放弃从来都不是受欢迎的政策，因此人们总是会推迟实施放弃，直到破产。

敢于放弃过时的劳工关系，摆脱富士康"17 连跳"的梦魇，正是"中国制造"所面临的破局挑战。

第四节　构筑企业的"软实力"①

收到新一期的《经济学家》杂志，随手翻到一个广告页，一个穿红衬衫的小孩托起另一个穿黄衬衫小孩的脚，让后者跳得更高，去追一堆高高升起的气球，广告主题语是"我们已经找到办法，让你能到达更高的高度"。再仔细看右下角的徽标，赫然就是人们熟悉的华为的 LOGO。《经济学家》杂志有着非常特定的读者群，往往是关注国际政治与经济的社会精英人士。华为在这个非电信行业的"小众"杂志投放广告，目的与中国政府在纽约时代广场面对普通美国民众推出国家形象广告截然不同，就是要影响国际政治的决策精英人群。

联想到 2011 年华为收购 3Leaf Systems 公司的交易，在许多美国国会议员关注国家安全的呼吁下，该交易被美国外国投资委员会审查，要求华为必须剥除这家已经被收购的公司。受此挫折，华为终于认识到要进入蓄谋已久的美国市场，不在技术创新，也不在价格低廉，而在政治影响。

哈佛大学教授约瑟夫·奈提出国家"软实力"（Soft Power）一说，认为"一国通过吸引和说服别国服从你的目标从而使你得到自己想要的东西"的软实力，比经济霸权与军事霸权所产生的硬实力更加重要。一个国家软实力的强弱在于意识形态和政治价值的吸引力、文化感召力。同样，要评价企业的国际影响力，也在于企业如何输出文化价值观与道德威信力，通过这些软实力与企业在世界上的各种利益相关者对话。在收购 3Com 与 3Leaf 接连失败、未能中标 Sprint 大单后，华为宣布随时愿意开放其设备接受检查，以打消美国政府的安全顾虑，并通过广告，弘扬企业在创新方面的软实力。

在国际竞争中，与各种利益相关者对话的软实力深刻地影响着企业各方面

---

① 孙黎、李磊、彼得·霍夫曼、孙艳雪，"构筑企业的'软实力'"，《IT 经理世界》，2011 年 4 月 20 日。

的战略，例如维基解密（Wikileaks）披露，中国铝业公司在2009年第二次向力拓注资交易失败，原因就在于其竞争对手全球最大矿业公司必和必拓对澳大利亚施展软实力，使澳大利亚政府限制中国企业对澳能源资源进行大规模投资，逼迫中铝与力拓的交易告吹。不久，力拓与必和必拓就合资经营双方在西澳大利亚的铁矿石业务达成协议。维基解密披露了美国驻澳大利亚大使馆在事后的报告：必和必拓曾游说澳大利亚政府，拖延甚至是在必要的时刻叫停中铝与力拓的交易；必和必拓认为自己在阻止中国国有企业试图以投资影响铁矿石生产企业定价方面取得了胜利；澳大利亚财长斯万则在若干场合表示必和必拓"处理得当，技巧精湛"。

中国企业为什么缺乏在国际上的软实力？从战略的制度观与资源观的角度出发，我们的一项名为"中国跨国企业国际利益相关者战略"的研究表明，原因有两个方面：

从企业外部的制度观看，中国政府对各种社会事务的过度干预，影响了社会中间组织"第三种力量"（Third Sector）的形成与发挥积极作用。例如奶粉行业添加三聚氰胺与肉制品添加"瘦肉精"屡禁不止，政府虽然密集出手，但使用三聚氰胺与"瘦肉精"仍然是行业潜规则，即使是知名企业双汇集团也出现质量事件。原因就是政府过度干预后，企业在这类事件中，并不把消费者看做一个重要的利益相关者，而是先想到如何"摆平"政府官员。难怪《麦肯锡季刊》的调研发现，全球只有1/3的首席执行官们将与企业主要市场所在国家的政府交往作为三件最优先事务之一，然而，这个数据在中国上升到约60%。而在与政府这一利益相关者交流对话时，中国企业学到的经验往往是如何搞定政府中的关键人物，而不是像西方企业在影响民选政府官员与议员代表时，最重要的是控制政治议题、选择对话机制与实施政治影响力。

从企业内部的资源观看，很多企业缺乏与利益相关者交往的能力，包括如何识别利益相关者、如何构建社交网络、如何与利益相关者对话、如何应对媒体等。例如南海本田零部件企业罢工事件中，企业根本不知如何与罢工的员工对话，在求助官方工会时，多名工人被工会人员打得头破血流，激化了冲突。在广汽集团总经理曾庆洪与中国人民大学劳资关系研究中心负责人常凯从中斡旋后才谈判成功，让员工整体涨薪24%。

为此，要回答"中国涌现出真正具有全球影响力的企业到底需要多少年"这个问题，首先要回答：中国还有多少年才能成长为成熟的公民社会，让各种利益相关者能形成独立的组织，形成"第三种力量"与企业实现平等对话？员工是企业重要的利益相关者，但由于维护工人权益意识的缺失，工人不能形成自己的组织力量与资方平等对话。因此类似于南海本田的停工现象，往往未经协商程序而直接进入罢工阶段。事实上，这种做法的成本对劳资双方都十分高昂。同样，消费者也是企业重要的利益相关者，但由于缺乏市场自组织的维权机构，加上没有令不法厂商倾家荡产的集体诉讼机制，媒体、非政府组织和民众无法形成广泛的监督力量，食品安全才出现层层漏洞。而在三聚氰胺与"瘦肉精"这种劣币驱逐良币的恶性竞争下，即使是三鹿、双汇这样的大型知名企业，公众再从道德层面呼吁，它们似乎也无法躲过行业恶性竞争的潜规则。同样，在没有信誉卓越的社会慈善组织出现前，我们没有资格要求万科在汶川地震中应该捐多少款。只有在更多社会组织代表不同的利益相关者团体时，企业才能学会更好地回应他们的诉求，而一些优秀企业才会更好地响应，更积极地建设社会影响力。

然后，我们回到企业本身，对构筑企业的全球"软实力"提出如下建议：

第一，中国企业应该深入理解在不同制度环境下与不同利益相关者的对话机制。TCL在收购汤姆逊后，在国内的惯性思维影响下，在欧洲和工会谈判异常艰难，两年的时间都无法与工会达成一致意见，直到2006年5月份时情况无法控制，只好破产。但最近汤姆逊的清算官通过法国商业法庭向TCL集团、TCL多媒体及其相关子公司分别发出诉讼请求，申索金额高达7 238.8万欧元（相当于6.5亿元人民币）；同样，上汽集团在控股韩国双龙后，总共投入40亿元，但一直无法与双龙工会良性对话，也只好破产脱身。对比之下，英国石油公司在墨西哥湾油井泄漏事件中,所面临的环境和生态灾难损失以及可能的诉讼不可估量,作为一家欧洲的跨国企业,英国石油公司当然可以像 TCL 一样将美国分公司破产,摆脱自己的全部责任,但英国石油公司却承诺建立一项 200 亿美元的基金,以直面赔付各种损失。在全球化时代,中国企业应该摆脱国内制度环境下的惯性思维,即处处依赖政府关系解决各种利益相关者的冲突,而应善于识别利益相关者的潜在需求,通过良性互动化解冲突,引导利益相关者参与到企业的发展轨道上。

第二,中国企业应积极参与利益相关者的议题设置,亲身践行各种对话与协调,而不是让代理人或顾问走在最前面,这样才能快速地学习与适应不同的制度环境,提高企业的"话语权"。例如,华为与中铝的案例都表明,东道国的政治气候对国际购并相当敏感。西方企业早就认识到这一点,所以动用大量资源影响政策制定者的政策导向,并为商业议题的公共辩论提供信息。在民主制度下,这种透明的游说和公关是合法的。据华盛顿阳光基金会的数据,2010年中国公司用于联邦游说的资金只有区区 42.5 万美元,美国商会(U. S. Chamber of Commerce)一家的花费就在 8 100 万美元以上。而美国曾有议员抱怨:"日本利益集团在影响美国政策上的花费,比美国五家最有影响力的商业组织在影响华盛顿决策方面的预算总和还要大。"华为目前在公开信中主动邀请华盛顿"调查"它与中国军方的关系,是一个积极的开始。

第三,中国企业应主动关注国际利益相关者的潜在需求。在日本地震海啸中,福岛核电站机组核反应堆出现故障,东京电力公司需要泵车向反应堆注水,向三一重工提出了需购买 62 米泵车。作为世界最长臂架泵车纪录保持者,三一重工即时作出反应,免费提供一台价值为 100 万美元的 62 米泵车驰援日本,并愿提供全方位支持。2010 年 10 月,有"神州第一吊"之称的三一重工履带起重机也曾入选参与智利矿难的救援行动。参加国外救援,迅速回应利益相关者的需求,有利于三一重工建构在全球混凝土机械上的品牌影响力。

第四,中国企业应善于通过东道国的"第三种力量"曲线影响利益相关者的舆论。哥伦比亚法学院 Curtis J. Milhaupt 教授发现：为了避免美日贸易摩擦，日本企业在 20 世纪 80 年代采取众多私人层面的外交手段，成立了许多旨在促进美日商业人士交流的组织，例如美日经济关系顾问委员会、美日商业协会。美日商业协会拥有许多区域协会，每年轮流在美国和日本举行会议，为州政府官员和商业人士之间的交流提供机会，各州州长都经常参加这些会议。日本企业在美国的分公司通过参与社区事务、向社区慈善机构捐款等方式努力融入当地社会。一些在美国比较活跃的日本企业则成立基金会，支持教育发展，在主要大学捐赠设立荣誉教职等，建设企业软实力。而在 2011 年的达沃斯世界经济论坛上，据说来自中国与印度的代表人数第一次超过发达国家，这些都表明中国企业也正在积极学习，通过非官方的论坛进一步理解国际通行的利益相关者沟通机制。

综合而言，建设企业软实力是一个全方位的长期系统工程，《经济学家》上的广告只是中国企业走向国际的第一步。

第十章 放宽视野

> 理想就是在黑暗隧道尽头的光明。因为有这个光明，你不会恐惧，你还会有动力坚持往前走。
>
> ——冯仑，《理想丰满》

民营企业家冯仑在《理想丰满》一书中探讨：究竟怎样的人生，才能创造生命的价值？另一位企业家王石想要弄清西方市场经济和法治社会的基石及根源，到哈佛做访问学者，修习的并不是经济和管理，而是宗教、历史和社会学。中国的很多企业家在"骨感"的现实面前，也在思考更大的问题。这些思考，正在放宽社会的视野、放长历史的眼量。

第一节 百亿企业的下一个十年①

过去的十年，可能是中国历史上对外开放程度最高、国际环境最为宽松的时期。中国2001年加入世界贸易组织，成为推动市场导向改革的关键动力，国有企业改革、证券市场发展、竞争机制、外资引进等一系列政策，使一大批企业在过去的十年创造出百亿元以上的市值。回顾这些企业的发展，百度、腾讯、阿里巴巴、比亚迪抓住了新技术的跃进，民生银行、复星、吉利、万向抓住了

---

① 孙黎，"放宽社会的视野"，《IT经理世界》，2011年8月20日。

行业性的大发展，旺忠、三一重工等在重工业上奠定龙头地位，恒安、雅戈尔、苏宁、神州数码则在消费与渠道上横扫千军。

随着 WTO 政策红利的消失，欧盟可能陷入崩溃危机，日本奋力应对债务，美国出现新一轮经济低迷和二次衰退（Double Dip），中国商品在国际上的需求将陷入停滞，而国内基础设施和房地产建设则日趋饱和，全球经济可能将再次陷入低迷，在下一个十年，中国还能成长出更多的百亿企业吗？这些百亿企业又如何更上一层楼呢？

彭罗斯之颈

著名经济学家马歇尔的学生彭罗斯在 1959 年出版《企业成长理论》（Penrose，1959），她认为，企业作为一个独特的资源集合体，在成长过程中，由于资源的限制，将不可避免地遇到成长瓶颈，这是因为企业成长由自身资源所产生的服务或能力推动，这些能力包括企业家的能力与经验、管理水平、创新能力（Cantwell，2002），在一定的成长阶段，企业家所积累的能力与经验可能非常适合飞速发展的市场环境，但在下一个阶段，这些能力与经验却可能成为成长的限制。虽然企业也可以从外部空降高管人员，但组织为此进行相应调整以与空降高管相互适应的成本也非常高，更有相互调适的失败（参见本书第三章第二节"创始人磨炼的法则"）。管理学者对所谓"彭罗斯之颈"（Penrose Effect）进行研究发现，这一门槛可能在各国的企业都广泛存在：管理者的时间和注意力是公司成长中最为稀缺的资源，这些资源可能促进企业成长，也可能限制企业发展（Tan & Mahoney，2005）。

从熊彼特的"创造性毁灭"理论出发，新技术的发展遵循 S 曲线的发展路径（Christensen，1992），而企业组织的发展也可能遵照同样的路径：按《易经》的第一卦乾卦的说法，我们可以西学中用，将其分成"潜龙在渊"、"飞龙在天"与"亢龙有悔"三个阶段，见图 10-1。

"潜龙在渊"是指企业的创业阶段，比如李书福从经营照相馆、研发电冰

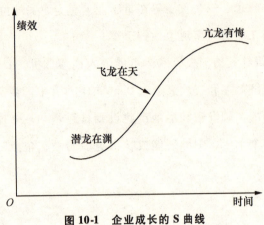

图 10-1　企业成长的 S 曲线

箱到生产摩托车可以说是经验积累的过程，同样，马云在翻译社、王传福在电池行业、复星在医药行业都进行了广泛的摸索，打磨出许多经验法则。

第二阶段"飞龙在天"，这是过去十年许多企业从量变到质变的高速发展过程，马云从 B2B 电子商务到淘宝网，再进化到电子支付宝；复星从地产投资到矿业，再到国际化，与保德信战略合作 6 亿美元的投资基金；吉利从历经艰苦拿到牌照、香港借壳上市、收购英国锰铜和澳大利亚 DSI，再到购并沃尔沃汽车，实现了企业的腾飞。

但到了第三阶段"亢龙有悔"，也就是彭罗斯所说的瓶颈阶段，由于管理资源的限制，很多企业可能"知进而不知退，知存而不知亡，知得而不知丧"，就会陷入《易经》所预测的"盈不可久也"。比如比亚迪在汽车渠道的发展中踌躇不进，国美在股东会大战中因为渠道下沉与扩张还是提高门店利润率问题上的不同选择而更换总经理，以劳动力成本低取胜的富士康计划在工厂配备 100 万台新机器人。随着国际经营环境的变换、新技术的突破性发展，在十年后，如果我们再来回顾这些企业的发展，我们可能会更清楚地看到，很多企业的成长都处于瓶颈期，随着企业运营活动范围的扩大，向上或向下进入多个行业，内外部的复杂性提高，过去高速发展所积累的经验法则反倒成为迟滞企业发展的阻力。

见之以细,观化远也

要克服彭罗斯之颈,高管人员最重要的是重新思考自己的经验法则,这里提供两条驱动企业在下一阶段再成长的简单法则:放宽社会的视野,放长历史的眼量。

第一驱动力:放宽社会的视野,从关注核心利益相关者到外围利益相关者。在过去冯仑所谓的"野蛮生长"中,中国企业对自己的核心利益相关者都发展出成熟的战略,例如李书福在2002年前还为吉利的一张汽车生产牌照四处奔波,而在2009年已经娴熟地利用各地政府的资源,用沃尔沃的未来生产基地计划,成功撬动大庆市与上海市政府的资金,实现蛇吞象式的国际购并;国美、苏宁与恒安熟悉消费者的心理,神州数码、民生银行则擅长发展与维护客户关系;阿里巴巴、比亚迪与三一重工善于激发员工的潜力,实现生产过程与研发过程的效率化;复星善于经营投资者关系,在资本市场长袖善舞;而新的半年报表明,腾讯的人员从2010年的不到9 000人狂增到2011年年中的13 000人,大约半年多的时间里增长了近50%。这些都表明,这些高速成长的企业在企业核心利益相关者身上,例如政府、客户、员工、供应商、投资者身上,都投入资源,善于结交与经营,为自己的高速发展奠定了核心基础。而在下一个发展阶段,企业可能更应了解外围利益相关者(Fringe Stakeholders)的需求,从他们的角度出发,更敏锐地发现下一个成长阶段的动力源。

所谓外围利益相关者,按康奈尔大学教授哈特的看法,就是那些贫穷的、弱小的、孤立的、微小兴趣的甚至没有合法性的、非人类的利益相关者(Hart & Sharma, 2004),参见图10-2。这些外围利益相关者往往会被企业忽视,例如,中海油和美国康菲在渤海的漏油污染海域达840平方公里,周边海水从一类水质恶化为四类水质。油田附近海域海水石油类平均浓度超过历史背景值40.5倍,那些受影响的海鸟与海鱼可能无口可言,但它们也是公司不可忽视的利益相关者。

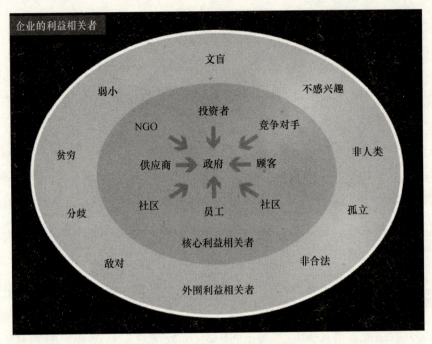

图 10-2　企业的利益相关者图

哈特教授的观点事实上与普拉哈拉德的金字塔底的理论异曲同工,企业如果关注这些外围利益相关者,可以使企业的注意力产生颠覆性的变化,在动态复杂的商业环境下催生新的竞争想象力,从而发现新的技术与新的市场。例如百度文库事件中,百度最初对作家团队的谈判采取强势态度,利用互联网版权纠纷中的"避风港原则",对文库中大量的盗版文档视而不见,直到韩寒发布了一封至百度 CEO 李彦宏的公开信,百度才猛然察觉这些外围利益相关者的诉求,不仅首次发表道歉声明,还开始删除相关文档。如果百度能就此吸取教训,发掘出新的网络版权交易的商业模式,或许能像苹果的 iTune 或 App Store 一样,为下一阶段的成长奠定基础。

在《吕氏春秋·察微》中,孔子提倡细微之处,看到大问题。所谓"见之以细,观化远也",也就是在我们忽视的微小地方,往往存在着巨大的威胁,而对独具慧眼的企业来说,就是下一个十年的机会。要体察这些外围利益相关者的诉求,企业的战略可以有:(1)改换自己的关注,放宽视野到整个社会层面;(2)将对核心利益相关者的关照铺设到外围利益相关者,对跨界行为(Boundary Spanner)采取鼓励的态度(例如谷歌与宝洁开展了一项管理人员互换活动,谷歌到宝洁的人员发现,很多使用宝洁婴儿用品的妈妈有活跃的博客记录,建议宝洁在下次新品发布会上邀请新一代的意见领袖);(3)将置于名单最后的利益相关者放到首位;(4)善于协调利益相关者间的冲突,在不断地交互中找到解决之道。这些战略不仅是在提高企业的社会责任,更是在挖掘、塑造企业的长期竞争力。

风物长宜放眼量

第二驱动力:放长历史的眼量,敢于"自残",创新商业模式。当一项管理资源或商业模式发展到一定程度时,企业要善于两手抓,预先实验,探索新的技术、业务或商业模式。在很多时候,正如克里斯坦森等大师在研究创新时所发现的,新一代的技术或商业模式在刚开始出现的时候,绩效表现可能并不如前一代的技术或商业模式(见图10-3)。这正是"潜龙在渊"的状态,但一旦新的技术或商业模式超过临界点,进入新的起飞轨道,它们又会与旧的技术或商业模式互相残杀,使创新者陷入两难境地。例如,自2007年起,李书福在《宁波宣言》中更改了企业使命:不再是"造老百姓买得起的好车",而是要"造最安全、最环保、最节能的好车"。许多高管强烈反对用"最"字,他们认为以低价车起家的吉利进军中高端市场无异于自废武功,而且是"质量大跃进"。两种战略模式在高管中争执不下,在投票结果中,支持"最"的一方以微弱优势胜出。同样,腾讯以前的战略被网友戏称为"走别人的路,让别人无路可走";但最近启动"Q+"平台战略,成立50亿元产业共赢基金,加快在电子商务、社交媒体、在线搜索和网络安全等领域的收购,并积极推进海外扩张等,开始放弃"一直在模仿,从未被超越"的旧路径。

在通常的教科书上,"自残"被视为组织无效率的一种表现,或者是新产品开发过程中的负面结果,但管理学家发现,创新活动如果没有一定程度的"自残",旧的商业模式就会一直保留下去,管理者无心尝试新的技术与商业模式(Holmes, Bromiley, Devers, Holcomb & McGuire, 2011)。从这一角度看,企业在成长瓶颈出现之前,就应该对一些商业模式进行试错,苹果正是在 Mobile me 的试错经验上,才发布 iCloud 服务;同样,国美、苏宁试水网上电子商务,以对应京东、当当等电子商务企业的挑战,但这一业务必然与线下的业务自相残杀;在腾讯的开放平台上,引进的战略联盟方的产品也可能与自家的产品争夺流量与资源。聪明的企业善于在"自残"中发现新机会的嫩芽,从而找到图 10-3 中新商业模式新一轮成长的 S 曲线。

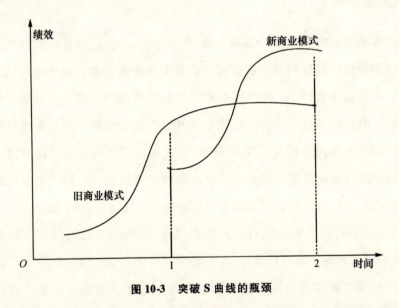

图 10-3 突破 S 曲线的瓶颈

在金庸的《射雕英雄传》中,洪七公解释"亢龙有悔"的掌法的精要不在'亢'字而在'悔'字。"倘若只求刚猛狠辣,亢奋凌厉,只要有几百斤蛮力,谁都会使了。这招又怎能叫黄药师佩服?'亢龙有悔,盈不可久',因此有发必须有收。打出去的力道有十分,留在自身的力道却还有二十分。哪一天你领会到了这'悔'的味道,这一招就算是学会了三成。好比陈年美酒,上口不辣,后劲却是醇厚无比,那便在于这个'悔'字。"

知悔始知改,知退始知进,知亡始知存,知丧始知得,风物长宜放眼量,有所悔、有所弃,才有新,才是成长型企业突破"彭罗斯之颈"的辩证法。

在上一轮雷曼兄弟倒闭后引发的全球经济低迷中,中国推出了 4 万亿元人民币救市计划以保持自身的经济增长,中国在全球 GDP 中的占比从 2006 年的 5.5% 上升至 2010 年的 9.3%,但也种下了国进民退的种子,在动车灾祸中,最广为流传的微博是:"中国,请停下你飞奔的脚步,等一等你的人民,等一等你的灵魂,等一等你的道德,等一等你的良知!"

美国与日本一样,修补资产负债表可能是一个长期的过程(参见拙作《站在美国阳台看中国》),在发达国家可能的二次衰退中,中国应吸取动车事故的教训,不能再使用带血的 GDP 刺激增长,再国进民退(笔者的政策建议是 4 年 4 万亿元的对中小企业的减税计划)。谢国忠等一些经济学家认为,中国要实现结构性的调整,就必须让消费取代投资与出口成为增长的引擎,如果消费以过去 10 年的速度保持增长,中国的经济增速必须降到 3% 至 4% 的水平才能实现再平衡。在这个未来必然十分痛苦的调整过程中,企业必须用黄仁宇所提倡的大历史观点,用长时间、远距离的宽视野检讨社会、经济以及历史进程,从而发现新一轮的成长之路。

第二节 C 时代的"热催化"与"冷动员"①

将近 5 万用户聚集在多玩 YY.COM 语音平台上,集体反对淘宝商城提高进场门槛的政策,并组织起来对数十家大卖家进行攻击。而在地球的另一端,"占领华尔街"(Occupy Wall Street)抗议运动从纽约的小公园延烧至全球,2011 年 10 月 15 日,更演变成声势浩大的"占领全球"运动。从华盛顿到笔者

---

① 孙黎,"C 时代的'热催化'与'冷动员'",《IT 经理世界》,2011 年 11 月 5 日。

居住的堪萨斯城、从香港到台北、从东京到法兰克福,全球82个国家和地区的950个城市的人们通过各种社交网络,串联在一起,抗议贫富不均问题。在相互连接的C时代,网络技术正重新塑造社会运动,从而对企业的社会责任提出新的挑战。

C时代催化社会运动

社会运动是指"由具有共同目的与彼此团结的人民所发动的集体挑战,持续地与精英、对手与权威从事互动"(Tarrow,1998)。在C时代,一群人在原来的权力结构中感受到压迫与被剥夺,很容易通过微博、QQ与各种社交网络联系在一起,共同参与并推动某一目标或想法,从而挑战主流社会与企业,甚至制度性安排与意识形态,从而试图创造新的或者重建过去受到压迫的社会关系。"占领华尔街"、淘宝卖家抵制事件都是典型代表。

一项社会运动的发展,按社会学家Dahrendorf(1958)的理论,可以分成三个阶段:社会运动的起源,往往是一些"热点事件",借用斯坦福大学教授拉奥的概念,可以称其为"热催化"(Hot Cause)阶段(Rao,2008)。以淘宝商城事件为例,淘宝单方面对入场资格的提价成为热点。在这一阶段,参与者广泛,而非少数几个人,C时代的网络能让这些人群迅速集合在一起,发表自己的声音。正如《多玩YY关于淘宝卖家抗议事件的声明》所指:这些抗议者"实质上是社会上的弱势群体。这些活动组织者,都是一些普普通通的淘宝店家,主要是比较弱小的中小店铺经营者……他们在淘宝这样大规模的平台管理制度变更过程中,又是极度缺乏话语权的一批人。他们没有能力或者机会参与淘宝政策的制定。但他们又是受到影响最大、人数最多的一批人"。

同时,热点事件必须具有持续性,否则,社会运动就可能昙花一现。淘宝管理层最初的反应是坚持提高门槛的政策,宣称"对此没有任何妥协的余地",使抗议活动持续升温,直到一个星期后商务部强势介入,淘宝商城终于宣布延后新政策的执行。而对比之下,"占领华尔街"的策划人Kalle Lasn宣称:"我们感到美国社会积聚了一股真正愤怒的力量,我们想要创造一次爆发的机会,让这种情绪得到释放。"其热催化作用正鼓动全球更多的人群参与进来,这就进入运动的第二阶段,也可称为"冷动员"(Cool Mobilization)阶段,从社会运动的资源看,社会运动需要一个或多个团体提出具体目标,实现有计划的共同行动,这样才能聚集、动员各种资源。这时,有组织的行动十分关键。

第三阶段,影响社会转变阶段。这一阶段,参与运动的成本可能随着国家或企业是采取支持还是压制的态度而上升或下降。运动的后果可能是权力结构的原有利益获得者并不相让,爆发流血冲突;也可能是企业态度改变,或改变制度结构,社会运动走向平和、消失;还可能与其他社会运动相融合,走向另一高潮。这正是"当抗议者离开街道,我们研究者还不能关上照相机"的原因(O'Mahony & Bechky, 2008)。淘宝商城事件的结果是,商务部牵头起草,推动建立《网络零售管理条例》,这才息事宁人。但企业从中又可以学到什么样的教训,采取什么样的对应策略呢?

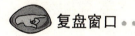 复盘窗口

网络事件录

在 C 时代的新媒体上,坏事传播得永远比好事快:

● 一条微博引发了网络名人罗永浩和西门子关于冰箱门的"斗争"。2011 年 11 月 20 日,牛博网、老罗英语培训创始人罗永浩等人在西门子(中国)北京总部大楼外,将铁锤挥向三台门不易关上的"问题冰箱",引来许多国内甚至国外媒体关注,"冰箱门"事件被推向了高潮,已有近 500 人网上留言表示自己的冰箱也有类似情况。五日后,西门子方面终就"冰箱门"召开了首个媒体沟通会,但一直认为这并不算质量问题。罗永浩并不满意,在 12 月进行了第二次砸西门子冰箱的行动,在海淀剧院的舞台上砸掉 20 台冰箱。罗永浩表示将继续追问西门子三个问题,并安排好了今后的五项计划。罗永浩可能成为中国

的 Ralph Nader。在 20 世纪 50 年代的美国，Ralph Nader 成功地掀起针对通用汽车安全设计问题的消费者维权运动。

● 2011 年 12 月 24 日，国家质检总局发布公告称，蒙牛乳业（眉山）有限公司生产的一批次产品被检出黄曲霉毒素 M1 超标 140%。12 月 28 日晚间 11 时许，蒙牛公司官方网站（www.mengniu.com.cn）遭黑客入侵，自称"SIT 小组"的黑客留言称蒙牛为"民族的耻辱"，这使得当时被迫平息的"毒奶门"事件再度升级。黑客在蒙牛官网上写道："蒙牛曾经让中国人强壮过，曾经让中国人自豪过，中国自己的乳企，如今自己坑自己。你们坑爹呢还是坑爹呢还是坑爹呢？每天一斤奶，喝死中国人。这就是你们蒙牛的宗旨吧？我想问问在事发以前你们出过多少事，坑害过多少中国人，我们是一家人，你却自己坑害自己家人。"蒙牛乳业公司股价在 28 日大跌 23.95%。

将利益相关者融汇到关爱的社群

根据彭维刚教授关于制度的战略观理论，笔者提出以下四种战略反应：第一，反应战略；第二，防御战略；第三，适应战略；第四，超前战略。扩展该框架可以发现企业是怎样制定股东权益决策的（Peng, Sun, Pinkham & Chen, 2009）。

（1）反应战略：开放地对待黑天鹅事件。"热催化"往往在不可预测的事件与地点产生。有记者认为"当前的社会空气日益干燥，一点就爆"。负面新闻往往会在网络上引起不明真相的网友的猜测，以"裂变速度"迅速传播，而政府由于普遍遭遇公信力危机，往往在偏激的网络舆论面前无能为力。企业要面对这些黑天鹅事件，只能依靠长期建立的正面形象，通过公开事实，或请中立方见证等，才能消除热点事件的进一步"热催化"，避免造成恶劣的社会影响和难以挽回的损失。

(2) 防御战略：不能低估弱势人群的网络力量。在 C 时代，利益相关者的冲突更加频繁，方式也更加复杂。企业要放宽社会的视野，关注外围的利益相关者。在 C 时代，这些弱势群体、边缘人群能在网络上相互号召、影响，像"占领华尔街"运动一样通过滚雪球效应，迅速突破临界点（Tipping Point），建立起合法化的基础，强迫企业对其诉求作出回应。风起于青萍之末，善于防御的企业应善于识别这些弱势群体的需求，在青萍之末就能与他们积极沟通，满足他们的需求，而不是等到"热催化"形成气候后才察觉。

(3) 适应战略：换位思考，充分听取相关利益者的意见，通过平等协商、仔细了解他们的需求，设计出新的商业模式，包容他们的意见，关注其利益，从而将对抗性的利益相关者变成自己的合作伙伴。事实上，小额信贷公司的出现正是因对孟加拉人最穷苦者的关注而创新的商业模式：穷人的银行家穆罕默德·尤努斯将处于社会底层的利益相关者变成了自己的客户，创立了格莱珉银行，这一商业模式也使他获得了诺贝尔经济学奖。

(4) 超前战略：最优秀的公司应积极地寻求弱势者的需求，不断地抢先承担责任，并努力做得更多。马云能比其他同时代的互联网的创业者拥有更高的领袖声誉，不是来自他的个人魅力与公司盈利，而是他提升了中小企业 C 时代应用互联网的能力，扩展了它们的全球市场，而淘宝网的出现更使许多个人拥有了创业的平台。这一超前战略不仅为阿里巴巴集团赢得社会责任的声誉，更使马云这样一位青年英雄论剑华山、指点江山。

但成为武林盟主后，这位当年的热血青年似乎已经忘记将自己推上这个位置的社群。在哈佛大学研究正义的教授桑德尔看来：企业要追求企业社会责任，哲学上对正义的回答有三种：一是以边沁为代表的功利主义哲学，认为正义来自于能够实现最多数人的最大幸福；二是以康德为代表的自由主义哲学，认为正义来自于个人自由选择所形成的道德律；三是始于亚里士多德传统的社群主义观点，桑德尔更认为，人（或公司）不能割裂自己的历史，正义和推进真、善、美息息相关。当桑德尔在哈佛的授课成为中国视频网站上最流行的公开课时，或许淘宝更应反思自己的出身，放弃克服功利主义的算计，回归社区的建设与融汇。

2011年10月19日，原eBay的CEO惠特曼获得堪萨斯城密苏里大学第26届年度国际创业家的称号，她回顾自己成功的历史，第一句话说的就是"我是妈妈的女儿"，之后回顾她从妈妈那儿学到的美德以及eBay的创业历程，一些风险投资家认为网上欺骗将毁掉eBay这个社群，惠特曼最感谢的就是在eBay社区上诚实交易的这些小业主塑造了今日eBay的成功。或许，阿里巴巴与淘宝能走到今天，战胜许多竞争对手，在号令武林群雄的时候，也更应该持感恩之心，回归当初创业时扶持中小企业社群的简单法则。

小悦悦被碾过后冷漠的死亡，反映了中国整个社会被碎片化后的痛苦，道德的沦丧总是伴随着社群意识的消亡。为此，企业在追求社会责任时，更应考虑的是求真、求美、求善，将利益相关者放到自己关爱的社群的视野中，正义就会彰显出康复的力量。

在C时代，敌视和仇恨的传播很快、很广，但正义总有着最强的热催化，美德的阳光总会消融冷漠的冰霜。

第三节 天下公器的理想[①]

Facebook在2012年2月1日公布了招股说明书，美国证监会的网站差点瘫痪——太多的投资者关注这位未来的股票天王了。许多人关注27岁的扎克伯格如何在短短七年的创业中创造280亿美元的个人财富，而我则要求上我的创业融资课程的学生思考这样一个问题：在Facebook早期的发展过程中，他是如何击败当时如日中天的敌人Friendster与Myspace的？在未来，他又将如何迎战谷歌与微软等巨无霸？

---

① 孙黎，"社交公器的理想"，《IT经理世界》，2012年2月20日。

从社交网络到天下公器

很多学生也用过这些社交网络的服务，对于上述问题，有的回答说是实名制，有的说是扎克伯格筹集了更多的风险资本。但事实上，在2003年，Friendster拒绝了谷歌3000万美元的收购提议，新闻集团2005年以5.8亿美元收购MySpace，这两家竞争对手的估值在当时远高于Facebook，用户量与所拥有的资源也远超过Facebook。Facebook在2005年5月才从Accel筹集到第一轮正式风险资本1270万美元。2006年才开放用户注册，从一家仅关注大学生社交的网站转型为大众网站。但这时创业者扎克伯格就提出了"天下公器"的理想。

在2007年，《时代》周刊问扎克伯格，为什么他形容Facebook为"天下公器"，而不是"社交网络"？扎克伯格的回答是："围绕社交网络，人们会有一些困惑。很多标榜社交网络的公司有着不同的目标——一些服务于商业网络，有些则是媒体门户。我们现在要做的就是让人们真正有效地沟通，获取信息和分享信息。我们总是不断地强调功能组件。"

笔者把扎克伯格说的Social Utility翻译为"天下公器"，是强调这些社交共用之器的丰富性、易用性与开放性。公器之名多用于比喻，例如《庄子·天运》："名，公器也，不可多取。"王衡在《鬱轮袍》中称："我只道天下惟有文章公器，称得斤播得两。"以后的学者纷纷将文字、学术思想甚至独立媒体称为公器。

Facebook的历史，其实就是不断发展这些公器、超越竞争的历史。Facebook的投资者可能仅关注在Facebook网站上每月活跃用户（MAUs）的数量（这直接影响Facebook的估值），却忽视了Facebook是如何不断发展这些公器，提升用户的社交体验，提高用户的黏性，建立一个全球史无前例的巨大虚拟社区的。从Facebook的历史看，Facebook开发出各种公器组件，总是伴随着每月活跃用户的指数增长。正是这些公器的开发，使更多的用户加入到Facebook中，不仅有易于接受新事物的学生、有着多重社交面具的上班族，甚至老爷爷、老奶奶，都加入这场虚拟社区的狂欢。这些公器使得 Facebook 能击败 Friendster 与 Myspace。

在招股说明书中，扎克伯格进一步说明 Facebook 建设天下公器的理想："在 Facebook，我们创造工具来帮助人们与他们想要联络的人联络，帮助人们分享他们想要分享的东西。通过这种创造，我们帮助人们拓展了建立和维护关系的能力……我们认为，世界的信息基础设施应该与社会图（Social Graph）相类似，是一个以从下到上的方式或端对端的方式构建的网络，而不是迄今为止存在的单体的自上而下的结构……我们希望改善人们与企业和经济建立关联的方式……我们希望改变人们与政府和社会机构的关系。"

"我们相信：建设帮助人们分享的工具，可以实现人们与各地政府更加诚实和透明的对话，可以更好地赋予人民权力，使官员更好地问责，并对我们这个时代的一些社会问题提供更好的解决方案。"这是一位 27 岁的青年创业者对社会、对历史的庄严承诺，也是对华尔街寻利游戏的公然藐视。

Facebook 如何发展天下公器？

如何开发与创新如此多的社交功能？扎克伯格在 Facebook 上强调"行动比完美更重要"的黑客文化。黑客们认为，有些事情始终可以变得更好，没有事情是完整的。他们必须不断对其进行修补。同样，在 Facebook 中，扎克伯格鼓励开发人员对现状永不满意，在开发出第一版软件后，采用鼓励循环迭代式的递进，在不断的小规模创新中改进产品，而非奢望一劳永逸的解决问题（这与中国山寨企业的研发有相通之处，参见本书第二章第一节全球价值产业链部分）。扎克伯格自己是 Facebook 第一代产品的架构师与开发者，为此他经常亲手尝试开发者的软件，看用户体验是否可靠。

扎克伯格敢于承认错误（例如在用户隐私权政策上），也从来不怕丢弃重来，Facebook 办公室贴着一个黑客标语："代码胜于雄辩。"扎克伯格在办公室不搞圈子文化，而是以最佳创意为准绳。Facebook 每隔数月就会举行"黑客马拉松"(Hackathon)比赛,让人们依照他们的新创意开发产品模型。最后,整个团队会一同分析和研究开发出来的产品。许多 Facebook 的重要公器就在"马拉松"中开发出来,例如时间线、聊天、视频、移动开发架构等,还包括高效率的 HipHop 编程器,这个编程器可以将 PHP 源代码转换成高度优化的 C++代码。

每一代的软件代码、每一种新技术的结构都会带来对社会、经济乃至文明的冲击,这方面,不禁让人想起《黑客帝国》三部曲中对软件代码的天才般预言。在姜海滨的影评中,史密斯代表着利用新技术实现暴力统治的工具,是以纯粹的控制为取向的,疯狂地追求权力,使其具有可怕的传染性,而尼奥则代表另一群代码,充满希望、信仰、爱情、牺牲、怜悯。公器应代表人类向善一面的力量,从而使其具备无穷的竞争力。如果沃卓斯基兄弟看到现在社交网络是如何改变现今的政治、文化、经济的,或许有新的动力导演《黑客帝国》第四部吧。Facebook 软件代码后面的理想,与谷歌信息搜索的代码一样,代表着人类文明进化的动力。

Facebook 如何与盟友分享公器?

在 2007 年,Facebook 作出重大决策,向第三方开发商、广告商开放公器平台。广告商通过用户的 Like 键,可以精准地向用户投放广告。而在更重要的第三方开发平台上,Facebook 也继承了分享、开放的互联网精神:

(1)强调个性化和社交经验。Facebook 让平台开发人员创造更好的产品,使 Facebook 与第三方共同创新用户体验,不仅在整个网络上,也包括移动设备。例如,笔者作为 Facebook 的用户访问潘多拉在线音乐的网站时,立刻可以找到在 Facebook 上的朋友在潘多拉定制的个性化的电台,这个平台增值了娱乐的功能。

(2)Facebook 可以让第三方分享全球用户群,使用 Facebook 的社会分销渠道,从而增加第三方的客户和网站的流量。例如,用户可以邀请他们在

Facebook 的朋友，在 Zynga 玩游戏时接受用户的礼物。

（3）付款。Facebook 在 2010 年开发了一个在线支付平台，要求所有第三方开发商应用这一支付平台。2011 年，Facebook 在这一平台上的支付交易达到了 14 亿美元。

社交游戏开发商 Zynga 就是利用 Facebook 的天下公器，短短 5 年内成功成为全球市值最高的游戏开发商，超过老牌的开发商 EA，在 2011 年 12 月上市后，目前市值高达 86 亿美元。2011 年 Facebook 的总营收为 37 亿美元，其中有 12% 为 Zynga 所贡献。

Zynga 与 Facebook 的关系，可以说高度相互依赖。Zynga 的大部分客户来自 Facebook，为此，Zynga 需要向 Facebook 支付包括 30% 的虚拟货币交易手续费，并要从 Facebook 购买广告。当然，Facebook 也从这种合作中获益不少，Facebook 的用户增强了社交体验，Zynga 的应用还帮助 Facebook 生成了一大批其可以展示广告的页面。

正是通过营建这种共生的生态环境，Facebook、Zynga 这样的网络公司得以变轻，Facebook 每名员工创造的销售额高达 1 200 万美元，对比之下，思科是 60 万美元，丰田是 72 万美元，麦当劳是 6 万美元。社交网络公司与其他类型公司的比较见表 10-1。

表 10-1 社交网络公司与其他类型公司的人员数与公司市值比较

公司	人员数	市值（美元）
Zynga	1 483	86 亿
EA	7 820	65 亿
暴雪	7 600	139 亿
Facebook	3 200	1 151 亿
谷歌	32 467	1 900 亿
微软	90 000	2 513 亿

中国公司能实现这样的效率吗？分享权力、分享平台一直是中国公司或者说是中国人的弱项。大陆有些节目主持人将舞台作为自己权力的空间，碰到不

合自己心中模式的求职者，就无法给予分享、沟通的空间。对比之下，台湾主持人张菲在接受厦门卫视的专访时说，主持人就是一个摊煎饼的人，自己的东西不过是一块面皮，而韭菜、鸡蛋、贡糖等各种各样的馅，都是嘉宾的，主持人永远不要和嘉宾去比，而真正考验主持人功夫的却是，你如何把五花八门的馅搭配好，用不同的方式将之卷起来。同样，真正考验平台架构商的，是如何实现包容、如何制定明确的游戏规则，让第三方开发商找到表演的舞台。中国的社交网络公司，例如在Facebook招股说明书中明确列为竞争对手的人人、新浪与腾讯，或许能从Facebook如何创造工具、创造平台与第三方分享学到合作共赢的战略。

而对中国企业家而言，透过280亿美元的创富神话，更深层的思索可能是向扎克伯格这样的创业家学习如何丰满自己的理想。扎克伯格说："我们并非为赚钱而建造服务，而是因为建造服务而赚钱。"（We don't build services to make money, we make money to build better services.）借用冯仑的话，中国企业家要摆脱野蛮生长阶段，就要在一个更加开放、更加互相关联的世界中思考自己的理想，从Facebook的创业中，学到公器的价值，从而创新出更多的工具，为社会所用，为人民所用，为天下所用。

Facebook在办公室墙壁张贴了这样的话语："这次旅程只完成了1%。"

行百里的创业家，他的创新理想怎么会止步于IPO呢？

参考文献

第一章

Aoki, M. & Takizawa, H. 2002. Information, incentives, and option value: The Silicon Valley model. *Journal of Comparative Economics*, 30 (4): 759—786.

Bhide, A. 1994. How entrepreneurs craft strategies that work. *Harvard Business Review*, 72 (2): 150—161.

Carr, N. G. 2003. IT doesn't matter. *Harvard Business Review*, 81 (5): 41—49.

Chesbrough, H. & Rosenbloom, R. S. 2002. The role of the business model in capturing value from innovation: Evidence from Xerox Corporation's technology spin-off companies. *Industrial and Corporate Change*, 11 (3): 529—555.

Doganova, L. & Eyquem-Renault, M. 2009. What do business models do? Innovation devices in technology entrepreneurship. *Research Policy*, 38 (10): 1559—1570.

Goldsmith, S. 2010. *The Power of Social Innovation: How Civic Entrepreneurs Ignite Community Networks for Good*. San Francisco, CA: Jossey-Bass.

Hu, M. C. & Mathews, J. A. 2008. China's national innovative capacity. *Research Policy*, 37 (9): 1465—1479.

Isenberg, D. J. 2010. How to start an entrepreneurial revolution. *Harvard Business Review*, 88 (6): 40—50.

Johnson, M. W., Christensen, C. M. & Kagermann, H. 2008. Reinventing your business model. *Harvard Business Review*, 86 (12): 50—59.

Kaplan, S. N. & Schoar, A. 2005. Private equity performance: Returns, persistence, and capital flows. *Journal of Finance*, 60 (4): 1791—1823.

Mullins, J. & Komisar, R. 2009. *Getting to Plan B: Breaking through to a Better Business Model*. Boston: Harvard Business Press.

Nidumolu, R. , Prahalad, C. K. & Rangaswami, M. R. 2009. Why sustainability is now the key driver of innovation. *Harvard Business Review*, 87 (9): 56—64.

Pfeffer, J. 2010. Building sustainable organizations: The human factor. *Academy of Management Perspectives*, 2 (34—45).

Porter, M. 1998. Clusters and the new economics of competition. *Harvard Business Review*, 76 (6): 77—90.

Porter, M. E. 2001. Strategy and the internet. *Harvard Business Review*, 79 (3): 62—78.

Porter, M. E. & Kramer, M. R. 2006. Strategy & society: The link between competitive advantage and corporate social responsibility. *Harvard Business Review*, 84 (12): 78—92.

Porter, M. E. & Siggelkow, N. 2008. Contextuality within activity systems and sustainability of competitive advantage. *Academy of Management Perspectives*, 22 (2): 34—56.

Putnam, R. D. 1995. Bowling alone: America's declining social capital. *Journal of Democracy*, 6 (1): 65—65.

Siegel, D. 2009. Green management matters only if it yields more green: An economic/strategic perspective. *Academy of Management Perspectives*, 23 (3): 5—16.

Stangler, D. 2009. The economic future just happened. *Ewing Marion Kauffman Foundation Report*.

Teece, D. J. 1986. Profiting from technological innovation: Implications for integration, collaboration, licensing and public policy. *Research Policy*, 15 (6): 285—305.

Tian, J. , Wang, K. , Chen, Y. & Johansson, B. 2010. From IT deployment capabilities to competitive advantage: An exploratory study in China. *Information Systems Frontiers*, 12 (3): 239—255.

第二章

Becker, K. F. 2004. *The Informal Economy: Department for Infrastructure and Economic Co-operation*, Swedish International Development Authority, www.sida.se/publications.

Bhidé, A. 2008. *The Venturesome Economy: How Innovation Sustains Prosperity in a More Connected World*. Princeton, NJ: Princeton Univ. Press.

Calas, M. B. & Smircich, L. 1999. Past postmodernism? Reflections and tentative directions. *Academy of Management Review, 24 (4): 649—671.

Chandler, A. D. 1990. *Scale and Scope: The Dynamics of Industrial Capitalism*. Cambridge, MA: Belknap Press (Harvard University Press).

Christensen, C. M. 1997. *The Innovator's Dilemma: When New Technologies Cause Great Firms to Fail*. Cambridge: Harvard Business School Press.

Criscuolo, P. 2009. Inter-firm reverse technology transfer: The home country effect of R&D internationalization. *Industrial and Corporate Change*: doi: 10.1093/icc/dtp1028.

De Soto, H. 2000. *The Mystery of Capital: Why Capitalism Triumphs in the West and Fails Everywhere else*: Basic Books.

Eisenhardt, K. M. 1989. Building theories from case study research. *Academy of Management Review*, 14 (4): 488—511.

Eisenhardt, K. M. & Tabrizi, B. N. 1995. Accelerating adaptive processes: Product innovation in the global computer industry. *Administrative Science Quarterly*, 40 (1): 84—110.

Feenstra, R. C. & Hamilton, G. G. 2006. *Emergent Economies, Divergent Paths: Economic Organization and International Trade in South Korea and Taiwan Region*. New York: Cambridge University Press.

Figueiredo, P. N. 2008. Government policies and sources of latecomer firms' capability building: A learning story from Brazil. *Oxford Development Studies*, 36 (1): 59—88.

Gereffi, G., Humphrey, J. & Sturgeon, T. 2005. The governance of global value chains. *Review of International Political Economy*, 12 (1): 78—104.

Ghironi, F. & Melitz, M. J. 2005. International trade and macroeconomic dynamics with heterogeneous firms. *Quarterly Journal of Economics*, 120 (3): 865—915.

Gupta, A. K. & Wang, H. 2009. *Getting China and India Right: Strategies for Leveraging the World's Fastest Growing Economies for Global Advantage*. Wiley.

Harhoff, D., Henkel, J. & von Hippel, E. 2003. Profiting from voluntary information spillovers: How users benefit by freely revealing their innovations. *Research Policy*, 32 (10): 1753—1769.

Hidalgo, C. A., Klinger, B., Barabasi, A. L. & Hausmann, R. 2007. The product space conditions the development of nations. *Science*, 317 (5837): 482—487.

Immelt, J. , Govindarajan, V. & Trimble, C. 2009. How GE is disrupting itself. *Harvard Business Review*, 87 (10): 56—65.

Kalil, T. 2009. Harnessing the mobile revolution. *Innovations: Technology, Governance, Globalization*, 4 (1): 9—23.

Kotabe, M. & Mudambi, R. 2009. Global sourcing and value creation: Opportunities and challenges. *Journal of International Management*, 15 (2): 121—125.

Krugman, P. 1980. Scale economies, product differentiation, and the pattern of trade. *American Economic Review*, 70 (5): 950—959.

Kumar, N. 2009. How emerging giants are rewriting the rules of M&A. *Harvard Business Review*, 87 (5): 115—121.

Landes, D. S. 1999. *The Wealth and Poverty of Nations: Why Some are So Rich and Some So Poor*. W. W. Norton & Company.

Mathews, J. A. 2006. Dragon multinationals: New players in 21st century globalization. *Asia Pacific Journal of Management*, 23 (1): 5—27.

Mintzberg, H. 2000. View from the top: Henry Mintzberg on strategy and management. *Academy of Management Executive*, 14: 31—39.

Morck, R. , Yeung, B. & Zhao, M. 2008. Perspectives on China's outward foreign direct investment. *Journal of International Business Studies*, 39 (3): 337—350.

Mudambi, R. 2008. Location, control and innovation in knowledge-intensive industries. *Journal of Economic Geography*, 8 (5): 699—725.

Murtha, T. P. , Lenway, S. A. & Hart, J. A. 2001. *Managing New Industry Creation: Global Knowledge Formation and Entrepreneurship in High Technology*. Stanford: Stanford University Press.

Nolan, P. 2002. China and the global business revolution. *Cambridge Journal of Economics*, 26 (1): 119—137.

Pascale, R. T. 1984. Perspectives on strategy: The real story behind Honda's success. *California Management Review*, 26 (3): 47—72.

Perkmann, M. & Walsh, K. 2009. The two faces of collaboration: Impacts of university-industry relations on public research. *Industrial and Corporate Change*: doi: 10.1093/icc/dtp1023.

Porter, M. E. 1990. *The Competitive Advantage of Nations*. New York: Free Press.

Porter, M. E. 2000. Location, competition, and economic development: Local clusters in a global economy. *Economic Development Quarterly*, 14 (1): 15—34.

Prahalad, C. K. 2005. *The Fortune at the Bottom of the Pyramid: Eradicating Poverty Through Profits*. Philadelphia: Wharton School Publishing.

Spencer, J. 2003. Global gatekeeping, representation, and network structure: A longitudinal analysis of regional and global knowledge-diffusion networks. *Journal of International Business Studies*, 34 (5): 428—443.

Steinfeld, E. S. 2004. China's shallow integration: Networked production and the new challenges for late industrialization. *World Development*, 32 (11): 1971—1987.

Sun, S. L. 2009. Internationalization strategy of MNEs from emerging economies: The case of Huawei. *Multinational Business Review*, 17 (2): 129—155.

Thomke, S. H. 1998. Simulation, learning and R&D performance: Evidence from automotive development. *Research Policy*, 27 (1): 55—74.

von Hippel, E. 1986. Lead users: A source of novel product concepts. *Management Science*, 32 (7): 791—805.

von Hippel, E. 1994. "Sticky information" and the locus of problem solving: Implications for innovation. *Management Science*, 40 (4): 429—439.

Ward, A., Liker, J. K., Cristiano, J. J. & Sobek, D. K. 1995. The second Toyota paradox: How delaying decisions can make better cars faster. *Sloan Management Review*, 36: 43.

Whittington, K. B., Owen-Smith, J. & Powell, W. W. 2009. Networks, propinquity, and innovation in knowledge-intensive industries. *Administrative Science Quarterly*, 54 (1): 90—122.

第三章

Barney, J. 1991. Firm resources and sustained competitive advantage. *Journal of Management*, 17 (1): 99—120.

Barney, J. B. 1986. Strategic factor markets: expectations, luck, and business strategy. *Management Science*, 32 (10): 1231—1241.

Chatterjee, A. & Hambrick, D. C. 2007. It's all about me: Narcissistic chief executive officers and their effects on company strategy and performance. *Administrative Science Quarterly*, 52 (3): 351—386.

Cohen, M. D., March, J. G. & Olsen, J. P. 1972. A garbage can model of organizational choice. *Administrative Science Quarterly*, 17 (1): 1—25.

Davis, J. P., Eisenhardt, K. M. & Bingham, C. B. 2009. Optimal structure, market dynamism, and the strategy of simple rules. *Administrative Science Quarterly*, 54 (3): 413—452.

Eisenhardt, K. M. & Sull, D. N. 2001. Strategy as simple rules. *Harvard Business Review*, 79 (1): 106—119.

Lai, D. 2004. *Learning from the Stones: A Go approach to Mastering China's Strategic Concept*, Shi: Army War College Strategic Studies Institute.

Mishina, Y., Dykes, B. J., Block, E. S. & Pollock, T. G. 2010. Why "good" firms do bad things: The effects of high aspirations, high expectations and prominence on the incidence of corporate illegality. *Academy of Management Journal*, 53 (4): 701—722.

Ocasio, W. 1997. Towards an attention based view of the firm. *Strategic Management Journal*, 18 (S1): 187—206.

Porter, M. E. 1980. *Competitive Strategy*. New York: Free Press.

Roll, R. 1986. The hubris hypothesis of corporate takeovers. *Journal of Business*, 59 (2): 197—216.

Villalonga, B. & Amit, R. 2006. How do family ownership, control and management affect firm value? *Journal of Financial Economics*, 80 (2): 385—417.

第四章

Allen, F. & Faulhaber, G. R. 1989. Signalling by underpricing in the IPO market. *Journal of Financial Economics*, 23 (2): 303—323.

Arthur, W. B. 1989. Competing technologies, increasing returns, and lock-in by historical events. *Economic Journal*, 99 (394): 116—131.

Casadesus-Masanell, R. & Ricart, J. E. 2011. How to design a winning business model. *Harvard Business Review*, 89 (1/2): 100—107.

Certo, S. T. 2003. Influencing initial public offering investors with prestige: Signaling with board structures. *Academy of Management Review*, 28 (3): 432—446.

Certo, S. T., Covin, J. G., Daily, C. M. & Dalton, D. R. 2001. Wealth and the effects of founder management among IPO-stage new ventures. *Strategic Management Journal*, 22 (6—7): 641—658.

Deudney, D. & Ikenberry, G. J. 2009. The myth of the autocratic revival: Why liberal democracy will prevail. *Foreign Affairs*, 88 (1): 77—93.

Jain, B. & Kini, O. 1994. The post-issue operating performance of IPO firms. *Journal of Finance*, 49 (5): 1699—1726.

Jain, B. A. & Kini, O. 1995. Venture capitalist participation and the post-issue operating performance of IPO firms. *Managerial and Decision Economics*, 16 (6): 593—606.

第五章

Berle, A. & Means, G. 1932. *The Modern Corporation and Private Property*. Edison: Transaction Publishers (reprint 1991).

Eagly, A. H. & Carli, L. L. 2007. *Through the Labyrinth: The Truth about How Women Become Leaders*. Boston: harvard Business School Press.

Jensen, M. C. 1989. Eclipse of the public corporation. *Harvard Business Review* 67 (Sept.-Oct.): 61—74.

Johnson, B., Magee, R., Nagarajan, N. & Newman, H. 1985. An analysis of the stock price reaction to sudden executive deaths: Implications for the managerial labor market. *Journal of Accounting and Economics*, 7 (1—3): 151—174.

Lan, L. & Heracleous, L. 2010. Rethinking agency theory: The view from law. *Academy of Management Review*, 35 (2): 294—314.

Ryan, M. K. & Haslam, S. A. 2007. The glass cliff: Exploring the dynamics surrounding women's appointment to precarious leadership positions. *Academy of Management Review*, 32 (2): 549—572.

Salam, R. 2009. The death of macho. *Foreign Policy*, 22 (7/8): 65—70.

第六章

Bremmer, I. 2009. State capitalism comes of age. *Foreign Affairs*, 88 (3): 40—55.

Faccio, M. 2006. Politically connected firms. *American Economic Review*, 96 (1): 369—386.

Hart, S. L. & Sharma, S. 2004. Engaging fringe stakeholders for competitive imagination. *Academy of Management Executive*, 18 (1): 7—18.

Huang, Y. 2010. Debating China's economic growth: The Beijing Consensus or the Washington Consensus. *Academy of Management Perspectives*, 24 (2): 31—47.

Paine, L. S. 2010. The China rules. *Harvard Business Review*, 88 (6): 103—108.

Peng, M. W. 2003. Institutional transitions and strategic choices. *Academy of Management Review*, 28 (2): 275—296.

Tonoyan, V., Strohmeyer, R., Habib, M. & Perlitz, M. 2010. Corruption and entrepreneurship: How formal and informal institutions shape small firm behavior in transition and mature market economies. *Entrepreneurship Theory and Practice*, 34 (5): 803—831.

Umphress, E. E. & Bingham, J. B. 2011. When employees do bad things for good reasons: Examining unethical pro-organizational behaviors. *Organization Science*, 22 (3): 621—640.

Walder, A. G. 2003. Elite opportunity in transitional economies. *American Sociological Review*, 68 (6): 899—916.

第七章

Chen, M. J. 1996. Competitor analysis and interfirm rivalry: Toward a theoretical integration. *Academy of Management Review*, 21 (1): 100—134.

Lau, C. M. & Bruton, G. D. 2008. FDI in China: What we know and what we need to study next. *Academy of Management Perspectives*, 22 (4): 30—44.

Xia, J., Tan, J. & Tan, D. 2008. Mimetic entry and bandwagon effect: The rise and decline of international equity joint venture in China. *Strategic Management Journal*, 29 (2): 195—217.

第八章

Mitra, D. & Golder, P. N. 2008. Does academic research help or hurt MBA programs? *Journal of Marketing*, 72 (September): 31—49.

Navarro, P. 2008. The MBA core curricula of top-ranked U. S. business schools: A study in failure? *Academy of Management Learning & Education*, 7 (1): 108—123.

Peng, M. W. & Dess, G. G. 2010. In the spirit of scholarship. *Academy of Management Learning and Education*, 9 (2): 282—298.

第九章

Cappelli, P., Singh, H., Singh, J. & Useem, M. 2010. The India way: Lessons for the U. S.. *Academy of Management Perspectives*, 24 (2): 6—24.

Mintzberg, H. 2009. Rebuilding companies as communities. *Harvard Business Review*, 87 (7/8): 140—143.

Pfeffer, J. 2010. Building sustainable organizations: The human factor. *Academy of Management Perspectives*, 2 (34—45).

第十章

Cantwell, J. 2002. Innovation, profits and growth: Schumpeter and Penrose. In C. Pitelis (Ed.), *The Growth of the Firm: The Legacy of Edith Penrose*: 215—248. New York: Oxford University Press.

Christensen, C. M. 1992. Exploring the limits of the technology S-curve, Part I: Component technologies. *Production and Operations Management*, 1 (4): 334—357.

Dahrendorf, R. 1958. Toward a theory of social conflict. *Journal of conflict Resolution*, 2 (2): 170—183.

Hart, S. L. & Sharma, S. 2004. Engaging fringe stakeholders for competitive imagination. *Academy of Management Executive*, 18 (1): 7—18.

Holmes, R. M., Bromiley, P., Devers, C. E., Holcomb, T. R. & McGuire, J. B. 2011. Management theory applications of prospect theory: Accomplishments, challenges, and opportunities. *Journal of Management*, 37 (4): 1069—1107.

O'Mahony, S. & Bechky, B. A. 2008. Boundary organizations: Enabling collaboration among unexpected allies. *Administrative Science Quarterly*, 53 (3): 422—459.

Peng, M. W., Sun, S. L., Pinkham, B. & Chen, H. 2009. The institution-based view as a third leg for a strategy tripod. *Academy of Management Perspectives*, 23 (3): 63—81.

Penrose, E. T. 1959. *The Theory of the Growth of the Firm.* Cambridge, UK: John Wiley.

Rao, H. 2008. *Market Rebels: How Activists Make or Break Radical Innovations*. Princeton, NJ: Princeton University Press.

Tan, D. & Mahoney, J. T. 2005. Examining the Penrose effect in an international business context: the dynamics of Japanese firm growth in US industries. *Managerial and Decision Economics*, 26 (2): 113—127.

Tarrow, S. 1998. Studying contentious politics: From event-full history to cyles of collective action. In D. Rucht, R. Koopmans & F. Neidhardt (Eds.), *Acts of Dissent: New Developments in the Study of Protest*. Berlin: Edition Sigma.

结语 持之以饥，怀之以愚

Stay hungry, Stay foolish.

这是乔布斯在2005年斯坦福大学毕业典礼演讲时的结语。

很难用中文贴切地翻译乔布斯的这句赠语，以至于百度"知道"上有着各种参差不齐的答案。笔者勉强将其翻译为"持之以饥，怀之以愚"。在复盘中，要避开成功经验的陷阱，不至于成为经验的奴隶，最好的应对就是持有一颗饥渴的变革之心，以谦愚之道拥抱创新的机遇。

回顾这本书的写作过程，也是一个持之以饥、怀之以愚的过程。在全球经济危机中，中国企业受到了很多的压力，但最近两年明显加速了国际化与创新的速度，这对全世界的管理学者都提出新的挑战。通过对中国企业的远距离观察，结合学术思考与课堂的案例教学，笔者将近年来在《IT经理世界》、《中欧商业评论》、《北大商业评论》上发表的文章，重新复盘整理，从而形成本书的骨肉。

本书可能没有像笔者其他的著作（如《轻资产运营》）一样纲举目张，"复盘"只是一个有着多重寓意的思考符号，也并没有严格的定义。但现代人的阅读习惯，尤其是繁忙的企业管理者与创业家，只能从碎片化的时间里（例如在飞机上的片段时间、电脑开机的等待中），从书中的任一页开始，任一页结束。所以本书并不追求体系完整，而是期望与微博式的互联网浏览一样，在这种碎片化、多任务的读法中闪起片刻的思考火花。正如心理学家德·博诺将人类的大脑描述为一个可以自我组织的信息系统，它能将感知、记忆和人生经验等在我们的思考中连接起来。这种片段式的思考会形成"水的逻辑"——在流动变化中，不同的创想可能会激发出新的创意，构造出新的商业空间与模式——这也正是本书"复盘"的主题所在。

如何应用水的逻辑将碎片化的思考整合起来？

第一，关注的不是水"是"什么，而是水将"流向"何方。许多时髦、热门的话题可能转眼随风而逝，为此，在本书中，我们在注意这些话题对学术界、产业界、政府及社会组织的短期冲击力的同时，更考虑其长期的影响力。

第二，减少德·博诺所称的"岩石逻辑"——岩石具有固定的形状，它坚硬、棱角分明、很难变形，这种二分法的传统逻辑思维系统，必然导致僵化和对立，无法适应今天快速变化的世界。矛盾、冲突乃至破坏是创新与生俱来的特色，一个尖锐观点的提出，当然也会引发相反观点的批驳与修正，可能这正是创新的魅力，为此，在本书中，我们提出女性领导者的崛起、企业社会责任的三重视野等，希望读者能重视来自不同背景的学者、企业家、官员对话题的讨论、申辩以及延伸。用分析性、创造性、建设性的方式对全球化与创新的各种疑问和挑战提出新解释、作出新判断。

第三，思考的跨界性。创新对社会的影响从来就是多维的、跨界的，这给予了各个领域敏感的创业家、投资家、官员无穷无尽的机会，为此我们在考虑话题的影响力时，更考虑其对不同领域，例如对科技、商业、政治、文化、环境、全球化等跨界、跨域的冲击。这样，创业家可以挑战已有的知识，拓展思维空间，突破现实的局限，找到更新、更好的答案。最典型的跨界思考的例子就是西奥多·莱维特（Theodore Levitt）在其著名的《营销短视症》一文中所描述的，即使汽车、卡车和飞机等新交通工具出现，铁路大亨们仍旧沉迷于过去的成功，而错失新技术创新所带来的机会。

从这个突破思维障碍的角度上说，"持之以饥，怀之以愚"是积极复盘的内在动力与精神。

感谢以下朋友、同事与学生，你们的思想火花、跨界创意成就了本书复盘的驱动力；

感谢《中欧商业评论》的编辑张春燕——本书的策划人，没有你火热之心的推动，就不可能有本书的写作与出版；

感谢北京大学出版社的林君秀主任与贾米娜编辑，这是我第二次在北京大学出版社出版作品，感谢你们的呕心沥血，使本书得以与读者见面；

感谢堪萨斯城密苏里大学的陈丁琦、宋熊熊、Mark Parry、David Donelly、Lisa Zhao、Dennis Park、John North、Dirk Libaers、Rong Ma 等教授，你们的鼓励让我思想沸腾；

感谢达拉斯德州大学的彭维刚、Livia Markoczy、John Lin 与曾荣光等教授，你们的指点迷津，让本书增色不少；

感谢诺丁汉大学的李磊、Peter Hofman、孙艳雪，你们的支持让我攀得更高；

感谢纽约州立大学的石维磊，你的创造性火花点燃我的星空；

感谢 Montclair 州立大学的 Yanli Zhang，你的贡献如涓涓细流汇入大海；

感谢上海交通大学的陈洁，你的分析让我们的研究条缕清晰；

感谢中国人民大学的叶坪鑫、刘刚与徐二民，你们的研究让我产生共鸣；

感谢清华大学的陈昊与朱武祥，你们热情相助、思想交锋，使这本书能看得更远；

感谢对外经贸大学的洪俊杰与祝继高，不同学科的创见，让我理解大海的宽广；

感谢香港中文大学的吕源、区玉辉与丁竹君，中山大学的李炜文，你们的见解让我受益匪浅，充满海边拾贝的欣喜；

感谢香港浸会大学的谭伟强，与你同行研究，充满乐趣与阳光；

感谢南开大学的任兵与阎大颖，你们的观点让我冷静重思；

感谢斯科沃新兴市场研究院的周楠，你的分享有趣又有深度；

感谢 Tilburg 大学的梁昊与 Luc Renneboog，你们的创见点亮思维的星空；

感谢南加州大学的王永志,你的辛勤努力让我快马加鞭;

感谢岳占仁、张利华、王正翊、王振杰,你们的敏锐卓识,让我心飞翔;

感谢王唐、陈炎、Cao Xian、杨晓明,你们的快速反馈、细致整理让我渐入佳境;

感谢 Nicholas Grivainis、Tina Wang、Kelsey Anderson、Samuel Chagui De Leon、Preston Barchers Coughlin、Jens Christen Harr、Nino Hasandedic、Stanislav K. Novikov、Angela Song、David Winter、Samantha Harck、Saad Mubeen、Natalia Williams、Daniel Fowler、Pei Song Tan、David Milan、Nawaf Al-Hajri、Gelin Liang、Joseph Guevel 等堪萨斯城密苏里大学的同学,张文祥、袁刚、田应雄、阿孜古丽、何昆山、王峰、董映红、黄朝全等阿灵顿德州大学 EMBA 的同学,你们的课堂提问与交流,使我能更深入地思考;

感谢吴征波等武义二中的校友,你们为故乡下一代的成长操心,这本书的稿酬也将捐献给武义二中校友感恩基金,寄望感恩之心在一代一代的校友中不断碰撞;

最后要感谢我的家人,你们的爱、你们的宽容忍耐使这本书充满力量!

复盘这六年负笈远游,在大洋彼岸回望中国的路程,其饥渴求索之心,一如美国诗人 Robert Frost 所写的《未择之路》一诗,这里选择 Cyberreading 的译文作为结束,其实企业在复盘中求索战略的选择,其心境也莫过于如此吧!

> 黄叶林中,分出两条小路,
> 遗憾的是,我无法同时涉足。
> 身为旅者的我,久久停伫,
> 尽己所能,翘首极目,
> 直见它隐没丛林深处。
>
> 我望向另一条路,
> 绿草如茵,人迹杳无,

似是一段更值得的旅途。
纵使，在我行经后回顾，
它也难免磨损、足迹遍布。

那天清晨，
两路皆被落叶覆盖，不见前人脚步，
啊，将原来那条路留待他日再赴！
但我深知一条路接着另一条路，
一旦踏上，就难以回到最初。

多年之后，在某处，
我会喟然而叹，幽幽叙述：
林中有两条岔路，而我——
选了一条人迹罕见的路，
从此决定我人生的迥殊。

孙黎
2012 年 3 月 15 日于美国欧弗兰帕克